国家社科基金丛书
GUOJIA SHEKE JIJIN CONGSHU

调整完善生育政策对城镇女性就业影响机理研究

A Study of the Influence Mechanism of Adjusting and Improving
the Family Planning Policy's Effects on Urban Female

杨 慧 著

人民出版社

序

　　我一直认为并强调，与国外诸多的妇女/性别研究相比，中国的妇女/性别研究的一大特征是具有责任感和行动性。这主要表现为：第一，中国的妇女性别研究者具有对人类命运共同体，国家、民族、社会、性别群体、社区、家庭等的较强的责任感，且不论是主体性地拥有，还是客体性地肩负这一责任感。妇女/性别研究者都努力承担着相应的责任。认真履行自己的使命，力图使自己的研究不仅具有学术或理论价值，更能产生应有的社会效益。第二，中国的妇女/性别研究既关注纯学术和纯理论的研究，但更强调针对社会热点、难点（problem）的研究，主张在相关的理论基础上提出相应的政策性对策和/或行动性对策，以利于社会问题的解决。由此，中国的妇女/性别研究成果，尤其包括社会学、政治学，经济学，法学等学科在内的社会科学领域的研究成果，更倾向于针对社会问题具有鲜明的前瞻性、现实性、对策性的特点。第三，在学术理论研究与责任感/行动性的交叉上，中国的妇女/性别研究者更加强调"行动的知识化"和"知识的行动化"，即将已有的妇女/性别研究的经验进行总结与凝聚，进而上升为知识，进入知识传承体系——行动的知识化（Knowledge about women/gender），尤其是妇女的知识（knowledge of women）和妇女创造的知识（knowledge produced by women）转化为社会行动，以促进妇女发展和性别平等——知识的行动化。因此，在中国诸多的妇女/性别研究者也是社会行动者，是促进妇女发展和性别平等社会行动中不可或缺的重要力量。

从全球范围看，生育，尤其是妇女的生育，以及与妇女生育相关的议题，如母职，一直是妇女性别研究领域的重点和热点，中国也不例外，而事实上由于孕妇、产妇、乳母、母职等功能性职责的存在，与男子相比，妇女在与生育、以生育为基础的人类繁衍中，也确实居于首要地位，同时也面临更多的问题。将视野进一步打开，在现代社会，生育不仅是个人的决定、相关者（如夫妻）的共谋、家庭的策略，也受到国家、社会各种因素的影响。在许多时候，这一影响之大可以在某种程度上认为，生育是包括个人、相关人员、家庭等在内的相关者及群体，对国家和社会影响的一种回应。因此，在研究生育，即使是作为个人行为的生育时，除了个人、相关人员（如夫妻）、家庭外，将国家和社会作为一个探讨角度和分析范畴也是必须和必要的。尤其是社会变革和转型时，在国家政策等发生变化之后，对国家、社会对生育的影响力及影响后果和相关对策的分析研究，更应进行重点加强。而这也是我在1986年针对企业改制后出现的因生育、照料孩子等因素，不愿招收女性员工这一社会新问题，在《中国妇女报》上发文首次提出建立"妇女生育基金"，根据招收女性员工人数而减免企业税收等建议的思路。关于建立"妇女生育基金"的建议，在众多专家的共同努力下，后来成为国家政策，继而又列为国家规定的保险项目之一的"妇女生育保险"，在保护妇女权利、保障企业利益、促进社会稳定发展中发挥了重要作用。在中国，国家和社会对生育的影响力是巨大的，有时候甚至是具有决定性作用的。而妇女在生育中的首要性，使得这一巨大且具有决定性的国家和社会的影响力更多、更重、更深的加诸妇女身上，由此产生的后果更多地也由妇女承担。因此，在国家生育政策发生重大变化的今天，以妇女为视角，站在妇女的立场，探讨国家新的生育政策对/将对妇女产生的影响（包括正影响和负影响），引发的效应（包括正效应和负效应），造成的后果（包括正向后果和负向后果），提出相应的对策建议，无疑已是势在必行。

在中国的妇女/性别研究具有责任感、行动性的一大特征，以及在中国现代社会，国家政策对生育尤其是妇女的生育具有重大影响力，并由此对妇女的生存与发展不可避免地产生重大影响的大背景下，主动积极地进行有关研究，尤其是包括生育政策对生育尤其是妇女的生育及与此相关的生存与发展的影响后果及可能性后果、对策等的研究，暂且不论其研究成果如何，对这一问题进行研究的自觉性和敏感性，当是研究者具有较高的推进妇女发展和性别平等责任感的体现，而课题所蕴含的社会价值和社会效益也当是显而易见的了。

在中国传统社会，生育更多的是一种家庭家族事务，更多的属于民生范畴。在1949年中华人民共和国成立之后，人口更多的具有了国家人力资源的意义，生育成为国计的一大组成部分。于是生育政策成为国家的重要政策乃至是一大基本国策。作为一项国家重要政策乃至一大基本国策，就其总体而言，在中国20世纪50年代提倡多生育，1972年开始实行以有条件的独生子女政策（除夫妇双方均为独生子女，农村夫妇第一个孩子为女性及少数民族、华侨等夫妇外，一对夫妇只能按计划生育一个孩子）为主要内容的计划生育政策。2015年10月，继开放夫妇双方一方为独生子女者可生育第二个孩子后，又接着实行了非独生子女夫妇均可生育第二个孩子的开放性政策（俗称"全面二孩政策"）。

在现代社会，就业是妇女生存与发展的基础和一大充要条件，而生育对妇女的就业具有决定性和关键性的作用。事实表明，40余年来中国妇女就业率的不断提升，并保持在较高水平与妇女降低生育率并一直保持在较低水平（与计划生育国策相关）息息相关；而诸多研究也论证了妇女的低生育与妇女职业地位的提升、职业的专业化水平的提高之间的显著性负相关关系。由此，探讨近年来国家以"二孩政策"为路径的对生育政策的完善是否会对妇女尤其是城镇妇女就业产生影响？如果有影响，影响因子是什么？影响维度和结构是如何的？影响力有多大？有何效应和后果？包括个人、家庭、社区、社会、国家等在内的社会各层面，应该和/或可以如何应对等就有了十分重要的理论意义、现实意义和社会意义，而这正是杨慧女士申报并获批承担的国家社会科学基金项目"调整完善生育政策对城镇妇女就业的影响机理研究"的价值和意义所在。

如果说责任感是本研究的第一大亮点的话，那么行动性就是本研究显现的第二大亮点了。如前所述，中国的妇女/性别研究不是为研究而研究，不是单纯的学术研究，而是强调以社会行动为基础和指向。本研究从问题意义出发，将国家的生育政策视为一项不断调整和完善的政策，用定量和定性研究论证了目前国家实施的"二孩政策"对和/或将对妇女生存与发展及性别平等产生的不利影响，并从宏观、中观、微观三个角度提出了相应的对策性建议。由此，作为项目研究成果之一，本书因提出的对策具有较高的可行性和可操作性，从某种角度上看，更偏向于具有政策研究的性质，故而也就更具有了前瞻性、现实意义和对社会行动的指导性。

本研究的第三个亮点是将"机理"这一概念作为研究的主概念之一加以运用，使研究成果具有了新的学术意义。在传统上，"机理"是一个医学概念，尽管这一概念目前已被引入社会科学研究领域，但是与众多的"机理研究"相比，社科领域中对社会现象、社会问题等的"机理研究"则是较少的。本研究将"二孩政策"对城镇妇女就业的影响视为一个有机体，从机理的角度对相关因素的互动、互联等进行了深入分析，继而提出来具有有机联系性的对策建议。因此，就妇女/性别研究而言，本研究的思路和视角都是较为新颖的。

有人认为纯学术研究并非易事，需要扎实的理论功底、敏锐的学术思维、较高的文字表达能力。事实上，政策研究也并非易事：研究者不仅需要拥有扎实的理论功底、敏锐的学术思维和较强的文字表达能力，更需要对社会现实进行精准把握和清晰认识，相关对策建议才能具有较高的针对性、可行性和可操作性。由此出发，应该说本书正是研究者具备的较强政策研究能力和较强学术研究能力的体现。

当今中国社会新现象层出不穷，也出现了不少新问题，面临着一系列的挑战，期待着更多具有责任感的研究者投入政策研究领域，有更多的令人耳目一新的优秀的政策研究成果问世。

中国社会学会副会长

浙江省社科院研究员

王金玲

2020 年 5 月 2 日

目　　录

绪　　论

　　全面二孩政策是我国调整生育政策的一项重大举措，对于促进人口长期均衡发展、应对人口老龄化、延长人口红利期具有重要意义。女性既是生育的主体，又是重要的人力资源。生育和就业作为女性生命历程中的重要事件，对女性的生产生活、个人发展具有重要意义。全面二孩政策实施以来，生育二孩与女性就业之间有没有关系？组织环境是否对城镇女性平衡生育就业具有保护作用？二孩生育行为到底会给女性就业带来哪些不利影响？其影响机理是什么？国家应如何针对生育对就业的影响机理，采取配套措施降低不利影响，实现人口长期均衡发展，促进女性生育与就业协调兼顾？这是本书重点要考察的几个方面。

一、研究背景

　　近年来，学界不但对生育和就业问题进行了广泛而持久的讨论，而且也进行了深入而细致的研究。国外有关政府部门提供社会支持、促进生育与就业的做法，对本课题具有很好的参考价值。国内对完善生育政策、促进女性就业的研究，为撰写本研究报告奠定了重要基础。然而，在全面二孩政策实施以来，以往研究成果对于揭示现实问题存在以下不足。首先，以往多以问题导向进行研究，对于组织环境能否为城镇女性平衡生育就业提供积极正面的保护作用，以往研究鲜有涉及。其次，受研究视角的限制，以往多以生育对就业某个指标的影响或以某个就业指标对生育的影响为目标开展研究，缺乏指标整体性与分项指标相互关系的探讨。再次，以往对生育与女性就业相互关系的探讨不足，以往研究对调整完善生育政策对城镇女性就业影响的深层次原因鲜有涉及。最后，政府应采取哪些措施进行积极应对，如何才能消除生育对女性就业的不利影响、促进生育与就业协调兼顾，迫切需要进行深入研究。

与农村女性相比，城镇女性在生育二孩和就业方面，更容易受到生育政策调整的影响。在年龄方面，根据我国法定初婚年龄及女性生育能力实际情况，本课题将研究对象聚焦在 20—45 岁城镇女性。本研究报告运用最新专项调查数据，通过研究方法的运用创新与研究内容拓展，深入探讨组织环境对城镇女性平衡生育就业的保护作用，以及二孩生育与就业各指标之间的相互关系，并在研究视角和职业发展两个方面进行了有效改进，深入研究了全面二孩政策实施以来，怀孕、分娩①、育婴分别对城镇女性就业带来的不利影响，梳理了国内外为消除生育对就业的不利影响所采取的配套政策措施，力图在全面二孩政策实施过程中，从理论和现实意义两个方面为人口学发展添砖添瓦。

二、理论假设

本研究基于社会学的角色冲突理论、性别研究的社会性别理论以及经济学的帕累托改进理论，对调整完善生育政策、城镇女性、生育、就业、影响机理等专用名词进行概念界定后，提出以下五个研究假设：一是组织环境特

---

① 虽然分娩本身持续时间较短，但是产妇分娩后需要一段时间才恢复健康状况和劳动能力，同时为了与 2000 年国际劳工组织的《生育保护公约》表述一致，本研究所用分娩与产假所指时间相同。

别是国有单位对城镇女性平衡生育就业具有保护作用；二是单位一把手是女性的用人单位会降低生育对就业的影响；三是在全面二孩政策与就业性别歧视加剧的情况下，部分城镇女性为了保住工作而减少生育；四是生育全过程以及怀孕、分娩、育婴各环节均对就业产生不利影响；五是二孩怀孕、分娩、育婴对城镇女性就业的不利影响大于一孩。

三、数据来源

为了开展深入研究，验证以上研究假设，本研究所用数据既包含了"调整完善生育政策对城镇女性就业影响机理研究"的专项调查资料，也包含了课题组专门开展的个人访谈资料，同时还包含国务院妇儿工委委托全国妇联妇女研究所开展的"生育政策调整完善与妇女就业"研究的座谈会资料。其中，专项问卷调查综合考虑各地人口与经济社会发展水平及调研经费限制，分别在珠三角、长三角、环渤海经济圈、东北老工业基地及私营企业发达的八闽大地，选取广州、南京、天津、长春、泉州 5 个城市，按照 PPS 分层多阶段抽样方法，对 2026 位城镇女性进行了问卷调查。城镇女性被访者具有"三高"特征，即受教育程度较高、已育比例较高、就业率较高。其中，87.07% 的城镇女性被访者在调查时有工作，另有 3.53% 的城镇女性被访者正在找工作，即 90% 以上的城镇女性被访者有就业意愿并为实现就业意愿而努力工作或努力找工作，普遍表现出自立、自强的精神面貌。在 9.40% 的近期不打算找工作的城镇女性被访者中，其原因都是受生育的影响而不能工作。

本人作为国务院妇儿工委委托项目"生育政策调整完善与妇女就业"课题组核心成员，在 2016 年 1—9 月赴北京、江苏、黑龙江进行了实地调研，分别召开了 1 场决策部门座谈会、1 场用人单位座谈会和 2 场促进妇女平等就业座谈会。此外，还对 30 位城镇女性进行了个人深入访谈，座谈访谈录音时间长达 33.22 个小时、录音转录文字达 45.47 万字，为研究报告的撰写及定量分析提供了生动、有力的佐证。同时，为了提高研究代表性、扩大样本覆盖范围，经与首都经济贸易大学人口经济研究所友好协商，课题负责人获得了该研究所 2017 年妇女生育与就业状况调查数据的使用权，该数据调查对象为 22—45 岁城乡女性，调查时间为 2017 年下半年，调查地点涵盖北京、山东、湖北、山西、云南、甘肃，调查有效问卷为 1800 份，其中 20—45 岁城镇女性问卷 1340 份，为本研究提供了重要补充。综上所述，本研究所用一手调查数据涉及全国 13 个省区市，分别涵盖了东部、中部、西部及东北地区，调查范围具有一定的广泛性。

四、研究方法

本研究在综述以往研究成果的基础上，找准研究的切入点和创新点，运用描述性分析方法、相关分析方法、典型相关分析方法和回归分析法进行了定量研究。同时，在定量分析的基础上，本研究充分利用座谈访谈资料，将定量研究与质信研究进行了有效结合，形成了有数据、有分析、有建议的课题成果。

五、主要研究结论

女性既是生育主体，又是重要的人力资源，生育和就业作为女性生命历程中的重要事件，在缺乏必要的社会支持条件下，生育和就业很容易因时间冲突和精力有限，难以协调兼顾。如果组织环境较好，可促进城镇女性平衡生育和就业。调查发现城镇女性职业发展过程中，虽然有 26.26% 的人有提拔/晋升经历，但是有 33.51% 的人曾因怀孕、生育、照顾孩子等原因而中断过工作。组织环境对城镇女性生育就业的保护、生育与就业的相互影响及其主要原因、国内外经验与对策建议要点如下。

（一）　组织环境对城镇女性平衡生育就业的保护

整体而言，有 54.55% 的城镇女性反映生育并没有给其就业带来不利影响，其中，在党政机关、事业单位及国有企业就业的城镇女性反映生育对就业没有产生不利影响的比例接近 2/3（64.73%），另有 6 成在外资企业就业的城镇女性，也反映生育对就业没有不利影响（60.20%）。就业身份、提拔晋升经历以及在单位中所处的位置，对城镇女性就业的影响具有显著差异。回归分析发现，在组织环境层面，与集体、个体及其他组织单位相比，国有单位或有职业培训机会的单位，以及一把手是女性的私营企业，对城镇女性平衡生育就业具有显著的保护性作用，以上研究发现得到了 2017 年妇女生育与就业状况调查数据的印证。即描述性分析和回归结果都显示，组织环境中党政机关、事业单位及国有企业对保护城镇女性平衡生育就业具有显著作用，一把手是女性的私营企业也会显著提高对城镇女性平衡生育就业的保护作用。

（二）　城镇女性就业对生育的影响

有 31.28% 的城镇女性因就业影响了生育二孩。其中，有 22.98% 的城镇女性为了工作而延迟二孩生育时间，另外，为了工作而不要二孩的城镇女性占 18.70%，即在每 5 个城镇女性中，就有 1 个因工作而延迟要二孩；在每 6 个城镇女性中，就有 1 个因工作而不要二孩，即就业对二孩生育具有一定的抑制作用。由典型相关分析结果可知，已就业城镇女性的一孩怀孕、分娩、育婴越是对职业培训、提拔晋升、收入报酬产生不利影响，就业城镇女性就越会为了避免再次生育给就业带来二次"伤害"，降低二孩生育意愿、延迟二孩生育时间。由此可见，在城镇女性生命历程的不同阶段，生育与就业互为因果、互相影响。

（三）　生育对城镇女性就业的不利影响

有 45.45% 的城镇女性反映生育对其就业带来了不利影响，其中，有

36.40%的城镇女性反映生育减少了个人收入，有20.97%和23.85%的城镇女性反映生育减少了职业培训和提拔晋升机会，另有10%左右的城镇女性因生育被降低工作职位（8.06%）、被迫辞职或被辞退（12.74%）。即生育对城镇女性减少收入的影响最大，对提拔晋升的影响次之。虽然生育对降低职位的影响最小，但是由于城镇女性能够获得较高工作职位的比例远远低于同类男性，由于生育而带来的降低工作职位问题，足以断送城镇女性的职业发展前途。此外，有12.74%的城镇女性由于生育而被迫辞职或被辞退，也进一步体现了城镇女性在生育过程中付出的巨大代价。

从生育各环节对就业的不利影响看，一孩怀孕、分娩和育婴分别对就业带来不利影响的比例分别是33.05%、38.30%和21.82%。分娩对就业的不利影响最大，怀孕次之，育婴对就业的不利影响最小，但是鉴于育婴具有高替代性，可通过发展公共托幼服务消除这一不利影响。在165位已生育二孩的城镇女性中，二孩生育对就业带来不利影响的占40.00%，其中，二孩怀孕、分娩和育婴分别对就业带来不利影响的比例分别是47.27%、30.30%和21.21%。特别需要强调的是在一孩怀孕、分娩、育婴没有对就业产生不利影响的城镇女性中，仍然有13.51%的城镇女性在二孩怀孕、分娩、育婴过程中对就业产生了不利影响。

Logistic回归分析结果显示，在控制了其他变量情况下，与有1个孩子的城镇女性相比，生育二孩对就业造成不利影响的概率是对照组的1.69倍。此外，调查时正在找工作及曾经换过工作的城镇女性，因生育对就业造成不利影响的概率显著高于对照组。有2个及以上孩子的城镇女性职业发展受到不利影响以及劳动收入减少的概率，分别比只有1个孩子的城镇女性高60.5%和43.7%，失去工作的概率比只有1个孩子的城镇女性高93.2%。此外，在组织环境对城镇女性生育就业协调兼顾的保护作用回归分析中，与在集体、个体及其他组织单位就业女性相比，在党政机关、事业单位、国有企业就业的女性，生育对就业不利影响的概率可减少44.08个百分点，一把手是女性的私营企业也可以显著减少生育对女性就业的不利影响。

（四）　生育影响就业的原因分析

生育影响就业的原因主要包括如下方面：在法律上缺乏对就业性别歧视的概念界定、判定标准、罚则与救济途径，以及劳动保障监察机构对就业性别歧视监管不到位，很难为促进城镇女性平等就业创造良好的法治环境；生育保险基金来源单一、生育津贴覆盖范围窄，使得用人单位雇佣女职工会增加用工成本；在公共托幼服务不足的情况下，单纯依靠个人或家庭难以协调生育和就业的矛盾冲突；在调整完善生育政策过程中，基于生育的性别歧视对城镇女性就业造成了多重不利影响。

（五）　促进城镇女性就业的国内外经验

在计划经济时期，劳动部门在批复用人计划时明确禁止用人单位性别歧视；企业在上缴利润时，将为女职工生育支付的相关费用，作为代替政府履行职责的必要开支列为成本予以扣除，减轻了企业负担。同时，托幼机构接收的孩子年龄与接送时间均以支持女性就业为出发点，为减少生育和就业冲突发挥了重要作用，促进了当时生育率（5.81）和就业率（90%以上）"双高"并存。在可以获得相关信息的165个国家中，有145个国家明确禁止就业性别歧视；有64个国家为女职工产假结束后回到"相同岗位或者具有同等报酬的岗位"提供了法律保障。在政府承担生育费用方面，匈牙利、挪威规定生育费用全部由国家承担，瑞典、丹麦则明确由国家和雇主分摊，这些国家的做法有效减轻了用人单位所需承担的女职工生育成本。在促进女性平等就业方面，德国、法国、挪威、西班牙等分别采取积极措施，引导用人单位实施"性别比例计划"，促进女性平等就业。在婴幼儿照料方面，挪威注重发展托幼服务，其1—2岁儿童入园率为69%。丹麦政府通过投入较高幼儿保育与教育费用发展公共托幼服务，使得1—2岁儿童入托率达90%。旨在帮助父母减少照料孩子时间的社会政策，扭转了亚太经合组织 21 个国家的生育率与女性就业率负相关的局面，促进了生育率和女性就业率同时提高。

（六） 促进城镇女性生育就业协调兼顾的政策建议

妇女的发展程度以及社会对妇女的保护程度，既是检验一个社会制度好坏的重要标准，也是检验一个国家文明程度的重要标准。在全面落实二孩政策过程中，本研究结合我国国情，借鉴国外经验，按照轻重缓急原则，分别从宏观（立法、执法、司法、发展公共托幼事业）、中观（减轻用人单位负担）、微观（提高城镇女性就业与维权能力）三个层面，提出促进城镇女性生育与就业协调兼顾的对策建议，以便更好促进城镇女性自身发展和家庭幸福，促进人口长期均衡发展和社会经济长远发展。

1. **完善促进城镇女性平等就业的法律法规**。在全面依法治国过程中，建议立法部门对就业性别歧视进行法律界定，明确判定标准、罚则和劳动保障监察机构的监管职责。具体而言，**一是**建议在制定《反就业歧视法》或《就业促进法》实施细则中，对就业性别歧视进行如下法律界定"就业性别歧视是指任何具有雇佣关系的用人单位，在就业机会和用工过程中基于性别而作的、与职业能力和职业内在需求无关的区别、排斥或限制，其影响或目的足以妨碍或损害男女平等就业权的行为。"就业性别歧视包括招聘性别歧视、用工性别歧视两大类，具体包括 20 种表现形式。用人单位在招工用工过程中，只要有任何一种与职业内在需求无关的性别要求或表现，即为就业性别歧视。**二是**在就业性别歧视的法律责任中规定"发布含有性别歧视内容招聘信息、实施招聘性别歧视行为的用人单位，应当为遭遇招聘性别歧视的女性赔偿所申请岗位的三个月工资。"对于已就业城镇女性在孕期、产假、哺乳期遭遇就业性别歧视时，除了依据已有法律法规对用人单位进行处罚外，还要进一步在法律责任中规定"用人单位实施就业性别歧视，侵害城镇女性平等就业权、造成劳动者精神损害的，应当承担相应的赔偿责任。"**三是**建议国务院参考九部门《关于进一步规范招聘行为促进妇女就业的通知》内容，尽快制定《劳动保障监察条例》实施细则，将各级劳动保障监察机构对本辖区各类就业性别歧视的监管职能上升为法定职责。**四是**在全面落实九部门《关于进一步规范招聘行为促进妇女就业的通知》要求"设置平等就业权纠纷案由"基础上，最高人民法院尽快针对增加"平等就业权纠纷"案由涉及的相关业务知识，加大对基层法院立案及审判等相关人员培训，切实将消除基于生育的就业性别歧视、维护女性平等就业权益落到实处。

2. **完善招工用工监管机制**。实体性劳动力市场及相关网站，都应该确保所发布的招聘信息不得含有性别歧视内容。各级劳动保障监察机构应尽快将城镇女性在求职应聘、在岗怀孕、产后返岗等各个阶段面临的就业性别歧视纳入劳动保障监察范围，加大执法与联合监管力度，保障女性平等享有就业机会。具体而言，**一是**劳动保障监察机构作为《就业促进法》的法定劳动行政部门，应当将城镇女性在求职应聘、就业与职业发展中面临的各类性别歧视纳入劳动保障监察范围。**二是**各级劳动监察部门依法联合各级妇联、工会组织，认真落实九部门《关于进一步规范招聘行为促进妇女就业的通知》"对涉嫌就业性别歧视的用人单位开展联合约谈"的规定，建立促进平等就业的多部门联合监管机制，创新监管方法，联合开展招工用工性别歧视的事中、事后监管工作，受理并查处城镇女性对各类就业性别歧视的投诉，在主流媒体向社会发布用人单位基于生育的性别歧视黑名单。**三是**对于在执法中发现的跨区域就业性别歧视问题，及时向上级机关请示，请求获得跨区域劳动保障监察机构的配合、支援。**四是**针对劳动保障监察机构相关人员对监管职责及就业性别歧视认识不足问题，结合劳动保障监察机构年终总结、妇联组织在监管评估与投诉受理中发现的问题，加强对监管人员相关法律法规和社会性别平等意识的培训。

3. **大力发展公共托幼事业**。建议将发展公共托幼服务上升为国家意志，认真落实《关于促进3岁以下婴幼儿照护服务发展的指导意见》，建立并完善跨部门协调工作机制，从国家层面研究出台发展公共托幼服务的相关法律法规和实施规划，统筹推进托幼事业发展，降低生育对城镇女性就业的不利影响，促进城镇女性生育就业协调兼顾，推动计划生育基本国策和男女平等基本国策的协同落实。具体而言，**一是**建议国家卫健委加强公共托幼服务的顶层设计，尽快对托幼机构的设立标准、硬件设施、保育人员资质、服务收费标准等作出具体规定。**二是**在公共托幼服务性质方面，设计好公办、民办、公办私营、民办公助等多种性质公共托幼服务机构并存、优势互补的供给体系。三是在公共托幼服务机构的班级设置方面，鼓励现有幼儿园增设托班，明确将幼儿入园年龄向下延伸1岁。**四是**尽快在托幼机构规范管理方面，制定并完善托幼机构卫生保健服务规范、托幼机构食品安全操作规范、托幼机构工作流程、保育员操作规范，制定托幼服务从业人员体检标准。**五是**在公共托幼服务保育人员培养方面，教育部门尽快做好幼师专业、营养专业、婴幼儿护理等专业的人员培养工作；人力资源和社会保障部门尽快加强对婴幼儿照护服务从业人员职业技能培训并进行职业资格认定，加大对在公共托育服务方面有就业意愿的二孩妈妈职业培训力度，依法保障从业人员各项劳动保障权益，尽快解决城镇女性生育后孩子无人照料的燃眉之急。

4. 中观层面切实减轻用人单位生育成本。针对用人单位因担心女职工生育二孩加大用工成本，进而不愿意在招工用工中为城镇女性提供平等就业机会问题，一方面，建议参考其他国家的相关经验与做法，发挥政府采购的导向作用，引导纳入政府采购系统的用人单位实施性别比例计划，为女职工提供灵活的工作安排；另一方面，建议结合我国国情，从完善生育保障制度、降低女职工用工成本、设置女职工编制系数等政策措施，引导用人单位为城镇女性提供平等就业机会。具体而言，**一是**建议政府优化生育保障资源配置，在生育保险和基本医疗保险合并实施后，加大对生育保险的补贴力度，实现对生育保险基金的财政托底。**二是**建议政府开发生育保险执法检查的潜在资源，对未参加生育保险的用人单位，督促其尽快依法、按时、足额缴纳生育保险费，解决城镇女性因分娩而减少个人收入与职业中断问题，实现生育女职工、用人单位和国家协同发展。**三是**强化生育保险与计划生育政策、女职工劳动保护特别规定等相关规定的有效衔接，解决好延长产假的工资来源及用人单位负担问题。**四是**建议人力资源和社会保障部门、税务部门、财政部门出台相关政策，对雇佣女职工超过40%或高级专业技术人员中女性比例达到35%的用人单位，对女职工产假期间需要用人单位交纳的社会保险费用，用人单位在女职工产检日、产假期间支付或补充的工资津贴及替工工资，由政府给予用人单位每个怀孕、生育女职工5000元的财政补贴或用工奖励，或进行同等额度的税费减免；对于国家机关事业单位，给予女职工人数105%的岗位编制系数，解决女职工产假期间的岗位空缺问题。

5. 微观层面提升城镇女性就业与维权能力。城镇女性既是调整完善生育政策对就业影响的客体，也是维护自身平等就业权的主体。只有不断提升自身就业能力，及时留取就业性别歧视证据，才能依法维护自身平等就业权。具体而言，**一是**争取公平获得非传统就业领域及新兴产业行业的职业培训、进修辅导与就业机会，不断提升个人就业和职业发展能力；积极利用政府相关部门为产后返回劳动力市场的城镇女性提供职业培训、技术援助和就业与职业发展咨询服务，扩大就业信息来源；利用政府为创业者提供创业技能、资金支持和市场信息实现创新创业。**二是**建议城镇女性增强法律意识，自觉学习、运用《妇女权益保障法》《就业促进法》《劳动法》《女职工劳动保护特别规定》等相关法律法规，对在求职应聘与就业过程中面临的基于生育的性别歧视，及时留取包括相关谈话录音、图片、截图、文件资料等证据。**三是**遭遇基于生育的就业性别歧视的女性，既可依法与用人单位据理力争或向其主管单位、同级妇联信访部门、劳动保障监察大队或工会投诉举报，也可拨打全国妇联妇女维权公益服务热线12338、劳动保障监察大队举报投诉电话"区号＋12333"或工会职工维权热线12351，还可根据"平等就业权纠纷"案由向法院提起诉讼。**四是**鼓励男性广泛参与育婴劳动，减轻育婴对城镇女性的就业压力，建议城镇男女尽快转变"男主外，女主内"传统性别观念，呼吁城镇男性和配偶一样积极承担育儿责任。

六、创新之处

本研究分别在研究视角、理论方法、对策建议三个方面进行了创新。

首先，在研究视角上，本研究基于社会性别研究视角，以城镇女性为生育和就业为主体，深入研究了组织环境对城镇女性平衡生育就业的保护作用，以及生育政策调整完善对城镇女性就业带来的不利影响，系统分析了政府对保障城镇女性平等就业权、促进人口长期均衡发展的责任。

其次，创新性应用研究方法，在人口学、社会学领域首次引入典型相关分析方法，拓展了典型相关分析的运用领域，丰富了人口学研究方法。

最后，提出加大招工用工监管力度、设置女职工编制系数、将幼儿园入园年龄下调 1 岁、对有从事托育工作意愿的二孩妈妈进行培训等建议，对于消除用人单位基于生育的性别歧视，促进城镇女性生育就业协调兼顾，具有较好的针对性、操作性、指导性。

第一章 导 论

一、问题的提出

2013 年 11 月 12 日，党的十八届三中全会通过《中共中央关于全面深化改革若干重大问题的决定》，要求坚持计划生育基本国策，启动实施一方是独生子女的夫妇可生育两个孩子的政策，逐步调整完善生育政策，促进人口长期均衡发展。2015 年 10 月 29 日，党的十八届五中全会决定继续坚持计划生育基本国策，完善人口发展战略，全面实施一对夫妇可生育两个孩子政策，积极开展应对人口老龄化行动。从单独二孩政策到全面二孩政策，生育政策的调整完善对于促进人口长期均衡发展、应对人口老龄化、延长人口红利期具有重要意义。

女性既是生育的主体，又是重要的人力资源。生育政策的调整完善能否达到预期效果，主要取决于女性的生育意愿与生育行为。[①] 城镇女性作为重要的人力资源，对于扩大就业人员规模、促进社会经济发展具有重要作用。而无论是生育还是就业，作为女性生命历程中的重要事件，都对女性的生产生活、个人发展具有重要影响。城镇女性就业既是实现经济独立、做出各种生活选择的前提和基础，也是参与经济社会发展的重要途径，对于增加家庭收

① 宋健. 普遍二孩生育对妇女就业的影响及政策建议 [J]. 人口与计划生育, 2016 (1)：20 - 22.

入、提高家庭福祉至关重要。然而，鉴于生育和就业的时间冲突，特别是对于城镇职业女性而言，即使部分城镇女职工在怀孕期间不会对就业产生影响，但是产假期间因其脱离工作岗位，既影响用人单位岗位安排和用工成本，也会对女职工生育期间的个人收入带来一定影响。由此可见，生育与就业的矛盾冲突，成为阻碍女性按政策生育的重要因素。

那么，全面二孩政策实施是否给城镇女性就业带来直接或间接影响？城镇女性生育二孩与就业之间究竟存在怎样的关系？二孩生育到底会给城镇女性就业带来哪些不利影响？其影响机理是什么？国家应如何根据生育对就业的影响机理，采取配套措施降低不利影响，促进人口长期均衡发展，促进女性生育与就业协调兼顾？只有对上述问题进行深入研究，才能在降低二孩生育对城镇女性就业产生的不利影响方面，为政府决策部门提供必要的参考依据。

二、研究意义

本研究分别在学术意义和现实意义两个方面，具有独特的研究价值。通过探讨生育政策调整完善对城镇女性就业的影响机理，提出生育就业协调兼顾的研究目标，丰富人口学、社会学的研究内容和理论基础；提出消除二孩生育对女性就业不利影响的对策建议，为政府决策部门提供必要的参考依据。

（一）学术价值

与单独二孩政策相比，全面二孩政策实施后，城镇女性能够生育二孩的规模大为增加；与独生子女政策相比，城镇女性可以按照政策怀孕、生育的次数在理论上可以增加一倍。在相关配套措施有待完善情况下，上述变化将在一定程度上增加用人单位雇佣女职工的用工成本。同时，受我国经济下行压力及中美贸易摩擦的影响，一些用人单位为降低用工成本更加不愿意雇佣女职工，城镇女性的就业机会和职业发展将会受到很大影响。

在学术目标上，本研究基于多学科交叉研究范式，综合运用人口学、社会学、经济学等学科的理论和方法，通过构建调整完善生育政策对女性就业影响机理的分析框架，运用问卷调查、座谈和深入访谈获得的一手资料，深入系统分析二孩生育意愿和城镇女性就业的内在关系，揭示生育政策调整对城镇女性就业的影响程度，并在计划生育和男女平等两个基本国策的协同贯彻落实过程中，提出促进城镇女性生育就业协调兼顾的政策建议，为相关学科发展提供理论基础。

（二） 应用价值

为推动全面二孩政策落地落实，提升政策实施效果，化解城镇女性生育与就业的矛盾冲突，促进女性生育就业协调兼顾，本研究针对生育政策调整对城镇女性就业的影响机理，探讨调整完善生育政策的配套措施。

在实践目标上，本书基于对问卷调查和座谈访谈资料的深入研究，对调整完善生育政策带来的女性就业问题进行系统的梳理总结，对现有相关社会支持的供求情况进行分析，对基于生育的就业性别歧视监管机制进行顶层设计，从宏观、中观、微观层面提出完善立法、执法、司法、社会支持和生育保障，促进城镇女性生育就业协调兼顾的政策建议。

同时，课题组将二孩生育对城镇女性就业影响、增加公共托幼服务、降低用人单位生育成本、加强劳动力市场监管等建议，通过研究内参、两会提案等形式，提请国家领导人、人力资源和社会保障部重视，为相关部门完善全面两孩政策配套措施、应对全面二孩政策对城镇女性就业带来的挑战，提供科学依据。

三、研究内容

在调整完善生育政策过程中，本研究对城镇女性包括怀孕、分娩、育婴各环节的生育行为，以及与求职应聘、职业培训、提拔晋升、劳动收入相关的各维度就业内容，进行文献收集与研读，结合研究内容设计调查问卷与访谈提纲，开展问卷调查和深入访谈，为本课题研究获取第一手的调查资料。

本书共分为十章，分别是导论、研究综述、研究设计、组织环境对城镇女性平衡生育就业的保护作用、城镇女性二孩生育与就业的内在关系研究、生育对城镇女性就业的影响机理分析、生育对城镇女性就业影响的深层次原因分析、国内外经验借鉴、促进城镇女性生育与就业协调兼顾的对策建议、主要创新与不足等十个部分，各部分的主要内容如下。

第二章，文献综述。为适应人口发展新形势，党中央对计划生育政策进行重大调整完善，分别于2013年、2015年启动实施了单独二孩政策和全面二孩政策。生育政策调整将直接影响育龄群体的生育数量，生育对女性就业的影响也已被国内外学者进行了广泛而深入的研究。特别是近年来生育政策调整对女性就业的影响，以及如何通过提供必要的社会支持，提升二孩生育意愿、促进女性平等就业，也已成为学界研究热点。本研究首先围绕项目设计内容，对已有研究成果进行综述。

第三章，研究设计。本研究主要基于社会学的角色冲突理论、性别研究的社会性别理论以及经济学的帕累托改进理论等理论，对影响机理进行概念界定，提出研究假设，开展深入研究。其中，生育对女性就业影响机理是指生育过程的各个环节（怀孕、分娩、育婴）对就业的各个维度（个人收入、职业发展、工作机会）带来的具体影响。研究假设包括在全面二孩政策实施与就业性别歧视加剧的情况下，部分城镇女性为了工作而减少生育；生育全过程以及怀孕、分娩、育婴各环节均对就业产生不利影响；二孩怀孕、分娩、育婴对城镇女性就业的不利影响大于一孩；单位类型等组织环境对城镇女性平衡生育就业具有重要影响，国有单位、一把手是女性用人单位对女职工生育就业具有保护作用。为此，本研究使用专项调查数据和座谈访谈资料，运用定量与质性研究相结合的方法，使用描述性分析、相关分析、典型相关分析和回归分析法进行系统研究。

第四章，组织环境对城镇女性平衡生育就业的影响。第三期中国妇女社会地位调查数据显示，近8成城镇就业人员在各类用人单位就业。不同类型和所有制的单位对于落实男女平等基本国策、保障妇女平等就业权利可能存在差异；一把手是男性还是女性，对理解和看待女职工生育与就业的关系可能不同。与在所有制层次较低的集体企业和个体工商户就业的城镇女性相比，在党政机关、事业单位、国有企业就业的城镇女性，其生育对就业的影响能否得到消减，一把手是女性的用人单位，能否为城镇女性平衡生育和就业提供保护，具有哪些特征的城镇女性能够幸免于生育对工作的冲击。这些问题都值得深入研究。本章对不同组织环境的女职工生育影响就业状况进行分组描述性分析后，运用回归分析方法研究不同组织环境、一把手性别对促进城镇女性平衡生育就业的保护作用。

第五章，分析城镇女性生育与就业的内在关系。时间和精力都是宝贵的资源，生育和就业是女性生命历程中的重要事件。在缺乏必要的社会支持条件下，职场和家庭对女性的不同期待以及时间和角色冲突，容易使女性在生育和就业之间产生矛盾冲突。生育政策调整后，很多符合二孩政策的城镇女性不愿生育二孩，其原因与女性就业有无关系，生育二孩是否对女性就业产生不利影响，需要进行专门研究。本章将通过对城镇女性生育与就业的内在关系进行深入分析，在探讨生育与就业相互影响的同时，揭示城镇女性为了就业而延迟二孩生育时间甚至放弃二孩生育机会的比例或程度。

第六章，揭示生育政策调整完善对城镇女性就业的影响机理。在生育政策调整完善过程中，部分用人单位因不愿承担女职工生育二孩带来的用人成本，在招聘中歧视女性；生育二孩对城镇女性就业机会产生不利影响，致使部分城镇女性因生育二孩及相关照料负担增加而不能就业或阻碍职业发展。本章通过揭示城镇女性怀孕、分娩、育婴对其就业机会、劳动报酬、职业发展产生的具体影响，剥离生育各环节对就业各维度影响的主要因素。

第七章，调整完善生育政策对女性就业影响的原因分析。生育政策调整对城镇女性就业的不利影响究竟是谁之过？需要对其深层次原因进行剖析。在计划经济时期，充足的公共托幼服务和促进城镇女性就业的行政干预措施，保障了女性生育和就业协调兼顾。而在市场经济时期，促进平等就业的法律法规不完善，劳动力市场监管不到位，公共托幼服务短缺，生育成本社会化程度低，以及城镇女性就业的弱势地位，都是本章需要深入分析的重要内容。

第八章，促进女性生育就业协调兼顾的国内外经验借鉴。基于生育的就业性别歧视问题，既是阻碍中国城镇女性职业发展的现实问题，也是阻碍世界女性发展的历史问题。很多国家和国际组织为了消除生育对就业的不利影响，促进女性平等就业，都进行了积极探索并积累了宝贵经验。本章将系统梳理国内外在禁止基于生育的就业性别歧视、政府承担生育成本、发展公共托幼服务以及促进女性平等就业的积极措施与经验做法，为探讨我国制定促进城镇女性生育和就业协调兼顾的政策提供参考。

第九章，促进女性生育与就业协调兼顾的政策建议。全面二孩政策是落实我国计划生育基本国策的重要内容，促进女性平等就业是落实男女平等基本国策的重要内容。如何在两个基本国策的协同贯彻落实以及社会急剧转型过程中，促进城镇女性生育与就业协调兼顾，便成为重要的政策落脚点。本研究报告在对上述问题进行深入研究的基础上，从宏观（完善促进平等就业的立法和司法保障、完善招工用工监管机制、发展公共托幼事业）、中观（降低用人单位用工成本）、微观（提高城镇女性自身就业与维权能力）三个层面，提出具有针对性、可操作性的促进城镇女性生育就业协调兼顾的政策建议。

第十章，主要创新与不足。本研究分别在社会性别研究视角、典型相关分析方法和提出就业生育协调兼顾理论、提出政策建议三个方面进行了研究创新。就业生育协调兼顾理论是指政府通过提供必要的社会支持，帮助城镇女性实现就业和生育两个生命事件的协调兼顾，促进城镇女性自身发展和用人单位共同发展以及人口再生产和社会再生产的协调发展。在定量研究方面，本研究首次在人口学、社会学和性别研究领域引入典型相关分析方法，在反映就业与生育的两个变量组中，进行了深入分析，实现了研究方法的创新性应用。相关政策建议特别是加大招工用工监管力度、设置女职工编制系数、将幼儿园入园年龄下调1岁、对有从事托育工作意愿的二孩妈妈进行培训等建议，具有较好的针对性、操作性、创新性。不足方面主要有：调查数据中已经生育二孩的城镇女性样本量偏小，难以进行该群体的深入分析；样本城市中泉州市、长春市样本量较小，无法进行城镇女性生育对就业影响的分区域分析。

第一至第十章的研究框架设计见图1－1。

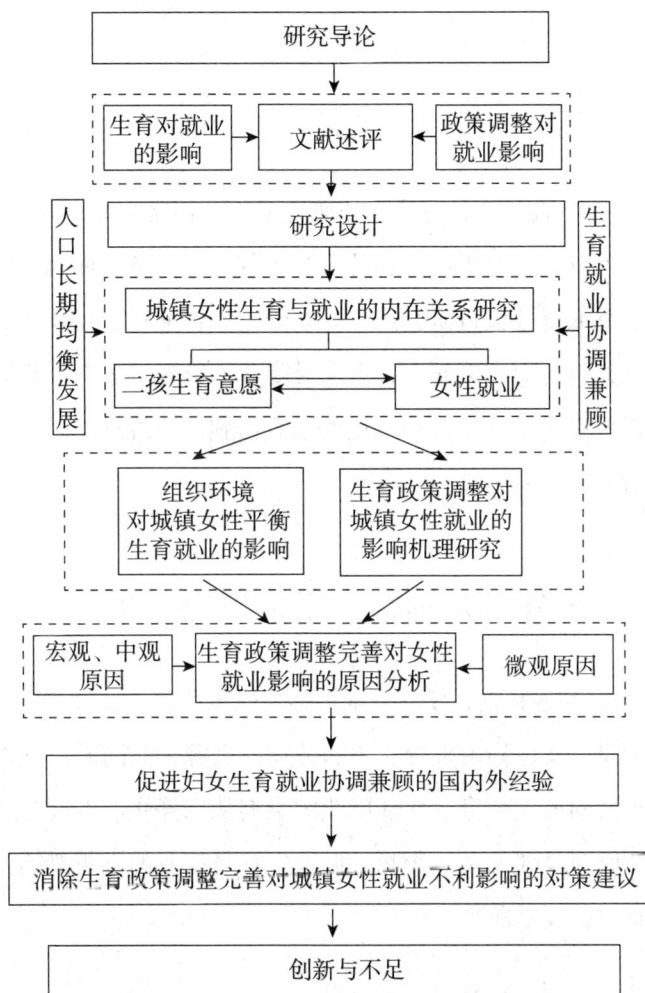

图1－1　调整完善生育政策对城镇女性就业影响机理研究框架

第二章　研究综述

生育与就业是学界广泛而持久的研究话题。伴随生育政策的调整完善，生育与城镇女性就业问题不但受到社会各界的广泛关注，而且也已成为学界的研究重点，并取得了大量研究成果。本研究报告通过层层推进、不断聚焦的方法，将从调整生育政策研究、生育对就业的影响、生育政策调整对女性就业的影响以及促进女性生育与就业的政策措施四个维度，对已有研究成果进行梳理、述评。

一、生育对城镇女性就业影响的研究综述

虽然在 2017 年及以前，学界并未将生育政策调整对女性就业的影响纳入研究视野，但是，女性作为生育主体和劳动力资源，在同时承担人口再生产和社会再生产使命时，生育对女性就业的影响从未停止。本部分从生育与就业的关系、生育对就业的具体影响、促进生育与就业的政策措施，以及对策建议四个方面进行文献回顾。

（一）生育与就业的关系

由于女性既是生育主体，又是重要人力资源，同时还承担人口再生产和

社会再生产双重责任，加之女性依然是孩子的主要照料者①，因此绝大部分研究认为，生育与就业具有负相关关系②，生育是用人单位不愿雇佣女性的首要原因③。

　　现实中用人单位或将女性拒之门外，或在录用女性后提出限制生育的要求④，阻碍女性平等就业。原国家劳动和社会保障部调查显示，67%的用人单位规定女性在聘用期间不得怀孕生育⑤。生育对女性入职、升迁和终身发展具有消极影响，一些用人单位为了降低用工成本，迫使生育女职工降低职位和劳动报酬，被迫"主动"辞职，最终彻底失业⑥⑦⑧⑨⑩⑪。国外研究表明，很多女性生育后需要在全职妈妈与职业妈妈之间进行身份选择⑫。一方面，来自职场的不利影响，更容易使怀孕女性在工作和母职间进行两难选择⑬。另一方面，来自职场的人际关系支持与女性生育后继续保持工作状态正相关⑭，同事

　　① STIER H, LEWIN - EPSTEIN, N. Policy Effects on the Division of Housework ［J］. Journal of Comparative Policy Analysis, 2007（3）: 235 - 259.

　　② 於嘉，谢宇. 生育对我国女性工资率的影响［J］. 人口研究，2014（1）: 18 - 29.

　　③ 胡雅婷. 单位生育负担是歧视女性首因（就业性别歧视怎么破？下篇）［N］. 人民日报，2013 - 12 - 05 -（14）.

　　④ 蔡定剑主编. 中国就业歧视现状及反歧视对策［M］. 中国社会科学出版社，2007: 61 - 64.

　　⑤ 张抗私. 劳动力市场性别歧视行为分析［J］财经问题研究，2004（4）.

　　⑥ BREWSTER K. L, RINDFUSS R. R. Fertility and Women's Employment in Industrialized Nations［J］. Annual Review of Sociology. 2000（26）: 271 - 296.

　　⑦ 杨菊华. "单独两孩"政策对女性就业的潜在影响及应对思考. 妇女研究论丛，2014（4）: 49 - 51.

　　⑧ 全国妇联妇女研究所. 重视照料支持对妇女平衡就业与生育的积极影响［J］. 中国妇运，2016（7）: 35 - 36.

　　⑨ 张霞，茹雪. 中国职业女性生育困境原因探究——以"全面二孩"政策为背景［J］. 贵州社会科学，2016（9）: 150 - 154.

　　⑩ 王毅平. 全面两孩生育政策对女性的影响及其对策［J］. 山东女子学院学报，2016（3）: 27 - 30.

　　⑪ 郑真真. 实现就业与育儿兼顾需多方援手［J］. 妇女研究论丛，2016（1）: 5 - 7.

　　⑫ LINDY FURSMAN. Ideologies of Motherhood and Experiences of Work: Pregnant Women in Management and Professional Careers. Working Paper No. 34, May 2002. 2002 Center for Working Families, University of California, Berkeley.

　　⑬ LINDY FURSMAN. Ideologies of Motherhood and Experiences of Work: Pregnant Women in Management and Professional Careers. Working Paper No. 34, May 2002. 2002 Center for Working Families, University of California, Berkeley.

　　⑭ GLASS, F L., Riley, L,. Family Responsive Policies and Employee Retention Following Childbirth［J］. Social Forces, 1998（4）.

间的社会支持与角色冲突程度呈现负相关①。

另有部分学者认为，生育并没有给女性就业带来显著影响②③，或者说生育与就业的关系受性别分工、就业环境、儿童照料服务及其他社会公共政策的影响，在宏观和微观层面表现各异④⑤。

（二）生育对就业的具体影响

1. 生育对劳动参与的影响

早在 1998 年，安格里斯特（Angrist）和埃文斯（Evans）就已经发现，育婴降低了女性劳动力参与率⑥；贝蕾（Bailey）也证明了生育对女性劳动力参与产生的负面影响⑦；马莉和郑真真研究发现韩国 25—34 岁女性因生育而中断职业的情况较为普遍⑧。布鲁姆等（Bloom et al.）进一步发现，生育不仅对育龄期女性劳动参与情况产生负面影响，而且其影响还具有长期性⑨。部分职业女性在公共托幼服务和社会支持不足情况下，无法协调工作和家庭平衡，

① SCHAUBROECH J, COTTON J L, JENNINGS K R. Antecedents and consequences of role stress: A covariance structure analysis [J]. Journal of Organizational Behavior, 1989 (1): 35 - 38

② CHENG B. S. Cointegration and Causality between Fertility and Female Labor Participation in Taiwan: A Multivariate Approach [J]. Atlantic Economic Journal, 1999 (4): 422 - 434.

③ BUDIG M J. Are Women's Employment and Fertility Histories Interdependent? An Examination of Causal Order Using Event History Analysis [J]. Social Science Research, 2003 (32): 376 - 401.

④ BREWSTER K. L, RINDFUSS R. R. Fertility and Women's Employment in Industrialized Nations [J]. Annual Review of Sociology. 2000, 26: 271 - 296.

⑤ ENGELHARDT H., Kögel T, Prskawetz A. Fertility and Women's Employment Reconsidered: A Macro - Level Time - Series Analysis for Developed Countries, 1960 - 2000 [J]. Population Studies, 2004 (1): 109 - 120.

⑥ ANGRIST J D, EVANS W N. Children and Their Parents' Labor Supply: Evidence from Exogenous Variation in Family Size [J]. The American Economic Review, 1998 (88): 450 - 477.

⑦ BAILEY M. J. More Power to the Pill: the Impact of Contraceptive Freedom on Women's Lifecycle Laborer Supply [J]. Quarterly Journal of Economics, 2006 (1): 289 - 320.

⑧ 马莉, 郑真真. 韩国妇女的生育后再就业及其对中国的启示 [J]. 劳动经济研究, 2015 (2): 3 - 22.

⑨ BLOOM D E D, CANNINGG, FINGK J E. Finlay. Fertility, female labor force participation, and the demographic dividend [J]. Journal of Economic Growth, 2009 (2): 79 - 101.

最终只能放弃工作、中断就业①。有研究显示广东省部分用人单位要求女工入厂前先签不生育保证书,保证在合同期内不得怀孕,违者自动离职处理;另有部分单位在劳动合同或单位内部规定,女职工在劳动合同期内不得怀孕、生育,一经发现予以辞退。此外,还有用人单位对孕期女职工采取"换岗减薪"办法,逼迫孕期女职工自动离职②。

生育不但对已就业女职工产生不利影响,而且还对即将进入职场的女大学生产生不利影响。《中国职场性别歧视状况研究报告》显示,约1/4的女性在招聘中因性别原因而不被录用。有19.2%的女硕士和女博士因性别被拒绝录用,即使成绩明显优于男性仍被拒绝录用的占16%③。几乎所有女大学生在面试过程中都会被问到与恋爱、婚姻相关的问题④。因生育造成的就业性别歧视使得女大学生择业时间长、求职成本高、初次就业率低、工作单位差,相同条件下女生就业机会仅占男生的87%⑤⑥⑦⑧。2013年人民网调查发现,超过九成的网友表示自己或身边朋友在求职中遭遇过性别歧视,有85.3%的网友认为性别歧视针对女性⑨。

国内其他研究发现,在公共托幼服务短缺、社会支持不足的情况下,部

---

① BAILEY M. J. More Power to the Pill: the Impact of Contraceptive Freedom on Women's Lifecycle Laborer Supply [J]. Quarterly Journal of Economics, 2006 (1): 289 – 320.

② 王小波. 影响我国女性就业参与的因素分析 [J]. 思想战线, 2004 (2): 35 – 40.

③ 莫税英. 从社会性别视角分析女大学生就业问题 [J]. 广西社会科学, 2010 (07): 130 – 132.

④ 佟新, 梁萌. 女大学生就业过程中的性别歧视研究 [J]. 妇女研究论丛, 2006, S2: 32 – 36.

⑤ 叶文振, 刘建华, 夏怡然, 杜娟. 女大学生的"同民同工"——2002年大学本科毕业生就业调查的启示 [J]. 中国人口科学, 2002, 06: 58 – 64.

⑥ 王小波. 大学生劳动力市场入口处的性别差异与性别歧视——关于"女大学生就业难"的一个实证分析 [J]. 青年研究, 2002, 09: 11 – 17.

⑦ 宋严, 宋月萍, 李龙. 高等教育与社会资本: 性别视角下的审视 [J]. 人口与发展, 2012 (6): 48 – 54.

⑧ 潘锦棠. 北京女大学生就业供求意向调查分析 [J]. 北京社会科学, 2004 (3): 73 – 80.

⑨ 胡雅婷. 单位生育负担是歧视女性首因 (就业性别歧视怎么破? ·下篇) [N]. 人民日报, 2013 – 12 – 05 (14).

分无法协调工作家庭的职业女性，只好中断就业①，必然会降低女性劳动参与率。2010年中国妇女社会地位调查数据显示，26%的城镇青年女性因生育照料孩子而中断就业②。有关女性中断就业风险与年幼子女数量之间联系的研究发现，子女数量增加会显著降低城镇已婚女性劳动供给③，其中有两个孩子的城镇青年女性"为了家庭而放弃个人发展机会"的比例高达50.98%，比只有一个孩子的城镇青年女性相应比例高17个百分点以上④。在女性就业率与子女年龄关系方面，家中有婴幼儿或有学龄前儿童的已婚女性，就业率也会显著降低⑤⑥。此外，女性因生育中断就业后，会减少再次进入劳动力市场的可能性⑦。

2. 生育对职业发展的影响

由于女性承担生育功能，女职工因家庭原因导致的职业中断与晋升负相关⑧。有研究发现，部分女性反映生育对个人工作能力提升有较大影响，已生育女性的培训或进修机会比未生育女性低14个百分点以上⑨。前程无忧招聘网站对1809位在职白领调查显示，分别有18%的女性和10%的男性认为生育

---

① 杨慧，吕云婷，任兰兰. 二孩对城镇青年平衡工作家庭的影响——基于中国妇女社会地位调查数据的实证分析 [J]. 人口与经济，2016 (2)：1 - 9.

② 蒋永萍，杨慧. 妇女的经济地位 [M] 宋秀岩. 新时期中国妇女社会地位调查研究（上卷）. 北京：中国妇女出版社，2013：163.

③ 张川川. 子女数量对已婚女性劳动供给和工资的影响 [J]. 人口与经济，2011 (5)：29 - 35.

④ 杨慧，吕云婷，任兰兰. 二孩对城镇青年平衡工作家庭的影响——基于中国妇女社会地位调查数据的实证分析 [J]. 人口与经济，2016 (2)：1 - 9.

⑤ DROBNIC S. The Effects of Children on Married and Lone Mothers' Employment in the United States and (West) Germany. European Sociological Review, 2000, 16 (2)：137 - 157.

⑥ 宋健，周宇香. 中国已婚妇女生育状况对就业的影响——兼论经济支持和照料支持的调节作用 [J]. 妇女研究论丛，2015 (4).

⑦ 全国妇联妇女研究所. 重视照料支持对妇女平衡就业与生育的积极影响 [J]. 中国妇运，2016 (7)：35 - 36.

⑧ 何谦. 职业生涯中断对女性雇员的影响——一个文献的综述 [J]. 中国劳动关系学院学报，2007 (3)：88 - 92.

⑨ 黄桂霞. "全面二孩"政策下保障女性就业 [N]. 中国社会科学报，2017 - 03 - 08 (6).

二孩会影响自己的职业发展①。在职业发展过程中，白领女青年工作 3—5 年后，成为管理者的比例远远低于同类男性②。即使进入高级劳动力市场，生育仍然使得女性无法与同等学历的男性竞争③，比如在上市公司高层管理者中，女性仅占 13.5%④。由此造成女性在高端行业和高层次职业上依旧处于弱势地位，并且男女差距不断扩大⑤⑥。

3. 生育对劳动报酬的影响

有研究指出，部分女性可能因生育而错过职业升迁机会，进而影响收入水平提高、政治地位获得甚至老年社会保障⑦。不仅如此，部分用人单位为降低用工成本，还会在女职工怀孕、产假、哺乳期，降低其工作职位或劳动报酬，甚至逼迫女职工辞职，使其最终陷于失业状态⑧⑨⑩⑪。英国、美国、加拿大等发达国家普遍存在职业女性工资生育惩罚问题，在控制了其他条件下，生育女性的工资收入低于未生育女性。其中，英国和美国的职业女性每生育

①　前程无忧发布在职白领"单独二孩"调查. 新浪网，[2014 – 05 – 30]. http：//finance. sina. com. cn/stock/usstock/mtszx/20140530/120019279075. shtml.

②　唐美玲. 青年白领的职业获得与职业流动——男性与女性的比较分析 [J]. 青年研究，2007 (12)：1 – 8.

③　宁本荣. 新时期女性职业发展的困境及原因分析 [J]. 西北人口，2005 (4)：24 – 27.

④　康宛竹. 中国上市公司女性高层任职状况调查研究. 妇女研究论丛，2007 (4)：23 – 29.

⑤　蔡禾，吴小平. 社会变迁与职业的性别不平等 [J]. 管理世界，2002 (9)：71 – 77.

⑥　刘爽. 从女大学生就业难看我国女性的就业变迁. 人口研究，2007 (3)：41 – 46.

⑦　Glass，F L.，Riley，L. Family Responsive Policies and Employee Retention Following Childbirth [J]. Social Forces，1998 (4).

⑧　Lindy Fursman. Ideologies of Motherhood and Experiences of Work：Pregnant Women in Management and Professional Careers. Working Paper No. 34，May 2002. 2002 Center for Working Families，University of California，Berkeley.

⑨　张霞，茹雪. 中国职业女性生育困境原因探究——以"全面二孩"政策为背景 [J]. 贵州社会科学，2016 (9)：150 – 154.

⑩　王毅平. 全面两孩生育政策对女性的影响及其对策 [J]. 山东女子学院学报，2016 (3)：27 – 30.

⑪　郑真真. 实现就业与育儿兼顾需多方援手 [J]. 妇女研究论丛，2016 (1)：5 – 7.

一个孩子，工资率就会下降10%左右①。中国也存在类似问题②，贾男等研究发现，中国女性在生育当年的工资率会下降17.6%③，与英美两国相比，中国女性受到的生育惩罚更为严重。另有研究显示，在促进男女平等就业方面，父亲每多休一个月的育儿假，母亲的收入就会相应增加6.7%④。

（三） 促进生育与就业的政策措施

为了平衡女性生育与就业关系，完善相关配套措施，鼓励男性分担育儿责任，目前已有78个国家设立了男性带薪育儿假。瑞典在这方面具有引领作用，瑞典父亲平均休120天带薪育儿假⑤。挪威不但规定男性必须休育儿假，而且还把男性育儿假的时间由原来的10周延长到12周。德国规定男性可休12个月带薪育儿假，假期工资占休假前工资的65%。在提供社会化育儿支持方面，瑞典规定1岁以上的幼儿有进入全日制托幼机构、享受公共照料服务的权利。在亚洲，日本力图通过增设3岁以下保育机构解决孩子入托难问题⑥。

（四） 对策建议

有学者结合中国国情，建议在国家层面设立男性带薪陪护假和男女共享的育儿假，为职工提供灵活工作时间；完善生育保障制度⑦，并根据各个行业的不同特点，规定其招收女工的比例⑧；政府应分担企业在女职工生育方面承

---

① MICHELLE J. B. and PAULA E. The Wage Penalty for Motherhood. American Sociological Review, 2001, 66 (2): 204 - 225.

② JIA, N. and DONG, X. Y. Economic Transition and the Motherhood Wage Penalty in urban China: Investigation Using Panel Data. Cambridge Journal Economics, 2013 (4): 819 - 843.

③ 贾男，甘犁，张劼. 工资率、"生育陷阱"与不可观测类型 [J]. 经济研究，2013 (5): 61 - 72.

④ 安妮·海瑟薇. 让父母平等享有带薪育儿假. 中国妇女报，2017 - 3 - 22 (B4).

⑤ 安妮·海瑟薇. 让父母平等享有带薪育儿假. 中国妇女报，2017 - 3 - 22 (B4).

⑥ 李宝芳. 国外平衡女性就业与生育的经验 [N]. 中国社会科学报，2017 - 02 - 27.

⑦ 李蕊. 完善济南市生育保险制度的思考与建议 [J]. 济南大学学报（社会科学版），2007 (3): 15 - 19.

⑧ 冉茂英. 当前城市妇女就业中的问题及其对策 [J]. 社会科学研究，1988 (1): 59 - 62.

担的成本①，根据雇佣女职工数量为企业提供生育保险补贴，按一定比例降低女职工较多的企业上交利润额度②，通过降低企业用工成本，消除就业性别歧视③。另有学者发现，具有促进女性发展和社会性别平等取向的家庭政策更有利于鼓励生育，因为这种家庭政策不仅降低了女性生育的机会成本，同时也鼓励丈夫积极承担照料子女和家务的责任④。

二、生育政策调整对女性就业影响的研究综述

在独生子女政策实施 30 多年中，城镇育龄妇女的生育数量基本由生育政策决定。伴随生育政策的调整完善，在生育权回归家庭过程中，城镇女性在选择生育一孩或二孩方面有了更大的自主权。与此同时，作为生育主体和重要人力资源的女性，其就业必然首当其冲地受到全面二孩政策冲击⑤。生育政策调整到底会对城镇女性就业产生怎样的影响呢？以往研究有两种不同的观点，一种是少数学者认为生育政策调整促进女性就业，另一种观点是绝大多数学者认为生育政策调整会阻碍女性就业。

（一）生育政策调整促进女性就业研究

有学者认为因为生活成本和生育成本的提高，全面二孩政策可能会激发女性对就业的渴望。⑥ 如果创造条件使夫妇能够平衡家庭与工作，职业女性可

---

① 王伟健. 企业吐苦水——聘用女性，能否给点激励［DB/OL］. 人民网，2013 http. // news. xinmin. cn/shehui/2013/12/05/22850962. html.
② 曾煜. 生育保险与妇女就业［J］. 工会理论与实践（中国工运学院学报），1997（3）：37 – 38.
③ 黄桂霞. "全面二孩" 政策下保障女性就业［N］. 中国社会科学报，2017 – 03 – 8（6）.
④ 吴帆. 欧洲家庭政策与生育率变化——兼论中国低生育率陷阱的风险［J］. 社会学研究，2016（1）：49 – 72.
⑤ 田娜. 全面放开二孩政策背景下女性就业问题研究［D］. 山东师范大学，2017.
⑥ 社会性别视角下我国生育政策调整研究综述［J］. 王茜. 黑龙江社会科学. 2018（05）：104 – 108.

能为了使子女有更好的生活条件而更加努力地工作，生育二孩将会对职业发展产生积极影响。① 虽然持这种观点的学者微乎其微，但仍然从不同视角丰富了学界对生育政策调整完善影响的思考。

（二） 生育政策调整阻碍女性劳动参与

中国政府高度重视女性的平等就业权，早在 1980 年就批准通过了《消除对妇女一切形式歧视公约》（以下简称《消歧公约》）。目前，中国已颁布多项法律法规促进女性平等就业。尽管相关法律法规在保障女性平等就业权和生育权方面发挥了重要作用，但是生育政策调整将使劳动力市场对女性就业歧视愈演愈烈，成为影响我国劳动力市场稳健发展的重要诱因。② 全面二孩政策实施以来，在绝大部分省份延长产假的同时，由于这些省份没有明确规定产假延长期间的津贴是否由生育保险支付，导致部分用人单位担心女职工生二孩会增加产假工资等用工成本③而不愿意雇佣女性。此外，全面二孩政策可能还会使女性职业发展机会受限、劳动权益受损，从而给女性就业蒙上阴影。④⑤2015 年 11 月 10 日，国家卫计委副主任王培安在新闻发布会上表示，实施全面二孩政策或将给女性就业带来更大挑战⑥。有学者对北京市部分女性调查发现，半数以上被访者认为二孩政策可能会使女性就业局面更加严峻⑦。使女性

---

① 中国妇女研究网. 中国妇女研究会召开专家座谈会呼吁：加强舆论引导 完善政策措施 防止"单独两孩"政策实施加剧就业性别歧视 [DB/OL]. 中国妇女研究网，2014. http：//www. wsic. ac. cn/.

② 宋晓东. 女性遭遇就业歧视法律问题研究——以生育政策调整为视角 [J]. 通化师范学院学报，2017（1）：87 - 93.

③ 耿兴敏. 陈秀榕代表和甄砚委员建议：加强劳动力市场监管 消除就业性别歧视 [N]. 中国妇女报，2015 - 03 - 05（A1）.

④ 林建军. 从性别和家庭视角看"单独两孩"政策对女性就业的影响 [J]. 妇女研究论丛，2014（4）：51 - 52.

⑤ BREWSTER K. L, RINDFUSS R. R. Fertility and Women's Employment in Industrialized Nations. Annual Review of Sociology 2000（26）：271 - 296.

⑥ 蒋雪霞. 浅析全面二孩政策对大学生就业的影响 [J]. 法制与社会，2016（19）.

⑦ 张琪，张琳. 生育政策变化对女性权益影响的实证分析——基于北京市妇女的调查数据[J]. 山东女子学院学报，2016（3）：22 - 26.

就业歧视加重，生育后回归职场概率减小，失业压力加大①②③。

全面二孩政策使女性面临的生育与职业发展冲突空前增加④，实施全面二孩政策将使生育对妇女劳动参与、职业发展的影响越来越凸显⑤⑥⑦。目前学术界主流观点认为生育二孩对职场女性的入职、晋升、职场稳定等会产生负面影响，女性自然附着的生育成本加大，使得女性就业性别歧视因此扩大⑧，职业女性在产假、养育孩子等方面将会花费更多的时间和精力，用人单位会考量女性的雇佣成本和用工风险，给女性就业以及职业稳定性带来挑战，由此造成女性在劳动力市场中处于弱势地位⑨⑩⑪。

由于缺乏专门的《反就业歧视法》，生育成本单位化、缺乏有力监管等现实情况，特别是在用人单位性别歧视成本过低的情况下，女性更容易在招录和晋升中遭受性别歧视⑫。换言之，调整完善生育政策是就业歧视现象愈演愈

---

①　杭沁，凌洁，周天威. 基于女性视角下二孩生育政策的利弊研究［J］. 经营管理者，2016（19）：80.

②　范梦雪，陈健，谢振. 全面二孩政策对女性就业歧视的影响分析［J］. 现代经济信息，2016（15）：61 + 63.

③　廖梦莎，陆杰华. 全面两孩下母婴喂乳的影响因素与干预对策［N］. 中国妇女报，2016 - 05 - 24（B01）.

④　"全面二孩"政策对女性职业发展的影响及其因应之策［J］. 福建行政学院学报，2016（4）：104 - 112.

⑤　杨慧. "全面两孩"政策下促进妇女平等就业的路径探讨［J］. 妇女研究论丛，2016（2）.

⑥　彭敬. 全面两孩政策对企业女职工职业发展影响研究［D］. 四川省社会科学院，2017.

⑦　潘云华，刘盼. 二孩生育与城市妇女就业的"互相关"——一个经济学分析视角［J］. 理论导刊，2017（3）：80 - 82 + 96.

⑧　杨菊华. "单独两孩"政策对女性就业的潜在影响及应对思考［J］. 妇女研究论丛，2014（4）.

⑨　魏宁，苏群. 生育对农村已婚妇女非农就业的影响研究［J］. 农业经济问题，2013（7）.

⑩　李芬. 工作母亲的职业新困境及其化解——以单独二孩政策为背景［J］. 东南大学学报（哲学社会科学版），2015（4）.

⑪　宋全成，文庆英. 我国单独二胎人口政策实施的意义、现状与问题［J］. 南通大学学报（社会科学版），2015（1）.

⑫　杨慧. "全面两孩"政策下促进妇女平等就业的路径探讨［J］. 妇女研究论丛，2016（2）.

烈的诱因①，给女性就业带来了不公平的影响②。有研究指出，随着生育政策的放宽，女性用于生育的时间、精力增加，导致对女性的就业歧视进一步加剧③④⑤。调查显示，上海89%的受访者认为全面二孩政策会对女性就业产生较大影响⑥，特别是已婚已育、有工作经验的职场女性，在生育政策调整前，曾经是企业招聘中的强势群体，目前在重返劳动市场时，因存在再生育可能而面临更加严峻的就业挑战和性别歧视⑦。

从就业机会获得方面看，全面二孩政策会使企业首先考虑女性用工成本增加并对其设置就业障碍，提高女性的就业门槛⑧，使得女性更容易受到性别歧视⑨。一些用人单位因担心女职工生二孩带来用工成本增加，在招聘过程中拒不招聘或录用女性⑩。对于30岁以下的女性而言，全面二孩政策或许会让她们面临更高的就业门槛，从根本上减弱职业动机⑪。另有调查显示，即使对于已就业女性而言，认为企业会以生育为由开除女性的比例为78.19%⑫。

---

① 宋晓东. 女性遭遇就业歧视法律问题研究——以生育政策调整为视角［J］. 通化师范学院学报，2017（1）：87 – 93.

② 王茜. 社会性别视角下我国生育政策调整研究综述［J］. 黑龙江社会科学，2018（5）：104 – 108.

③ 李长安. 生育政策调整别忽略对女性就业的影响［N］. 光明日报，2018 – 8 – 14（02）.

④ 马心怡. 生育政策调整后女性就业权保护的法律思考［J］. 经营管理者，2018（10）：94 – 95.

⑤ 马爱杰，徐娟. 生育政策调整对妇女发展影响研究［J］. 世纪桥，2018（5）：68 – 69.

⑥ 黄黎明等. "全面二孩"政策下对职业女性的就业保障研究［J］. 中国市场，2017（4）：191 + 196.

⑦ 叶文振. 消除"单独二孩"政策对女性就业的负面影响［N］. 福建日报，2014 – 6 – 30（11）.

⑧ 叶文振. "单独二胎"生育政策的女性学思考［J］. 中共福建省委党校学报，2014（12）：58 – 63.

⑨ 张意燕. 全面二孩政策背景下城市女性就业困境及对策研究［D］. 南昌大学，2017.

⑩ 杨慧，林丹燕. 如何化解二孩政策带来的"生"与"升"的纠结［N］. 中国妇女报，2015 – 8 – 24（A03）.

⑪ 张韵. "全面二孩"政策对女性职业发展的影响及其因应之策［J］. 福建行政学院学报，2016（4）：104 – 112.

⑫ 田娜. 全面放开二孩政策背景下女性就业问题研究［D］. 山东师范大学，2017.

（三）　生育政策调整阻碍女性职业发展

生育政策调整后，很多用人单位对女性生育二孩增加用人成本的担心，使女性在升迁和终身发展中雪上加霜[1][2][3]。绝大多数研究认为全面二孩政策对女性就业质量产生负向影响，认为广大女性面临隐性性别歧视加剧、职业阻隔风险提升、晋升更加困难的局面[4]。在全面二孩政策对城镇女性就业影响机制方面，生育子女数量对女性就业质量产生直接影响，生育意愿与全面二孩政策实施效果产生交互影响或中介效应，进而影响女性的就业质量[5][6]。对于30—40岁女性职业发展的影响集中在间接减少职业资本[7]。全面二孩政策实施以来，用人单位由于女职工实际和潜在生育成本上升，可能会安排女性离开原岗位或限制女性职业上升通道，影响女性就业质量[8]。生育女性调离原岗的比例由生育政策调整前的4.33%提高到之后的11.36%，全面二孩政策将导致城镇女性就业质量降低、就业结构改变[9]。对上海市部分地区调查发现，84%的调查对象认为用人单位出于对女性生育的顾虑，往往把女性安置在非关键性岗位，进而出现宁可提拔平庸男性也不提拔优秀女性现象，对职业女

①　郑真真，李玉柱，廖少宏. 低生育水平下的生育成本收益研究——来自江苏省的调查［J］. 中国人口科学，2009，（02）：93 – 102 + 112.

②　杨菊华. "单独两孩"政策对女性就业的潜在影响及应对思考［J］. 妇女研究论丛，2014（4）：49 – 51.

③　耿兴敏. 陈秀榕代表和甄砚委员建议：加强劳动力市场监管 消除就业性别歧视［N］. 中国妇女报，2015 – 03 – 05（A1）.

④　吴宇琼. 生育政策调整背景下城镇女性的职业阻隔和影响因素分析［J］. 山东工会论坛，2017（02）：30 – 34.

⑤　盛亦男. 生育政策调整对女性就业质量的影响［J］. 人口与经济，2019（3）：62 – 76.

⑥　康蕊，吕学静. "全面二孩"政策、生育意愿与女性就业的关系论争综述［J］. 理论月刊，2016（12）：155 – 161.

⑦　"全面二孩"政策对女性职业发展的影响及其因应之策［J］. 福建行政学院学报，2016（4）：104 – 112.

⑧　盛亦男. 生育政策调整对女性就业质量的影响［J］. 人口与经济，2019（3）：62 – 76.

⑨　盛亦男，童玉芬. 生育政策调整对女性劳动力供需的影响研究［J］. 北京社会科学，2018（12）：96 – 104.

性工作晋升造成不利影响①。另有研究认为，生育二孩可能使妇女中断劳动供给，或者减少女性职业培训和晋升机会②，有调查显示被访者认为会减少女性升迁培训机会的占81.91%③。不同来源数据都反映出儿童照料赤字过大、母亲照料负担过重，直接影响女性的就业与发展④。

（四） 生育政策调整减少女性劳动收入

全面二孩政策将使女性工资报酬更低⑤⑥⑦。有研究认为，全面二孩政策降低了城镇已婚女性的劳动供给、工作时间投入和工资水平⑧。随着生育孩子数量的增多，女性劳动供给的时间受到家庭照料时间的挤占而减少，可能选择薪金待遇下降但便于照料家庭的岗位，进而表现出生育女性工资收入下降的趋势。全面二孩政策实施以来，生育女性的年收入由独生子女政策时期的4.76万元降低到目前3.88万元，经历过同工不同酬的比例由29.89%提高到30.82%。⑨

---

① 黄黎明等．"全面二孩"政策下对职业女性的就业保障研究［J］．中国市场，2017（4）：191＋196.

② 杨菊华．积极措施营造良好氛围防止"单独两孩"政策实施加剧就业性别歧视——"单独两孩"政策对女性就业的潜在影响及应对思考［J］．妇女研究论丛，2014（4）：49－51.

③ 田娜．全面放开二孩政策背景下女性就业问题研究［D］．山东师范大学，2017.

④ 吴帆，王琳．中国学龄前儿童家庭照料安排与政策需求——基于多源数据的分析［J］．人口研究，2017（06）：71－83.

⑤ 杭沁，凌洁，周天威．基于女性视角下二孩生育政策的利弊研究［J］．经营管理者，2016（19）：80.

⑥ 范梦雪，陈健，谢振．全面二孩政策对女性就业歧视的影响分析［J］．现代经济信息，2016（15）：61＋63.

⑦ 廖梦莎，陆杰华．全面两孩下母婴喂乳的影响因素与干预对策［N］．中国妇女报，2016－05－24（B01）．

⑧ 张川川．子女数量对已婚女性劳动供给和工资的影响［J］．人口与经济，2011（5）：29－35.

⑨ 盛亦男，童玉芬．生育政策调整对女性劳动力供需的影响研究［J］．北京社会科学，2018（12）：96－104.

三、社会支持对生育和就业促进作用的研究综述

为同时保障妇女的就业权与生育权，第 34 届联合国大会通过的《消歧公约》规定"禁止以怀孕或产假为理由予以解雇，以及以婚姻状况为理由予以解雇的歧视，违反规定者得受处分"[①]。2000 年国际劳工组织通过的《生育保护公约》进一步规定，雇主不得基于怀孕、分娩、育婴原因，解雇怀孕、产假或在销假后一定期间的妇女[②]。本研究结合《消歧公约》和《生育保护公约》，从社会支持促进生育和就业的理论研究和实践经验两个方面进行综述。

（一）社会支持促进生育和就业的理论研究成果

社会支持理论认为，个体从他人、群体、组织和社区得到的关心、扶持和帮助，有助于解决日常生活中存在的问题，缓冲个人与社会冲突，保持社会稳定。[③] 照料支持能显著削弱婴幼儿对已婚女性就业的消极影响[④]。为了减轻女性就业和职业发展的压力，通过各种措施防止女性因生育而造成职业晋升受阻或利益损害问题，这些措施不仅要消除对女性就业的隐形歧视，还要建立女性休产假造成企业利益受损的补贴机制。[⑤] 增加政府公共支出、提高女性工作稳定性，有助于同时提高生育率和就业率[⑥]。旨在帮助父母减少孩子照料时间的社会政策，扭转了经合组织中 21 个国家的生育率与女性就业率负相

---

①　联合国. 消除对妇女一切形式歧视公约［EB/OL］. http：//www. chinalawedu. com/falvfagui/fg23155/170613. shtml, 1979 - 12 - 18.

②　国际劳工大会，第 183 号公约：保护生育公约［EB/OL］. http：//www. lawtime. cn/info/fun-vquanyi/nxjy/nxjyeq/20110706134491. html. 2011 - 07 - 06.

③　方曙光. 社会支持理论视域下失独老人的社会生活重建［J］. 国家行政学院学报，2013（4）：104 - 108.

④　张川川. 子女数量对已婚女性劳动供给和工资的影响［J］. 人口与经济，2011（5）：29 - 35.

⑤　王廷勇，陆玲. 生育政策调整的战略思路［J］. 中国管理信息化，2017（2）：192 - 193.

⑥　Kgel, T.. Did the Association Between Fertility and Female Employment within OECD Countries Really Change Its Sign? ［J］. Journal of Population Economics, 2004（1）：45 - 65.

关的局面，促进了这些国家的生育率和女性就业率同时提高，从 20 世纪 70 年代到 80 年代早期，生育率和就业率的相关系数长期稳定在 −0.5，1986 年相关系数接近 0，到 1989 年相关系数提高到 +0.44[1]。包括儿童照料和早期教育、灵活工作时间的家庭友好型政策，使法国及北欧各国的女性较好地实现了生育与就业协调兼顾[2]。

国内学者认为，生育政策不但事关国家发展，而且事关整个人类社会的福祉[3]。生育政策调整承载着社会功能、经济功能和政治功能，其影响不仅仅是人口数量的增减，而是与整个经济发展、社会稳定和人民幸福紧密相连[4][5]。有效解决年幼子女的入园入托问题，是缓解职业妇女家庭负担、促进工作家庭平衡的重要举措。政府应将托幼服务纳入公共服务范畴，通过增加公共托幼服务，减轻职业女性育婴负担；建立健全各部门执法配合、政策衔接、信息共享的综合治理机制，有助于对社会保障资源进行合理配置，促进女性连续就业，推动男女两性共同发展[6][7][8]。国内外经验表明，家庭友好政策及其他生育支持政策，在很大程度上可以缓解女性的家庭工作矛盾[9][10]，企业越是采取平衡生育和职业发展关系的措施，社会化托幼服务体系越完善，生育对

① Namkee Ahn, Pedro Mira. A Note on the Changing Relationship between Fertility and Female Employment Rates in Developed Countries. Journal of Population Economics, 2002 (4): 667 –682.

② OECD. Doing Better for Families. OECD, 2011. [2015 – 02 – 24] http: //www. oecd – ilibrary. org/social – issues – migration – health/doing – better – for – families_ 9789264098732 – en.

③ 姜卓然. 我国生育政策调整——从计划生育到 "二孩" 政策 [J]. 黑河学刊, 2017 (3): 186 –188.

④ 风笑天. 单独二孩: 生育政策调整的社会影响前瞻 [J]. 国家行政学院学报, 2014 (5): 57 –62.

⑤ 林建军. 从性别和家庭视角看 "单独两孩" 政策对女性就业的影响 [J]. 妇女研究论丛, 2014 (4): 51 –52.

⑥ 杨慧, 吕云婷, 任兰兰. 二孩对城镇青年平衡工作家庭的影响——基于中国妇女社会地位调查数据的实证分析 [J]. 人口与经济, 2016 (2): 1 –9.

⑦ 杨慧, 林丹燕. 如何化解二孩政策带来的 "生" 与 "升" 的纠结 [N]. 中国妇女报, 2015 –08 –24 (A3).

⑧ 高执英, 王天定. 实施全面两孩政策的战略思考 [J]. 人口与计划生育, 2017 (1): 21 –23.

⑨ 杨菊华. 健全托幼服务推动女性工作与家庭平衡 [J]. 妇女研究论丛, 2016 (2): 11 –14.

⑩ 杨菊华, 杜声红. 部分国家生育支持政策及其对中国的启示 [J]. 探索, 2017 (2): 137 –146.

女职工职业发展的影响越小①②。

　　近年来，生育政策调整完善带来的性别问题开始得到学界的关注，有学者认为，实施全面二孩政策涉及男女乃至不同年龄群体的平等和利益调整，应通过整体性治理的有效途径实现政策目标③。有学者结合单独二孩政策的实施情况，在研究政策实施挑战公共服务机制、冲击女性权益保障等问题的基础上，探讨了全面二孩政策下完善社会保障福利体系、完善基本公共服务等扎实有序推进调整完善生育政策，促进人口长期均衡发展的对策建议。④ 为促进全面二孩政策有效落地，有学者从二孩生育与城市妇女就业"互相关"的经济学分析视角，提出了缓解城市妇女生育和就业矛盾的对策建议。⑤ 有学者认为应在借鉴其他国家实践经验基础上，尽早出台促进性别平等的家庭友好型政策⑥以及维护女性利益的配套政策⑦。同时，应当针对群众在生育方面的困难和诉求，积极构建配套政策体系，完善托育、社保、税收等相关政策，保障女职工生育期间的劳动权益等⑧，为妇女提供均等机会，解除其后顾之忧⑨。另有学者认为应研究并推进组织单位提供相关支持，尽快建立合理、规

---

　　① 刘金华，彭敬，刘渝阳. 城镇女职工再生育后的职业发展支持及其效用 [J]. 经济体制改革，2017 (3)：31 - 37.

　　② 彭敬. 全面两孩政策对企业女职工职业发展影响研究 [D]. 四川省社会科学院，2017.

　　③ 彭希哲. 实现全面两孩政策目标需要整体性的配套 [J]. 探索，2016 (1)：71 - 74 + 2.

　　④ 龙扬. "单独两孩" 政策实施中存在的问题及对策研究 [D]. 湘潭大学，2016.

　　⑤ 潘云华，刘盼. 二孩生育与城市妇女就业的"互相关"——一个经济学分析视角 [J]. 理论导刊，2017 (03)：80 - 82 + 96.

　　⑥ 张海峰. 全面二孩政策下中国儿童照料可及性研究——国际经验借鉴 [J]. 人口与经济，2018 (03)：13 - 24.

　　⑦ 邵岑. 关注生育政策对女性社会地位的影响 [N]. 中国社会科学报，2017 - 03 - 08 (006).

　　⑧ 耿兴敏. "全面两孩" 政策有效实施须构建生育友好环境 [N]. 中国妇女报，2017 - 01 - 23 (A01).

　　⑨ 汤兆云. 落实全面两孩政策相关配套措施 [N]. 中国社会科学报，2017 - 05 - 23 (003).

范、有效的托幼服务体系，有助于解决女性在照料、职业发展方面的后顾之忧①②③。

（二）社会支持促进生育和就业的实践经验

家庭友好型单位制度缓解了女性的角色矛盾④，单位不仅通过设立哺乳室方便女职工产后哺乳，而且还在哺乳时间方面给予充分保障。减轻女性家务负担是国家发展服务业的初衷之一，有关部门和妇联为此做出了很多努力。机关、企事业单位食堂等服务设施，在一定程度上减轻了职业女性的家务负担。由各企业承担的生育女性假期工资和生育医疗费用，在上交国家利润时，作为代替政府履行职责的必要开支列为企业成本予以扣除，最终由政府买单⑤。上述举措既为女性就业创造了条件，又减轻了企业负担。

计划经济时期，国家除了提供社会支持，促进女性工作家庭平衡外，还实施了一系列促进女性就业的积极政策。如在新建工业城市邯郸市投资建立钢铁厂时，为提供适合女性就业的岗位，专门在邯郸开办了纺织厂。20 世纪 50 年代末，国家为了增加女性就业岗位，在商业、服务业普遍实行了"以女替男"的政策。从 1960 年起，劳动部门在批复用人计划时，男女按照一定比例的"论堆分"。1963 年劳动部针对全民所有制单位不愿招用女性的问题，专门发出通知，要求用人单位统筹安排，凡是既可以由男性担负也可以由女性担负的工作，都尽量录用女性⑥。

---

① 洪秀敏，朱文婷. 高学历女青年生育二孩的理想与现实——基于北京市的调查分析 [J]. 中国青年社会科学，2017 (6)：37 - 44.
② 张银锋. 青年两孩生育意愿及其子女成本收益分析 [J]. 中国青年研究，2017 (5)：66 - 73.
③ 张琪，张琳. 生育支持对女性职业稳定的影响机制研究 [J]. 北京社会科学，2017 (7)：32 - 39.
④ 陈卫民. 中国城镇妇女就业模式及相关的社会政策选择——社会性别视角的分析 [J]. 中国人口科学，2002 (1)：59 - 65.
⑤ 左际平，蒋永萍. 社会转型中城镇妇女的工作和家庭 [M]. 当代中国出版社，2009.
⑥ 左际平，蒋永萍. 社会转型中城镇妇女的工作和家庭 [M]. 当代中国出版社，2009.

四、总体研究进展及不足

（一）　主要研究进展

　　课题组通过对 1988—2019 年 30 余年相关研究成果进行梳理，特别是对近 10 年的相关文献进行重点研读，发现以往研究特别是有关生育政策调整的研究紧跟社会发展形势，无论是生育对就业的影响，还是对生育政策的配套措施研究，都呈现出密切关注社会问题、紧密联系社会现实开展研究的特征。鉴于生育对就业的影响既有国际性，又具有长期性，以往学者在对二者总体关系进行考察的基础上，从不同维度就生育对就业的影响进行了研究，并探讨了促进生育与就业的政策措施。特别是在最近五年来，伴随单独二孩政策和全面二孩政策的实施，部分学者从调整完善生育政策对城镇女性就业的积极影响和不利影响两个方面进行了分析探讨，梳理了计划经济时期政府促进城镇女性生育和就业的政策措施，从理论角度总结了国内外相关政策措施对促进城镇女性生育就业协调兼顾的重要作用。

（二）　可借鉴之处

　　生育与就业是一个广泛而持久讨论的话题，国外对女性生育与就业问题进行了深入而细致的研究，特别是有关政府提供社会支持、促进生育与就业协调兼顾的研究成果，对本研究具有很好的参考价值。国内对调整完善生育政策对城镇女性就业的不利影响以及完善生育政策配套措施、促进女性就业等研究，为本课题开展进一步研究提供了很好的研究思路，为研究报告的撰写奠定了重要基础。

　　此外，虽然本课题旨在研究生育政策调整完善对城镇女性就业的影响，但是由于城镇女性既是生育主体，又是重要的人力资源，调整完善生育政策既会通过城镇女性的实际生育行为或生育意愿影响就业，也会通过用人单位针对城镇女性二孩生育行为或生育风险，调整对女性的招工用工策略进而影响女性就业。正如相关研究指出的生育政策调整以来，生育政策的作用通过影响生育意愿进而对女性就业产生中介效应①。即调整完善生育政策对城镇女性就业的影响，会通过生育或潜在生育以及与生育有关的性别歧视作为中间因素对就业产生影响。因此，本课题聚焦研究调整完善生育政策以来城镇女性生育及基于生育的性别歧视对就业产生的影响研究。

（三） 以往研究的不足

以往研究还存在以下五个方面的不足。第一，受调查数据及相关资料的限制，生育政策调整对女性就业的影响研究实证数据较少，特别是以往多以较早调查数据或理论分析的方式开展研究，难以很好地回答全面二孩政策实施以来，生育对女性就业产生的具体影响。第二，受研究视角的限制，以往研究一是将生育作为一个整体事件，未对构成生育过程的怀孕、分娩、育婴不同阶段对女性就业的影响机理进行深入分析；二是以往多以问题导向，未将组织环境对城镇女性平衡生育就业的保护作用纳入研究范围。第三，在促进生育与就业兼顾的相关配套措施不够健全的情况下，以往多以生育对就业某个指标的影响或以某个就业指标对生育的影响开展研究。对于生育二孩的主客观愿望与生育时间安排，以及生育与劳动参与、个人收入、职业培训、提拔晋升及岗位变动之间的相互关系如何，以往研究鲜有涉及。第四，以往没有对生育与女性就业的相互关系进行深入探讨，全面二孩政策实施以来，二孩生育与就业的关系，一方面表现为反映二孩生育的各变量对反映就业的各变量具有牵一发而动全身的影响，另一方面反映就业的各变量也会对反映二孩生育的各变量产生不同影响。正是由于反映二孩生育的变量组与反映就

---

① 康蕊，吕学静. "全面二孩"政策、生育意愿与女性就业的关系论争综述 [J]. 理论月刊，2016 (12)：155 –161.

业的变量组之间是息息相关而非一一对应的关系，因此当前城镇职业女性二孩生育与就业的内在关系如何，如何才能既释放生育潜能又促进女性平等就业，迫切需要进行专门研究与探讨。第五，调整完善生育政策对城镇女性就业影响的深层次原因是什么，政府应采取哪些措施积极加以应对，如何才能促进女性生育与就业协调兼顾，迫切需要进行深入研究。

本研究报告运用最新专项调查数据，通过研究方法创新与研究内容拓展，深入探讨组织环境对城镇女性平衡生育就业的保护作用、二孩生育与就业各指标之间的相互关系，并在研究视角和职业发展两个方面进行了有效改进，深入研究了全面二孩政策实施以来，怀孕、分娩、育婴分别对城镇女性就业带来的不利影响，探讨了国内外为消除生育对就业的不利影响应采取的配套政策措施，并对相关对策建议进行了必要性、可行性论述，力图在人口学理论与实践两个方面作出贡献。

第三章　研究设计

本章在研究综述及相关理论基础上，分别从理论基础与研究假设、数据资料来源，以及主要研究方法三个方面，进行课题的研究设计。

一、理论基础与研究假设

本研究主要基于社会学的角色冲突理论、性别研究的社会性别理论，以及经济学的帕累托改进理论为基础，对影响机理进行概念界定，提出研究假设，开展深入研究。

（一）理论基础

学界关于角色冲突的研究始于 20 世纪 40 年代[①]，之后有学者将角色冲突定义为角色本身与角色相关的期待之间产生不一致的情况[②]，在工作家庭冲突方面最具影响力的角色冲突理论最初由格林豪斯（Greenhaus）和比特尔（Beutell）于 1985 年提出。该理论认为个体在同时扮演不同角色时，一种角色

① Lambert C E, Lambert V A. A review and synthesis of the research on role conflict and its impact on nurses involved in faculty practice programs [J]. The Journal of nursing education, 1988, 27 (2): 54 – 60.
② Katz D, Kahn R L. The social psychology of organizations [M]. John Wiley&Sons, 1978: 204.

的责任可能会影响其他角色，来自工作和家庭的压力，会使工作或家庭角色难以协调①。职业女性在工作和生育中扮演不同角色，个人时间精力的有限性与人们对不同角色的期待，致使不同角色发生冲突。②

　　社会性别概念作为当代妇女理论的核心概念，由美国人类学家盖尔·鲁宾（Gayle Rubin）于1975年提出。社会性别理论着重探讨社会文化中所包含的对男女差异、男女群体特征及行为方式的理解，以及男女两性从社会中习得的行为、从事的活动与权利关系。③该理论通过分析人类社会中男女两性不平等的实质和根源，认为男女两性各自承担的性别角色并非由生理决定，而主要是后天的、在社会文化制约中形成的；男女两性在社会中的角色、地位、期待和评价，主要是社会的产物并反过来又通过教育、法律、社会机制等加以巩固，在国家参与运作过程中被规范化、制度化、体制化、两极化（男女二元对立）以及社会期待的模式化。④⑤"男主外，女主内"的中国传统性别角色观念是社会性别理论反对的典型观念。

　　帕累托改进理论作为福利经济学的常用概念，最早由意大利经济学家帕累托（Vil－fredo Pareto）提出。帕累托改进理论认为，在某种经济境况下，通过适当的制度安排或交换进行社会经济利益关系调整时，如果在提高一部分人福利的情况下，并不损害其他任何人已有的福利水平，那么这种利益关系调整，就是帕累托改进，即通过优化资源配置，充分利用潜在资源，实现

　　① GREENHAUS J H, BEUTELL N J. Sources of conflict between work and family roles [J]. Academy of Management Review, 1985 (1): 76－88.
　　② 杨慧，吕云婷，任兰兰. 二孩对城镇青年平衡工作家庭的影响——基于中国妇女社会地位调查数据的实证分析 [J]. 人口与经济，2016 (2): 1－9.
　　③ 雷欣. 社会性别理论探析 [D]. 华中科技大学，2008.
　　④ 李静雅. 社会性别意识的构成及影响因素分析——以福建省厦门市的调查为例 [J]. 人口与经济，2012 (3): 51－56＋64.
　　⑤ 全国妇联. 中国婚姻家庭研究会. 2010年全国婚恋调查报告 [R]. http://www.wenkuxi-azai.com/doc/1598711a6bd97f192279e996－3.html. (2012－10－12) [2017－08－20].

利益最大化。① 帕累托改进理论虽然在经济与管理科学、社会学、政治学等研究中已得到广泛应用，但是在人口学期刊发表的研究成果中，仅有吴帆（2010）在《治理出生性别比失调公共政策的困境与帕累托改进路径》以及陈曦（2017）在《养老保险降费率、基金收入与长期收支平衡》两篇文章中以帕累托改进理论为基础进行了相关研究。尽管如此，该理论在生育政策调整完善过程中还是具有一定指导作用的，可以该理论为指导通过提供公共托幼服务，减轻城镇女性对婴幼儿的照料负担；通过政府优化资源配置，在不损害其他群体利益的情况下，减轻用人单位承担的女职工二孩生育成本及用工成本负担、促进女性平等就业。

（二）概念界定

为明确本课题的研究边界，首先需要对调整完善生育政策、城镇女性、生育、就业、影响机理等相关概念进行界定。

调整完善生育政策。2013 年中共中央、国务院印发《关于调整完善生育政策的意见》指出，为贯彻落实党的十八届三中全会关于坚持计划生育的基本国策，启动实施一方是独生子女的夫妇可生育两个孩子的政策（以下简称单独二孩政策），逐步调整完善生育政策，促进人口长期均衡发展的决策部署，稳妥扎实有序推进调整完善生育政策。2015 年党的十八届五中全会决定，我国将在坚持计划生育的基本国策，完善人口发展战略的基础上，全面实施一对夫妇可生育两个孩子政策，积极开展应对人口老龄化行动。本研究中调整完善生育政策包括单独二孩政策和全面二孩政策两项政策。

城镇女性。鉴于女性 45 岁以后近 90% 无生育能力②，同时，鉴于我国婚

---

① 张改亮：基于帕累托改进理论视阈下的校企融合思考［J］．安徽商贸职业技术学院学报．2013（2）：60－62.

② 生不出二孩真烦恼：45 岁以后近90% 女性无生育能力．［2017－2－3］，来源：人民网－人民日报，http：//politics．people．com．cn/n1/2017/0203/c1001－29055188．html．

姻法中女性法定初婚年龄为 20 岁，因此本研究中城镇女性是指在城镇生活、工作的 20—45 岁女性，本研究所指城镇女性与是否拥有非农业户口无关。

生育。国际劳工组织第 183 号《生育保护公约》（2000 年）规定，生育包括妊娠、分娩和分娩后的哺乳三个方面。结合中国国情和通用名称，本研究报告中生育包含怀孕、分娩和育婴三项内容。

就业。在 2005 年 8 月 28 日全国人民代表大会常务委员会关于批准的国际劳工组织第 111 号《消除就业和职业歧视公约》（1958 年）中规定，就业包括获得职业训练，获得就业和特定职业，以及就业的条款和条件。结合第 111 号公约及社会实践，本研究报告中的就业包括就业意愿、工作机会、劳动报酬、职业发展。就业影响包括个人收入减少、职业发展受限、失去已有工作三个维度。

在具体考察指标方面，劳动报酬用个人收入（劳动收入、产假工资/生育津贴）来考察，职业发展受限用培训机会减少、提拔晋升机会减少、降低工作职位考察；失去已有工作用辞职、辞退两个变量进行考察。反映就业影响的变量分别基于以下调查问题："您是否因怀孕而减少收入？""您是否因怀孕而失去职业培训机会？""您是否因怀孕而失去提拔/晋升机会？""您是否因怀孕被降低工作职位？""您是否因怀孕而辞职？""您是否因怀孕而被辞退？"这6 个变量均为虚拟变量，0 代表"否"，1 代表"是"。因分娩、育婴而影响工作的具体问题只需用"您是否因生孩子"或"您是否因照料孩子"替代"您是否因怀孕"即可，其他内容完全相同。为了有效整合怀孕、分娩、育婴对就业的不同影响，本研究分别对相应虚拟变量进行加总处理。

影响机理。机理是传统工程学概念，目前已广泛应用于社会经济研究领域之中，用来揭示社会经济系统内部各种要素之间的有机联系，以及通过一定的互动、互补和互济作用表现出来的、形成系统的整合功能和综合效率[1]。

---

① 胡伟艳. 城乡转型与非农化的互动关系［M］. 北京：科学出版社，2012.

换言之，机理旨在说明一定系统结构中各要素的内在工作方式以及诸要素在一定环境条件下相互联系、相互作用的运行规则和原理①。本研究中生育对女性就业影响机理是指生育过程的各个环节（怀孕、分娩、育婴）对就业的各个维度（个人收入、职业发展、失去工作）带来的具体影响。

（三）研究假设

以往研究发现，在体制内就业的城镇女性，符合生育政策的女职工一孩或二孩怀孕、分娩或育婴，对收入的影响一般不大。所有制层次越高、单位类型越好，生育冲击工作的风险越小。与在私营企业或个体工商户就业者相比，在国有（含国有控股）单位就业的城镇青年，生育冲击工作的风险可降低 12 个百分点以上；与在企业或其他单位类型就业者相比，在机关事业单位就业的城镇青年，家庭冲击工作的风险可显著降低 45.79 个百分点。② 另有研究认为，体制内就业的女性在生育期间会拥有相对完备的社会保障政策，能降低女性的生育成本。③ 由此本研究在社会支持理论的基础上，提出研究假设。

研究假设 1：组织环境对城镇女性平衡生育就业具有重要影响，国有单位对城镇女性平衡生育就业具有保护作用。

以往研究发现，与男性创业者相比，女性创业者所在单位女性比例明显偏高。女性创办的企业总体更有利于女性平等获得发展机会，该特征无论是在领导班子及重要岗位或部门的女性比例方面，还是女性在平等获得就业机

---

① 汪大海，南锐. 新型城镇化背景下的社会管理转型升级——从碎片化社会管理走向整体性社会管理．[J]．学术界，2013（12）：27－39.
② 杨慧，吕云婷，任兰兰. 二孩对城镇青年平衡工作家庭的影响——基于中国妇女社会地位调查数据的实证分析 [J]．人口与经济，2016（2）：1－9.
③ 吴愈晓，王鹏，黄超. 家庭庇护、体制庇护与工作家庭冲突——中国城镇女性的就业状态与主观幸福感 [J]．社会学研究，2015（6）：122－144.

会或晋升机会方面，都显著优于同类男性创办的企业①。此外，一般而言，女性单位负责人一般自身也会经历怀孕、分娩、育婴过程，对女职工的生育也会更加理解。

研究假设 2：单位一把手是女性的用人单位会降低生育对就业的影响。

个人或家庭的经济参与会影响生育率，女性作为家庭收入的主体之一，对生育率影响具有重要作用。布兹和沃德（Butz and Ward，1979）通过区分家庭中男性收入和女性收入、女性有无工作对生育率的影响，解释了美国 20 世纪 50—70 年代间生育率与女性收入之间的负相关关系。弗里德曼（1979）认为当妇女地位低下，几乎不参与任何社会经济劳动时生育率偏高；相反，生育率则偏低。国内学者通过比较韩国、新加坡等亚洲五国女性劳动参与率与总和生育率之间的关系，得出伴随女性劳动参与率提高生育率下降的结论②。另有学者通过采用相关调查数据，对我国女性生育数量及意愿的非政策影响因素进行分析发现，工资收入对生育有负的影响③④。

同时，在角色冲突理论及就业性别歧视的影响下，部分用人单位要求女职工入职前签订不生育保证书，保证在合同期内不怀孕，否则需要自动离职。另有一些单位内部规定，一旦发现女职工在劳动合同有效期内怀孕、生育，立即辞退；有的用人单位内部虽没有类似的规定，但仍然为了避免增加生育成本，也会对孕期女职工采取"换岗减薪"办法，逼迫怀孕女职工自动离职，最终使得女职工失去工作、中断收入来源和职业发展，个人承担全部生育成本。基于以上研究发现，本研究提出第三个研究假设。

研究假设 3：在全面二孩政策与就业性别歧视加剧的当今社会，部分城镇

---

① 杨慧. 女性创业者的基本状况、发展特征与问题. 载于赖德胜等著. 2016 中国劳动力市场发展报告 [M]. 北京师范大学出版社，2017 年 1 月.

② 王玥，王丹，张文晓. 亚洲女性收入对生育率影响的国际比较研究——基于劳动参与率、受教育程度、就业方式的视角 [J]. 西北人口，2016（2）：107－113.

③ 陈卫，史梅. 中国妇女生育率影响因素再研究——伊斯特林模型的实证分析 [J]. 中国人口科学，2002（2）：49－53.

④ 刘鹏. 中国女性生育影响因素研究 [J]. 商业时代，2012（6）：116－117.

女性为了保住工作而减少生育。

如前所述，生育包含怀孕、分娩、育婴三个环节。一般而言，怀孕需要
10 个月时间，每位怀孕女性都需要定期到医院进行产前检查，另有极少数怀
孕女职工可能由于身体原因需要卧床保胎，导致孕期女职工间断性脱离工作
岗位，降低劳动效率，增加用人单位用工成本。根据《女职工劳动保护特别
规定》及各省区市最新人口与计划生育条例规定，女职工分娩享受 3—7 个月
产假，分娩期间持续脱离工作岗位，更容易对本人就业和单位用工带来影响。
在公共托育服务严重不足的情况下，育婴（家庭照料婴幼儿）一般需要 1—3
年时间，受"男主外，女主内"传统性别分工及孩子更需要妈妈照料等观念
影响，与男职工相比，女职工更容易在育婴阶段因照料孩子而减少工作投入。
生育对女性就业影响机理的分析框架见图 3 – 1。

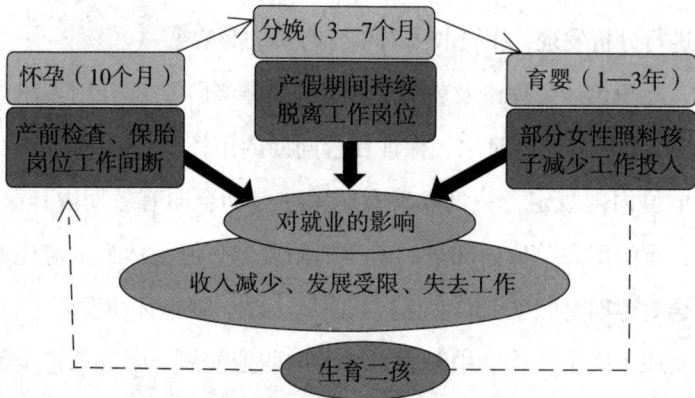

图 3 – 1 生育各环节对就业影响机理的分析框架

本研究基于角色冲突理论、社会性别理论及生育对就业影响机理分析框
架，认为就业女性在同时扮演女职工及孕妇、产妇或婴幼儿母亲角色时，为
完成来自孕育新生命或照料婴幼儿的家庭角色需付出时间和精力时，可能使
女职工的工作角色受到影响。本研究据此提出第四个研究假设。

研究假设 4：即生育全过程以及怀孕、分娩、育婴各环节均对就业产生不

利影响。

部分用人单位认为，就业女性在一孩怀孕、分娩和育婴阶段，已经有3—4年左右的时间不能全力以赴投入工作，如果生育二孩，又需要经历新一轮怀孕、分娩和育婴阶段，无论是怀孕间断性脱离工作岗位、降低劳动效率，还是分娩（产假）期间连续脱离工作岗位，或是在育婴阶段因缺乏公共托幼服务而花费更多时间照料孩子方面，都会使得生育二孩的女职工与仅生育一孩的女职工相比，用于怀孕、分娩、照料孩子的时间更长，所需投入的精力更多，为了照料子女而放弃个人发展机会的比例更高。本研究据此提出第五个研究假设。

研究假设5：二孩怀孕、分娩、育婴对城镇女性就业的不利影响大于一孩。

二、数据资料来源

鉴于女性45岁以后近90%无生育能力，受农业与非农业生产方式的影响，与农村女性相比，城镇女性在就业和生育方面面临的冲突与压力更大。因此，本研究报告聚焦20—45岁城镇女性这一研究群体，利用人口学、社会学、公共政策等理论和方法，对生育与就业内在关系、生育政策调整完善对城镇女性就业影响机理、生育政策调整完善对女性就业影响的原因分析等内容，进行统计分析和质信研究，探讨消除生育政策调整完善对城镇女性就业影响的路径方法与对策建议。

本研究所用数据既包含了基于课题研究需要所进行的专项问卷调查资料及首都经济贸易大学人口经济研究所2017年妇女生育与就业状况调查，也包含了课题组专门开展的"因工作而推迟要孩子或不要孩子的妇女个人访谈"和"因生育照顾孩子辞职或影响培训晋升女性的个人访谈"，同时还包含国家社科基金重大项目"中国特色社会主义法治体系建设中的妇女权益保障研究"、国务院妇儿工委委托全国妇联妇女研究所的"生育政策调整完善与妇女就业"的座谈会资料。

（一）定量调查数据

此次专项问卷调查综合考虑各地人口与经济社会发展水平，在调研经费较为有限的情况下，分别在珠三角、长三角、环渤海经济圈、东北老工业基地、私营企业发达的八闽大地，选取广州、南京、天津、长春、泉州 5 个城市，按照 PPS 分层多阶段抽样方法，在每个城市抽取 3 个区，在每个区抽取 2 个街道，在每个街道抽取 4 个居委会，在每个居委会抽取 11—25 位符合条件的被访者开展问卷调查。此次专项调查在 5 城市共抽中 15 个区、30 个街道的 60 居委会，对 2016 位城镇女性被访者进行问卷调查。5 城市入样区县数量、街道数量、居委会数量及各居委会样本量见表 3 – 1，5 城市入样区县、街道、居委会名单及各居委会样本量见附件 1。

表 3 – 1　5 城市样本量分布情况

序号	城市	区县数（个）	街道数（个）	居委会数（个）	样本量（人）
1	广州	3	6	24	600
2	南京	3	6	24	456
3	天津	3	6	24	480
4	长春	3	6	24	264
5	泉州	3	6	24	216
6	合计	15	30	120	2016

为确保城镇女性被访者基本情况与样本总体一致，课题负责人根据第三期中国妇女社会地位调查的城镇样本构成情况，对城镇女性被访者基本构成作出如下规定：被访者中接受过大专及以上教育的比例不低于 1/3；有孩子的比例不低于 80%；就业比例不低于 85%。课题组在初步完成调查抽样设计并签订调查

合作协议后，完成了调查问卷定稿、实地问卷调查、数据清理等工作。

1. 问卷设计情况

自本研究立项以来，课题组反复研读相关文献，聚焦研究问题，设计调查问卷。调查思路是首先了解城镇女性被访者初入职场、工作变动、职业发展等情况，其次是掌握城镇女性被访者怀孕、分娩、育婴等情况，通过就业和生育两条路径，清晰地描绘城镇女性被访者生育和就业过程以及二者的相互影响。调查问卷初稿完成后，课题组先后在北京、河北、河南等地进行了 5 次试调查，并基于试调查结果对问卷进行了 10 余次修改完善。之后召开小型专家论证会，对修改后的调查问卷进行专家论证，最终于 2016 年 4 月形成问卷定稿。定稿调查内容包括个人基本信息、就业情况、生育情况、生育与就业相互影响 4 个部分，共 88 个问题。调查问卷见附件 2。

2. 调查实施过程

2016 年 5—9 月，课题组与北京汉方合众市场咨询有限公司合作，开展"调整完善生育政策对城镇女性就业的影响机理研究"（以下简称专项调查数据）问卷调查工作。调查实施过程中，首先由北京汉方合众市场咨询有限公司在广州、南京、天津、长春、泉州 5 城市遴选优秀调查员，由课题组分别赴 5 个样本城市，对调查员进行抽样方法、调查方法、调查问卷及执行手册等相关内容的现场培训。培训结束后，调查员两人一组进行相互的模拟试调查，课题组对试调查过程及时进行指导。对试调查过程中填答的问卷进行审阅，并对填答不规范问题进行纠正。试调查合格后，课题组负责人跟随调查员到抽中的居委会进行现场调查指导。调查过程共持续了 4 个月，截至 2016 年 9 月，课题组共回收调查问卷 2026 份。[①]

---

① 课题负责人在和北京汉方合众市场咨询有限公司签订合作调查协议时，约定北京汉方合众市场咨询有限公司确保完成 2016 份有效问卷。为此该公司根据抽样设计，多完成了 10 份问卷。

3. 数据质量控制

问卷调查结束后，课题组结合调查合作协议中有关调查质量的约定内容，在调查员、督导员对调查问卷进行100%自查、互查基础上，随机抽取10%的被访者进行电话回访。鉴于广州、泉州城镇女性被访者当地口音较重、个人信息防范意识较强，在课题组电话复核未果的情况下，由北京汉方合众市场咨询有限公司安排当地调查负责人进行电话回访并对回访内容进行录音。回访电话拨通率在65%以上，拨通电话的问卷真实有效率在95%以上，调查质量得到保障。此后，课题组根据问卷的逻辑关系，对回收调查问卷进行数据清理，删除不符合填答要求的16份问卷，此次调查共获得有效问卷2010份。从样本基本特征看，调查对象基本符合样本要求，调查数据质量较高，能够满足研究需要。

4. 样本基本特征

总体而言，被访者符合调查要求，具有"三高"特征，即受教育程度较高、已育比例较高、就业率较高，换言之城镇女性是响应国家生育政策号召、集生育与就业于一身的重要人力资源。

具体而言，城镇女性被访者中半数以上是独生子女（占55.57%），平均年龄为32.35岁。从年龄分布看，作为二孩生育主力的80后超过半数，占57.34%，70后和90后共占42.66%。从受教育程度看，大部分城镇女性被访者受教育程度较高，其中接受过大专、本科及以上高等教育的分别占30.05%和31.34%。

从生育状况看，82.74%的城镇女性被访者有生育经历，其中有1个孩子的占74.18%，有2个孩子的占8.21%，有3个孩子的占0.25%，另有1.74%的城镇女性被访者在调查时正处于二孩怀孕阶段。由此看来，在此次专项调查的已生育城镇女性中，有12.27%的城镇女性被访者属于已生育二孩或正在二孩怀孕过程中。此外，有 7.61% 的城镇女性被访者在调查时正怀孕，有 4.73% 的城镇女性被访者正在备孕。

从就业状况看，87.07% 的城镇女性被访者处于就业状态，有 3.53% 的城镇女性被访者正在找工作，近期不打算找工作的占 9.40%。在已就业城镇女性被访者中，在党政机关、国有企事业单位工作的占 2 成，超过 3/4 的城镇女性被访者在私营企业、外资企业和个体工商户就业。从就业稳定性看，近半数城镇女性被访者工作稳定，从未换过工作的占 46.57%，有 1/3 的城镇女性被访者换过 1 次工作，换过 2 次及以上工作的占 2 成左右。另有近 1/4 的城镇女性被访者有过提拔晋升经历。反映被访者基本特征的具体数据见表 3-2。

表 3-2　专项调查数据的基本特征（N=2010）

变量	比例（%）	变量	比例（%）
年龄分布		**目前孩子数量**	
70 后	24.54	没有孩子	17.36
80 后	57.34	1 个孩子	74.18
90 后	18.12	2 个孩子	8.21
受教育程度		3 个孩子	0.25
初中及以下	11.05	**就业情况**	
高中/中专	27.56	有工作	87.07
大学专科	30.05	正在找工作	3.53
本科及以上	31.34	近期不打算找工作	9.40
独生子女情况		**单位所有制**	
独生子女	55.57	党政机关、国有企事业单位	20.01
非独生子女	44.43	集体企业及基层自治组织	3.43
婚姻状况		外资企业、私营企业、个体工商户	76.56
初婚有配偶	98.16	**换工作情况**	
再婚有配偶	1.84	没有	46.57
目前怀孕或生育情况		换过 1 次工作	33.91
有孩子	81.00	换过 2 次工作	13.42

变量	比例（%）	变量	比例（%）
有孩子，且正在怀孕	1.74	换过3次及以上工作	6.10
没有孩子，正在怀孕	7.61	**提拔晋升经历**	
没有孩子，正在备孕	4.73	没有	76.92
既没孩子，也没备孕	4.92	有过	23.08

资料来源：根据"调整完善生育政策对城镇女性就业影响调查问卷"专项调查数据计算得来，如无特殊说明，本研究所用数据均来自此次专项调查。

首都经济贸易大学人口经济研究所近年来进行了2017年妇女生育与就业状况调查，该调查涉及了城乡女性个人特征、工作状况、生育状况、社会平等状况、就业与生育保障状况等内容。调查对象为22—45岁城乡女性。调查时间为2017年下半年，调查地点涵盖北京、山东、湖北、山西、云南、甘肃，调查有效问卷为1800份，其中城镇女性问卷1340份。经与该课题组友好协商，该课题组同意本研究报告使用首都经济贸易大学人口经济研究所2017年妇女生育与就业状况调查数据（以下简称2017年妇女生育与就业状况调查数据）进行补充研究，两次调查数据的基本情况见表3-3。

表3-3　2次问卷调查基本情况①

调查名称	时间	地点	有效问卷（份）
调整完善生育政策对城镇女性就业影响调查	2016年5-9月	广州、南京、天津、长春、泉州5个省市	2026
2017年妇女生育与就业状况调查	2017年下半年	北京、山东、湖北、山西、云南、甘肃6个省市	1800
合计		11个省级单位	3826

---

① 因"首都经济贸易大学人口经济研究所2017年妇女生育与就业状况调查"并非专门为本课题研究进行的问卷调查，故不再详细介绍其问卷设计、调查实施、质量控制及样本基本特征。

（二） 座谈访谈资料

本研究部分内容使用了国家社科基金重大项目"中国特色社会主义法治体系建设中的妇女权益保障研究"课题组以及国务院妇儿工委"生育政策调整完善与妇女就业"项目的相关座谈会资料。课题负责人作为以上两个重要项目的核心成员，2016 年 1—9 月赴北京、江苏、黑龙江进行的实地调研，分别召开了 1 场决策部门座谈会、1 场用人单位座谈会和 2 场促进妇女平等就业座谈会。

1. 座谈会资料

北京市决策部门座谈会的主要内容包括：决策部门是如何认识生育政策调整完善与妇女就业的关系的？为解决政策调整对妇女就业影响，决策部门采取了哪些措施？积累了什么样的经验？还存在什么问题与困惑？对出台调整完善生育政策的配套措施有什么建议？

江苏省用人单位座谈会的主要内容包括：用人单位在创造男女平等就业环境方面有哪些具体做法？产生了怎样的经济效益和社会效益？在促进男女平等就业方面存在哪些问题和困难？需要什么样的政策支持？

江苏和黑龙江两个省的促进妇女平等就业座谈会内容包括：从招聘启示看，工商行政管理部门在执法过程中，是否发现招聘启示中包含性别歧视内容？工商行政管理部门是如何在执法中履行广告监督管理职责的？劳动监察部门是如何针对就业性别歧视举报、投诉进行调查、检查的？效果如何？劳动争议仲裁委员会与法院近年来受理的女性劳动权益和性别歧视的相关案件情况如何？在处理过程中主要面临哪些困难？

江苏、黑龙江、北京 4 个座谈会的召开时间合计超过 10 个小时，形成录音文字稿 15 万字。以上座谈会文字稿为深入研究城镇女性平等就业面临的问题提供了生动的素材，为提出有针对性的对策建议奠定了坚实的基础。座谈会名称、座谈对象见表3-4，座谈会提纲见附件3。

表3-4　座谈会类型与人员构成

序号	座谈会类型	座谈对象
1	北京市决策部门座谈会	市妇儿工委、市卫计委、市人社局、市社会办、市教育局相关负责人，全国妇联妇女研究所专家，共12人。
2	江苏省用人单位座谈会	6家不同类型、在创造男女平等就业环境方面有积极做法的用人单位相关负责人，共10人。
3	江苏省促进妇女平等就业座谈会	南京市人社局就业、劳动监察部门，市工会，市妇联，有审理妇女就业权益等案件经历的基层法院民庭法官，市区两级劳动仲裁机构，市区两级劳动监察机构、工商部门广告监管部门相关负责人，共10人。
4	黑龙江省促进妇女平等就业座谈会	省妇联、有审理妇女就业权益等案件经历的基层法院民庭法官、用人单位代表、市区两级劳动仲裁机构、市区两级劳动监察机构、工商部门广告监管部门相关负责人，共10人。

2. 个人访谈资料

在问卷专项调查的基础上，为了深入研究城镇女性生育与就业的内在关系，特别是研究生育对就业的影响以及就业对生育的影响，课题组根据访谈人员招募情况，分别在北京、石家庄、长春，对因生育而影响工作、为了工作而影响生育情况进行了个人访谈。个人访谈对象虽然没有参与问卷调查，即访谈对象与问卷调查对象并非同一批人，但是两个群体所反映问题与问卷调查结果高度一致，对问卷调查数据具有深度解读的辅助功能。访谈人数达到30人，访谈时间超过23.22个小时，访谈录音文字稿达到30.47万字，为本研究更好地理解和把握城镇女性在生育和就业中面临的挑战、需要的政策支持奠定了坚实的基础。访谈对象及个人基本情况见表3-5，访谈提纲见附件4。

表 3-5 访谈对象个人基本情况

序号	地点	编号	分钟	年龄	学历	就业情况	孩子年龄	访谈对象生育与就业关系简介
1	北京	BMMLO	25	38岁	硕士研究生	出版社部门主任	一孩5岁	出版社董事长在中层会议上许诺，三年内不孩子，可以升为副总经理，但是由于自己结婚较晚，三年内生孩子了，与晋升失之交臂
2	北京	BCMZO	58	40岁	大专	社区书记	一孩9岁	怀孕前是4个部门主管，怀孕后职位下降，看孩子辞职，5年后在社区工作
3	北京	BSHZO	60	35岁	中专	全职妈妈	一孩8岁	因生育去蛋糕店工作，由蛋糕店经理转为全职妈妈，等孩子上幼儿园后再工作
4	北京	BBRYT	85	38岁	本科	宠物店合伙人	一孩7岁，二孩一岁	中国有制药厂职工到生育二孩后辞职一年，在二孩快一岁时和爱人一起开宠物店
5	北京	BMHWT	90	38岁	硕士研究生	全职妈妈	一孩6岁，二孩22个月	外企工作怀孕3个月辞职不让公司知道，生完一孩半年后上班一年后，因经常出差辞职
6	石家庄	SHWLT	42	30岁	高中	微商	一孩4岁，二孩2岁	二孩怀孕后，因担心公司装修气味影响健康辞职，由私企销售人员转为二孩后做微商
7	石家庄	SBTZT	36	30岁	本科	幼儿班舞蹈培训老师	一孩2岁，二孩1岁	二孩前私企舞蹈老师，二孩怀孕后辞职，二孩后做幼儿舞蹈培训老师
8	石家庄	SMTBT	32	39岁	硕士研究生	高校教学秘书	一孩9岁，二孩1岁	替岗人员在访谈对象一孩产假后归不归还原岗，访谈对象在领导多次要求下换岗，最终因生育二孩失去原有工作岗位
9	石家庄	SCBWT	45	36岁	大专	珠宝店店主	一孩10岁，二孩7岁	当时因二孩怀孕违反计划生育政策，离开原国企国内勤岗，在二孩两岁后开珠宝店

续表

序号	地点	编号	分钟	年龄	学历	就业情况	孩子年龄	访谈对象生育与就业关系简介
10	石家庄	SBHZT	22	28岁	本科	全职妈妈	一孩2岁，二孩10个月	在私企装修公司做设计师，一孩怀孕后因经常加班辞职
11	石家庄	SBHLT	45	37岁	本科	国企职员待岗10年	一孩9岁，二孩3岁	国企会计，因单位业务调整需将石家庄岗位转移到北京，因需照顾孩子放弃在北京上岗，至今在石家庄待岗10年
12	石家庄	SBCZT	45	36岁	本科	国企职工	一孩10岁，二孩4个月	因二孩怀孕影响提职级、涨工资，被迫调整到"轻松"的工作岗位，为保住工作岗位，不敢按照规定休延长休的产假
13	长春	CCCBT	36	34岁	大专	私企职工	双胞胎10个月	为照顾家庭无法跳槽到收入更高单位，因担心被人顶岗岗提前结束产假
14	长春	CDTDZ	60	30岁	在读博士研究生	技校行政岗位	怀孕4个月	单位每10个月签一次临时合同，为保住工作，不敢告知单位已怀孕，只能利用寒假时间生孩子、坐月子、新学期开学后上班
15	长春	CSTLO	40	25岁	中专	培训学校教务人员	一孩2.5岁	怀孕前在商场做销售人员，怀孕后怕商场环境不好辞职，辞职后因生活压力大大，在生孩子满月后到培训学校做教务人员
16	长春	CBHPO	39	29岁	本科	私企化妆师	一孩14个月	生孩子休了3个月无薪产假，之后无人带孩子一直未返岗
17	长春	CSQHO	35	26岁	中专	全职妈妈	一孩2.5岁	怀孕前任商场服装销售经理，怀孕后辞职，否则可能当店长，目前已辞职三年左右，虽应聘但用人单位担心孩子小不予录用，觉得生育耽误了工作，失去了挣钱机会
18	长春	CMCLT	39	28岁	硕士研究生	私企兼职会计	一孩2.5岁，二孩8个月	读研二时结婚生一孩，毕业后继续工作，二孩怀孕时辞职，由小贷公司会计转兼职辞职，计划二孩一岁后找工作

续表

序号	地点	编号	分钟	年龄	学历	就业情况	孩子年龄	访谈对象生育与就业关系简介
19	北京	BDRYO	35	42岁	博士研究生	研究机构副研究员	一孩18岁	事业单位研究机构副研究员，一孩未影响工作，但为了工作即使患巧囊经即使患巧囊经后，人为干预使绝经也不要二孩
20	北京	BMTLO	22	36岁	硕士研究生	高校教师	一孩6岁	一孩对工作影响不大，但觉得生二孩对发文章、评职称影响大，为此不要二孩
21	长春	CDTSZ	40	30岁	在读博士研究生	高校教师	没有孩子	因读博压力大，一直没要孩子
22	北京	BBMXO	23	35岁	本科	快餐店经理	一孩5岁	一孩未影响工作，但为了工作不要二孩
23	长春	CDTWZ	34	34岁	在读博士研究生	党校教师	没有孩子	因工作压力大，没有生育计划
24	长春	CDTYZ	80	35岁	在读博士研究生	高校教师	没有孩子	先是推迟生育时间，后因工作过于劳累，即使在怀孕期间，工作负担也很重，孩子在生产中死亡，至今没有孩子
25	长春	CDTZO	34	33岁	在读博士研究生	高校教师	一孩9个月	为了在新单位站稳脚跟，即使26岁患卵巢囊肿，医生建议要孩子时，为了工作也没听医生建议生孩子，直到33岁才生孩子
26	北京	BBMCO	130	33岁	本科	外企总经理助理	一孩10个月	外企总经理助理，工作特别拼，个人拼搏，生育未影响就业，但产假后因无人看孩子特别发愁
27	北京	BMMJT	60	39岁	硕士研究生	研究机构办公室主任	一孩11岁、二孩3个月	事业单位办公室主任，工作特别拼，生育未影响就业，就业未影响生育，生二孩后因工作忙，仅休3个月产假后就开始上班

续表

序号	地点	编号	分钟	年龄	学历	就业情况	孩子年龄	访谈对象生育与就业关系简介
28	石家庄	SBNCT	32	36岁	本科	国企行政部门经理	一孩10岁，二孩16个月	国有证券公司每年都有很多女性生孩子，对生育女性没有歧视，能够保障生育女性在收入、职业发展、学习培训方面的相关待遇，二孩未影响就业
29	石家庄	SBMHT	34	37岁	本科	事业单位主任编辑	一孩6岁，二孩4个月	生育二孩前已成为省直事业单位主任编辑，自身工作具有不可替代性，生育前已打好基础并通过高答辩，工作无需坐班，二孩生育对就业影响不大
30	石家庄	SBMYT	35	36岁	本科	国企部门经理	一孩8岁，二孩13个月	二孩前国企部门经理，二孩后配一助理，收入略减，但总体二孩生育未影响工作

注：编码规则为：地点＋学历＋职位＋姓氏＋孩子数

058

综上所述，本研究报告定量调查数据和座谈访谈资料来源广泛，其中定量调查数据涵盖了全国东、中、西部地区的 11 个省级单位，座谈访谈资料涵盖 4 个省级单位，剔除交叉重复的省级单位，调研资料最终涵盖了 13 个省级单位，见表 3 - 6。

表 3 - 6　调研资料覆盖范围

调研类型	区域	省份
问卷调查	东部 6 省	北京、天津、山东、江苏、福建、广东
	中部 3 省	山西、吉林、湖北
	西部 2 省	云南、甘肃
座谈访谈	东部 3 省	北京、河北、江苏
	中部 2 省	吉林、黑龙江
合计	东部 7 省	北京、河北、天津、山东、江苏、福建、广东
	中部 4 省	山西、吉林、黑龙江、湖北
	西部 2 省	云南、甘肃

与此同时，调研资料内容非常丰富，定量调查数据既包含了被访者个人特征、工作与生育经历，也包含了怀孕、分娩、育婴等生育各阶段及全过程对劳动收入、职业发展、辞职辞退等就业各层面的影响，还包含了城镇女性被访者为了工作而不要孩子或延迟要二孩时间的内容。座谈访谈对象既包括城镇女性劳动者，也包括用人单位负责人以及人社部门、劳动监察部门、劳动仲裁、基层法院等执法司法部门相关工作人员，还包括工会、妇联等人民团体和性别研究专家。座谈访谈内容既包括生育对就业的影响，也包括消除生育对就业不利影响的具体做法与对策建议等。这些丰富的一手资料为做好本项课题研究奠定了坚实的基础。

三、主要研究方法

在分析与生育政策调整有关的政策文本、调整完善生育政策对女性就业影响的新闻报道及中外研究成果的基础上，课题负责人注意找准研究的切入点和创新点，运用描述性分析方法、相关分析方法、典型相关分析方法和回归分析法对课题进行了系统研究。

（一）描述性分析法

描述性分析法是本研究报告最常用的定量分析方法，对于城镇女性生育现状、就业现状以及生育与就业的分布情况，都离不开单变量分析法和交叉分析法。首先，无论是对样本基本特征进行描述，还是分析生育对城镇女性个人收入、职业发展、失去工作方面的影响，以及分析就业对生育时间、生育数量的影响，本研究都首先使用单变量分析方法进行研究。其次，在分析不同城镇女性的就业状况、职业中断情况时，使用了交叉分析法进行分析。

（二）相关分析法

相关分析法是本报告使用的第二种定量分析方法。对于城镇女性而言，由于其同时作为人口再生产的生育主体和社会再生产的人力资源，生育和就业作为生命历程中的两个重要事件，既有相互独立性，又有一定的关联性。因此，无论在研究生育与就业的典型相关关系方面，还是在分析生育对就业影响的回归分析方面，都需要首先利用相关分析法，确定研究变量之间是否存在显著的相关关系。

（三）典型相关分析法

典型相关分析法是本研究报告对研究方法的创新性应用。与以往大多仅采用回归分析方法不同，本研究报告所讨论的生育与就业关系中，生育涉及多个指标，如生育意愿和生育时间，同时就业也包括劳动参与、收入报酬、职业培训、提拔晋升与工作岗位等指标。换言之，本研究报告涉及的是两组变量之间相互关联关系的分析。因此，采用常规的回归分析方法进行数据分析并不能达到本研究目的，而典型相关分析方法则是更为合适的选择。

典型相关分析方法（Canonical Correlation Analysis）最早源于1936年荷泰林（H. Hotelling）在《生物统计》期刊上发表的《两组变式之间的关系》，经过多年应用与发展，该方法在20世纪70年代臻于成熟。该方法利用综合变量研究两组变式之间的相关关系，反映两组变量 $X = (X_1, X_2, X_3, \cdots\cdots, X_n)$ 和 $Y = (Y_1, Y_2, Y_3 \cdots\cdots, Y_m)$ 之间的整体相关性的多元统计分析。其原理是为了从整体上把握两组变量间的相关关系，以成对构建的方式分别在两组变量中提取 U 和 V 两个有代表性的综合变量（被称作典型变量），并利用多个成对综合变量间的相关关系来反映两组变量间的整体相关性。计算公式如下：

$$p_{uv} = Vov(U, V) / [\ \sqrt{VarU)}\ \sqrt{VarY)}\ ]$$

通过任意非零向量 $\alpha = (\alpha_1, \alpha_2, \alpha_3 \cdots\cdots \alpha_n)$，$\beta = (\beta_1, \beta_2, \beta_3 \cdots\cdots \beta_m)$，将两组变量线性组合，$U = \alpha_1 X_1 + \alpha_2 X_2 + \alpha_3 X_3 + \cdots\cdots \alpha_n X_n$，$V = \beta_1 Y_1 + \beta_2 Y_2 + \beta_3 Y_3 \cdots\cdots \beta_m Y_m$，这样，典型相关分析将研究多个 X 指标和多个 Y 指标之间的相关问题，转变成研究成对典型变量 U 和 V 之间的相关问题，U 和 V 各自的表达式被称作典型变式。实际上，可能得到多对典型变量 U 和 V，或多个维度上的典型变式，而各对典型变量之间的相关系数不同，当然各维度上典型变式中的系数也并不相同。不过，为了得到典型变量，先得求解出典型变式中的系数。

典型相关分析中，求解典型系数的原则是使得每对典型变式能最大化地解释 X 和 Y 两组变量之间共变部分，据此得到的典型变量之间的相关系数会随着维度的增加而递减，可得到的典型变量对数取决于 X 和 Y 中变量数较少的变量组，比如，本研究报告中 X 包含 5 个变量，Y 包含 2 个变量，则最多会有两对典型变量。显然，典型相关本质上也属于统计学上的降维技术，或者说其功能是维度简化。

另外，需要特别说明的是，典型相关分析是相关分析的一般化，因此，分析中涉及的两组变量并无自变量和因变量之分，即所探究的是变量组间的对称关系。当然，这并不妨碍在具体研究中隐含一组变量作为自变量，而另一组则作为因变量；不过，当存在因果性假设时，会更多地把结果分析的关注点放在某一个方向上，而不是相关分析原本的双向并重。[①]

具体到本研究，要探讨的是生育与就业相互关系。第一组变量 X_i 反映的就业各方面的指标，分别是 X_1 个人收入（INCOME）、X_2 培训机会 (TRAIN)、X_3 提拔晋升（PROMOT）、X_4 职位下降（LOWERP）、X_5 辞职或辞退（DCZCT）。X_1—X_5 为连续变量。第二组变量 Y_i 反映生育的特征，包括是否为了工作而不想要或不能要二孩（D5BCX）以及是否为了工作而延迟二孩生育时间（D5DYC），Y_1 和 Y_2 为虚拟变量。

（四）Logistic 回归分析法

本研究使用的第四个研究方法是 Logistic 回归分析法。首先利用交叉分析方法，对怀孕、分娩、育婴给城镇女性个人收入、职业发展、失去工作带来的影响进行描述性分析，利用座谈访谈资料探讨其背后原因。其次，为了排除其他干扰因素对城镇女性就业的影响，运用二元 Logistic 回归模型，在控制了城镇女性年龄、受教育程度等变量的情况下，深入分析生育过程及各个环节对城镇女性就业及其各层面的影响。

[①] 郭志刚. 社会统计分析方法——SPSS 软件应用（第二版）［M］. 中国人民大学出版社，2016：320–321.

1. 生育过程及各环节对就业总体影响的回归模型

在生育过程对就业影响的回归模型中，总模型的因变量为生育是否对就业产生影响，反映生育过程的子变量包括怀孕、分娩、育婴，分别为怀孕是否影响就业、分娩是否影响就业和育婴是否影响就业，将这三个虚拟变量合计后，得分为 0 表示没有影响，将得分 1—3 赋值为 1，表示有影响。对就业的总体影响包括是否减少个人收入、是否影响职业培训、是否影响提拔晋升、是否降低工作职位、是否影响辞职辞退 5 个虚拟变量，将这 5 个虚拟变量合计后，得分为 0 表示对就业没有影响，将得分 1—5 赋值为 1，表示对就业有影响。

在数据库中，反映怀孕是否对就业造成影响的变量包括以下 6 个变量：

D1b 是否因怀孕而失去职业培训机会？

D1c 是否因怀孕而失去提拔/晋升培训机会？

D1d 是否因怀孕被降低工作职位？

D1e 是否因怀孕而减少收入？

D1f 是否因怀孕而辞职？

D1g 是否因怀孕被辞退？

课题组通过对这 6 个虚拟变量加总处理，得分为 0 表示怀孕对就业没有影响，得分为 1—6 表示有影响并赋值为 1。

反映分娩、育婴是否对就业造成影响的变量同上，只是将调查问题中的"怀孕"分别换作"生孩子""照料孩子"即可。

为验证生育各环节对就业的影响，本研究报告在总模型基础上，还构建了 3 个子模型，子模型的因变量分别为怀孕、分娩、育婴是否影响就业，总模型和子模型的因变量均为虚拟变量，0 为没有影响，1 为产生影响。

自变量为生育数量，控制变量为人口特征和经济特征。人口特征包括年龄、受教育程度、户口性质、独生子女状况；就业特征包括工作状况、就业身份和换工作状况。虽然工作状况、就业身份和换工作状况也是就业的具体内容，但是根据本研究报告对就业影响的定义，就业变量中只包含个人收入、职业培训、提拔晋升、降低工作职位、辞职辞退，工作状况、就业身份和换工作状况这三个变量作为独立变量，在反映经济特征的控制变量中加以呈现。本研究报告之所以在总模型和各个子模型中，自变量都是生育数量，控制变量都是反映人口特征和经济特征的变量，目的就是希望在控制其他变量、排除其他因素的影响下，专门分析与生育一个孩子的城镇女性相比，生育两个孩子以及二孩怀孕、分娩、育婴各环节究竟会给城镇女性在就业方面带来怎样的影响。

回归模型方程如下：$\ln\left(\dfrac{P}{1-P}\right) = B_0 + \sum\limits_{i=1}^{N} B_i X_i$

其中 P 表示生育及其各环节影响就业的概率，B_0 为常数项，B_i 为第 i 个变量的偏回归系数。

2. 生育对就业不同层面的影响

在生育对就业不同维度的影响回归模型中，为验证生育对就业各个维度的影响，本报告共构建了 4 个模型，模型的因变量分别为是否近期不打算找工作、是否影响职业发展、是否减少个人收入以及是否失去就业机会，其中，职业发展用是否影响职业培训、是否影响提拔晋升两个虚拟变量测量，将这两个虚拟变量合计后，得分为 0 表示没有影响，将得分 1—2 赋值为 1，表示有影响。此外，就业机会用是否辞职、是否被辞退两个变量进行测量，将这两个虚拟变量合计后，得分为 0 表示没有影响，将得分 1—2 赋值为 1，表示有影响。

在是否影响职业培训等上述虚拟变量的生成过程中，分别用以下虚拟变量进行测量：

D1b 是否因怀孕而失去培训机会？

D2a 是否因生孩子而失去培训机会？

D3a 是否因照料孩子而失去培训机会？

课题组通过对这3个虚拟变量加总处理，得分为0表示生育对培训机会没有影响，得分为1—3表示有影响并赋值为1。

反映生育是否影响提拔晋升、减少个人收入以及辞职辞退的变量生成方式同上，只是将调查问题中的"怀孕"分别换作"生孩子""照料孩子"即可。

4个模型的因变量均为虚拟变量，0为没有影响，1为产生不利影响。

自变量为是否生育2个及以上孩子、孩子在3岁前白天是否主要由城镇女性照料，控制变量为人口特征和经济特征。同样，人口特征包括年龄、受教育程度、户口性质、独生子女状况；经济特征包括工作状况、就业身份和换工作状况。之所以在反映生育对就业不同层面影响的4个模型中，自变量都选择是否生育两个及以上孩子，控制变量都是反映人口特征和经济特征的变量，研究目的同样是希望在控制其他变量、排除其他因素的影响下，专门分析与生育一个孩子的城镇女性相比，生育两个及以上孩子、白天对孩子照料，究竟会给城镇女性在就业意愿、职业发展、个人收入和辞职辞退方面带来怎样的影响。

回归模型方程同上。

生育2个及以上孩子、孩子在3岁前白天是否主要由城镇女性照料，控制变量为人口特征和经济特征。同样，人口特征包括年龄、受教育程度、户口性质、独生子女状况；经济特征包括工作状况、就业身份和换工作状况。之所以在反映生育对就业不同层面影响的4个模型中，自变量都选择是否生育两个及以上孩子，控制变量都是反映人口特征和经济特征的变量，目的就是希望在控制其他变量、排除其他因素的影响下，专门分析与生育一个孩子的城镇女性相比，生育两个及以上孩子、白天对孩子照料，究竟会给城镇女性在就业意愿、职业发展、个人收入和辞职辞退方面带来怎样的影响。

3. 组织环境对城镇女性平衡生育就业的保护作用

在组织环境对城镇女性平衡生育就业的保护作用的回归模型中，因变量仍然沿用生育对就业是否有影响，0 表示没有影响，1 表示有影响。因变量的生成来自怀孕、分娩、育婴是否对减少个人收入、影响职业培训、影响提拔晋升、降低工作职位、影响辞职辞退 5 个虚拟变量的加总，0 表示没有影响，将得分 1—5 赋值为 1，表示有影响。在对模型数据解读中，将某个变量对就业影响小于零的负值系数解读为具有保护作用；将某个变量对就业影响大于零的正值系数值时，解读为没有保护作用。

自变量为组织环境，控制变量为个人特征和家庭特征。反映组织环境的变量包括单位类型、培训机会、一把手性别。反映个人特征的变量包括年龄、受教育程度、户口性质、是否有过换工作或提拔晋升经历，反映家庭特征的变量包括是否独生子女、3 岁前是否本人照看以及孩子 17 岁前是否本人照看。

回归模型方程如下：$\ln\left(\dfrac{P}{1-P}\right) = B_0 + \sum\limits_{i=1}^{N} B_i X_i$

其中 P 表示生育影响就业的概率，B_0 为常数项，B_i 为第 i 个变量 X_i 的偏回归系数。X_1 为组织环境，X_2 为个人特征，X_3 为家庭特征。

（五）定量与质性研究结合法

虽然以上四个定量研究方法是本报告主要研究方法，但是课题组在实地调查过程中获得的录音时间长达 33.22 个小时、录音转录文字稿达 45.47 万字的座谈访谈资料，既可以对定量分析结果提供有力的佐证，又可以通过使用座谈访谈资料增加本研究报告的生动性、深入性。定量与质性相结合的研究方法，既提高了研究发现的代表性，又提高了对策建议的可行性、针对性、操作性。

第四章　组织环境对城镇女性平衡
生育与就业的保护作用

　　组织是人们在一起工作时产生的角色、权力、目标、活动、沟通及其他因素相互结合的结构关系，组织内部包括各种资源、能力、技术、管理制度与文化。[①] 组织理论是研究组织结构、职能、运转以及组织中群体和个人行为的知识体系。[②] 组织内部环境的好坏对男女职工的就业与职业发展影响很大，特别是对生育期女职工的就业与职业发展影响更大。

　　本研究报告在辩证唯物主义方法论的指导下，在注重生育对就业影响问题研究的同时，也注重用人单位对城镇女性平衡生育就业的保护作用研究，通过总结部分用人单位的积极正面实践经验，为其他用人单位改善城镇女性就业环境、促进城镇女性生育就业协调兼顾提供借鉴。因此，本章重点研究组织环境对城镇女性平衡生育就业的保护作用。首先分析生育未对城镇女性就业产生不利影响的分布情况；其次构建组织环境对城镇女性平衡生育就业保护作用的回归模型，并分别将反映组织环境的单位类型、培训机会、一把手性别等变量以及反映个人特征和家庭特征的变量纳入模型，探讨组织环境对城镇女性平衡生育就业的保护作用；最后，结合本章研究结果，对部分研

---

　　① 孙慧敏. 组织环境因素与上市公司绩效的关联性研究［D］. 武汉大学博士学位论文，2011.

　　② Pugh D. S.，彭和平等译，组织理论精萃［M］北京：中国人民大学出版社，1990.

究发现的政策含义进行探讨。鉴于本章分析的对象包含所有城镇女性被访者，因此，在描述性分析和回归分析中，所用数据来自包含 2010 位 20—45 岁城镇女性被访者的完整数据库。

一、描述性分析结果

在生育对就业的影响方面，有 54.55% 的城镇女性反映生育并没有对就业带来不利影响，另有 45.45% 的城镇女性反映生育对就业产生了不利影响。被访者的单位类型、就业身份、提拔晋升经历以及在单位中所处的位置不同，城镇女性生育对就业的影响具有显著性差异。

（一） 生育对就业的影响与年龄组显著相关

有研究指出，全面二孩政策实施后，女职工生育二孩会增加职业发展的角色冲突，制约女职工职业发展[1][2]，其中有 41.6% 的青年女性存在"工作—家庭"冲突，年龄在 25—34 岁的高生育群体（生育旺盛期女性）更容易发生"工作—家庭"冲突[3]。表 4 - 1 数据显示，30—39 岁城镇女性反映生育对就业产生不利影响的比例最高，30 岁以下年龄组以及 40 岁以上城镇女性反映生育对就业产生不利影响的比例都相对较低，特别是 20—29 岁年龄组的城镇女性，反映生育对就业产生不利影响的比例最低，其原因主要与该年龄组城镇女性生育状况显著相关。

---

① 彭敬. 全面两孩政策对企业女职工职业发展影响研究 [D]. 四川省社会科学院，2017.

② 潘云华，刘盼. 二孩生育与城市妇女就业的"互相关"——一个经济学分析视角 [J]. 理论导刊，2017（03）：80 - 82 + 96.

③ 张琪，张琳. 青年女性"工作—家庭"冲突的影响因素及其平衡机制研究 [J]. 中国青年研究，2018（04）：60 - 67.

表4-1　分生育对就业影响状况的个人和组织环境（N=2010）

变量	有无影响（%）		变量	有无影响（%）	
	无影响	有影响		无影响	有影响
年龄分布	（$\chi^2=0.000$）		**单位类型**	（$\chi^2=0.000$）	
20-29岁	64.20	35.80	国有	64.73	35.27
30-39岁	54.38	45.62	集体	50.88	49.12
40-44岁	58.14	41.86	私营	52.41	47.59
兄弟姐妹情况	（$\chi^2=0.000$）		外资	60.20	39.80
非独生子女	44.24	55.76	个体	58.29	41.71
独生子女	69.94	30.06	**培训机会**	（$\chi^2=0.000$）	
受教育程度	（$\chi^2=0.000$）		没有	48.96	51.04
初中及以下	39.73	60.27	有	64.32	35.68
高中/中专	47.48	52.52	**一把手性别**	（$\chi^2=0.014$）	
大专及以上	65.13	34.87	男	55.33	44.67
本科及以上	68.35	31.65	女	61.97	38.03

对专项调查数据进一步分析可见，在20—29岁城镇女性中，没有孩子的比例高达38.27%，该比例在三个年龄组中最高，分别是30—39岁、40—44岁年龄组中没有孩子比例的6.13倍和14.40倍。同时30—39岁年龄组城镇女性不但已生育一孩的比例最高（达84.09%），而且在全面二孩政策下生育二孩的可能性更大。特别是在相关配套政策措施不完善、用人单位生育负担较大的情况下，更容易对这个年龄组的城镇女性进行性别歧视。此外，由于这个年龄组的城镇女性普遍到达职业发展期，尤其是在生育和提拔晋升"撞车"时，也更容易遭遇性别歧视。已生育一个孩子38岁的部门经理BMMLO在接受访谈时说：

> 我们单位男女比例1:3，单位领导不乐意下边人生二孩，（单位领导认为）你一生孩子就会产检、休产假等，出现岗位空缺、没人干活儿的情况。当时我们董事长在中层会议上许诺，如果我三年内

> 不生孩子，就可以升职为总监（相当于副总经理）。但是由于自己结
>
> 婚较晚、不巧在三年内生孩子了，也就和总监失之交臂了。

该访谈资料和以上数据分析对以往研究成果进行了补充和修正，深化了学界
对城镇女性不同年龄组生育与就业关系的认识。

此外，与有兄弟姐妹的城镇女性相比，作为独生女的城镇女性反映生育
对就业没有产生不利的影响比例高达69.94%，其原因一方面与独生子女受教
育程度及就业保障程度较高有关，另一方面更与其父母能够帮忙照看孩子的
比例较高也有关。对专项调查数据进一步分析发现，独生子女中接受过高等
教育的比例高达78.32%，在孩子3岁前由父母帮忙照看孩子的比例为
81.53%，分别比非独生子女高37.86和22.21个百分点。

（二）生育对就业的影响与受教育程度密切显著相关

城镇女性受教育程度越高，在调查时反映生育对就业带来不利影响的比
例越低，反之，受教育程度越低，反映生育对就业带来不利影响的比例越高。
表4-1显示，在本科及以上受教育程度的城镇女性中，反映生育并没有给就
业带来不利影响的比例接近70%，而在只有初中及以下受教育程度的城镇女
性中，报告生育并没有给就业带来影响的比例低于40%，其原因一方面主要
与受教育程度较低的城镇女性就业层次较低、工作稳定性较差、社会保障覆
盖面较窄有关。另一方面，受教育程度偏低的城镇女性具有现代、平等性别
观念的比例相对较少，难以借助家庭或市场的力量获得婴幼儿照料支持。例
如只有中专学历的全职妈妈BSHZO在接受访谈时表示：

> 我18岁中专毕业后在一家私人药店工作几年后，因结婚换到另
>
> 一家私人药店工作，三年后怀孕，我工作的两个药店都没有生育保
>
> 险，加上怀孕后在药店工作不方便，就辞职在家了。生育期间既没
>
> 有报销分娩费用，也没有产假工资，直到孩子3岁上了幼儿园，
>
> 才再去私人蛋糕店当客服。

《中国妇女儿童状况统计资料》显示，我国参加生育保险的女性由 2005 年的 2273 万人增加到 2017 年的 8428 万人[1]，与同年城镇女职工医疗保险参保人数相比，2005 和 2017 年能够被生育保险覆盖的城镇女职工分别占 42.29% 和 58.93%，这部分女职工生育时的产假收入（生育津贴）基本不受影响；但对于 2017 年仍未参加生育保险的 41.07% 的城镇女职工而言，生育期间个人收入就会受到较大影响。

（三）　生育对就业的影响与组织环境显著相关

以往研究发现单位类型、所有制性质对城镇青年平衡工作家庭具有显著性影响。[2] 企业越是采取平衡生育和职业发展关系的措施，社会化托幼服务体系越完善，女职工生育对职业发展的不利影响越小。[3][4] 一般而言，国有单位在落实生育保险、保护女职工劳动权益等相关法律法规的自我约束性更强，单位内部制定的规章制度对家庭照料相对更加友好，甚至部分大型国有单位还能为本系统职工提供公共照料服务，在很大程度上有利于缓解女职工在工作和家庭照料方面的角色冲突，促进女职工生育就业协调兼顾。

此次专项调查数据显示，在党政机关、事业单位及国有企业就业的城镇女性，反映生育对就业没有不利影响的比例接近 2/3（64.73%），另有 6 成在外资企业就业的城镇女性，也反映生育对就业没有不利影响（60.20%）。相反在集体企业及村居委会基层自治组织就业的城镇女性，反映生育对就业没有不利影响的比例最低，在私营企业就业的城镇女性，反映生育对就业没有产生不利影响的比例紧随其后，分别为 50.88% 和 52.41%。

---

① 国家统计局社会科技和文化统计司．2018 中国妇女儿童统计资料，中国统计出版社，2018：42；国家统计局社会科技和文化统计司．2012 中国妇女儿童统计资料，2012：43.

② 杨慧，吕云婷，任兰兰．二孩对城镇青年平衡工作家庭的影响——基于中国妇女社会地位调查数据的实证分析 [J]．人口与经济，2016（2）：1-9.

③ 刘金华，彭敬，刘渝阳．城镇女职工再生育后的职业发展支持及其效用 [J]．经济体制改革，2017（3）：31-37.

④ 彭敬．全面两孩政策对企业女职工职业发展影响研究 [D]．四川省社会科学院，2017.

对访谈资料梳理发现，有多个在事业单位就业的女性都反映，生育几乎没有对就业产生不利影响。例如，在国家级事业单位担任办公室主任（正处级）职务的二孩妈妈 BMMJT 在接受访谈时表示：

> 我们是事业单位，享受公费医疗，我生老大后住院分娩费用都报销了，当时连产假、晚婚晚育假、加上独生子女假，我一共休了7个月产假，产假期间除了没有岗位津贴、餐补、交通补以外，工资和其他福利待遇等都不变。我休完产假上班后，父母帮着看孩子，当时也请了阿姨。虽然我休了那么长时间产假，再回到工作岗位上会有一个适应过程。但毕竟我们单位人文关怀比较好，不会说强迫你出差、从事一些违禁的劳动。所以对于职业发展来说，生育没有特别影响。后来国家实行单独二孩政策以后，虽然我是独生子女，但是我身体不是特别好，也没有准备再要孩子，当时正在吃中药调理时，意外发现怀孕了。觉得再去做一次流产，对身体伤害也挺大，就跟领导说我意外怀孕了。领导挺好的，挺支持的，说祝贺你，把身体先调好，其他的先别考虑。

又如，在省直属事业单位就业的二孩妈妈 SBMHT 在接受访谈时表示，"自己在生育前打好基础特别重要，当然也离不开单位和领导的支持。"在孩子照料责任分担方面，"在生老二之前我们家达成协议，我说生老二可以，但必须有人负责管老大，如果做不到的话，我们是不会要老二的。现在老大上幼儿园，基本都是孩子爸爸管老大的吃喝拉撒、接送幼儿园，送课外班学习、辅导作业等。老二现在 10 个月了，父母公婆轮流帮我管老二。"正如 SBMHT 所言，只要城镇女性提前做好职业发展和生育规划，配偶及双方父母共同分担两个孩子的照料责任，在就业单位不因女职工休产假而歧视女性的情况下，生育对就业的不利影响完全可以避免。

此外，在国有证券公司分支机构担任行政经理职务的 36 岁二孩妈妈 SBM-CT 告诉课题组："我们单位陆陆续续每年都有女性生孩子，这么多女性生完孩子后，大家都是一样的，正常的休产假，有正常的哺乳时间、哺乳待遇。另外在收入、培训学习机会、职业发展方面也都享受相同的待遇。我个人在生二孩前后工作也没有差异，单位这块儿没有歧视。"在国有企业担任部门经理的二孩妈妈 SBMYT 也都反映自己工作努力，配偶、双方父母或保姆能够提供有力的子女照料支持，加上单位组织环境较好，生育对就业几乎没有不利影响。

综上所述，以上几个访谈对象均在生育二孩前已经提拔到中层管理者职位，单位所有制性质均为国有，对保障妇女平等就业权益的《就业促进法》《妇女权益保障法》《女职工劳动保护特别规定》等相关法律法规落实得更加到位，城镇女性生育对就业的不利影响也可以在很大程度上避免，甚至可以完全避免。

二、组织环境对就业影响的回归分析

为了进一步考察生育对就业的影响，模型所用数据按照调查时已生育一个孩子、有工作且没有再次怀孕的标准，对数据量进行筛选，共筛选出 1285 位符合条件的城镇女性。

在表 4 - 2 中，随着自变量、控制变量增加，模型的解释力不断提高。在仅纳入反映组织环境的模型 1 中，模型解释力 Nagelkerke R^2 为 6.09%，当纳入反映人口特征和家庭特征的变量后，模型解释力分别增加到 17.01% 和 24.69%，表明模型解释力较高、模型选用合理。将各组变量对模型解释力的贡献进行比较可见，组织环境对模型解释力的贡献度占 24.67%，反映个人特征的贡献度占 44.23%，家庭特征的贡献度占 31.30%。在反映个人特征的贡献度中，基于个人年龄、受教育程度及户口性质的贡献度占 19.90%，换工作经历、提拔晋升经历及是否在单位处于中层及以上管理者位置，对模型解释力的贡献度达到 24.32%。由此可见，在组织环境对平衡生育就业的保护作用中，与个人的年龄、教育及户口性质相比，换工作和提拔晋升等反映工作经历的贡献度更大。

（一）组织环境对平衡生育与就业的保护作用分析

1. 模型数据分析

表 4 - 2 显示，在模型 1 中控制了其他变量后，与集体企业、个体工商户及其他组织单位相比，国有单位对降低生育给就业带来的不利影响、对平衡生育就业所起到的保护作用在 P < 0.05 水平下显著。在模型加入反映个人特征的变量后，国有单位对城镇女性平衡生育与就业的保护作用明显加强，可显著降低生育对就业不利影响的概率达 44.08%。在模型中进一步纳入反映家庭特征的变量后，国有单位对城镇女性平衡生育与就业的保护作用虽略有下降，但是依然显著，验证了第 1 个研究假设，即组织环境对城镇女性平衡生育就业具有重要影响，国有单位对城镇女性平衡生育就业具有保护作用。

表 4 - 2　组织环境对城镇女性平衡工作家庭保护作用的回归结果（N = 1285）

	模型 1		模型 2		模型 3	
	S. E.	Exp（B）	S. E.	Exp（B）	S. E.	Exp（B）
主要自变量						
国有单位（0 = 集体/个体及其他）	0.209	0.620*	0.230	0.559*	0.237	0.638^
外资企业（0 = 集体/个体及其他）	0.212	1.229	0.231	0.850	0.238	0.896
私营企业（0 = 集体/个体及其他）	0.216	1.001	0.241	0.718	0.250	0.913
有职业培训机会（0 = 无）	0.121	0.532***	0.141	0.636**	0.147	0.711*
一把手女性（0 = 男）	0.192	0.894	0.212	1.254	0.216	1.178
一把手女性私营企业	0.296	0.576^	0.313	0.455*	0.321	0.487*
人口特征						

	模型 1		模型 2		模型 3	
	S. E,	Exp（B）	S. E,	Exp（B）	S. E,	Exp（B）
年龄			0.012	0.965 **	0.013	0.951 **
接受高等教育（0 = 否）			0.142	0.673 **	0.148	0.797
非农业户口（0 = 否）			0.162	0.447 ***	0.179	0.624 **
换过工作（0 = 否）			0.144	1.580 **	0.150	1.694 **
有提拔/晋升经历（0 = 否）			0.147	2.256 ***	0.153	2.111 ***
中高层管理者（0 = 否）			0.267	0.363 ***	0.270	0.369 **
家庭特征						
独生子女（0 = 否）					0.147	0.504 ***
孩子 3 岁前白天由本人照料（0 = 其他人照料）					0.172	2.672 ***
孩子 3 – 17 岁白天由本人照料（0 = 其他人照料）					0.225	0.235 ***
常量	0.300	1.3494	0.474	7.141 ***	0.514	9.601 ***
Nagelkerke R2	0.0609		0.1701		0.2469	

注：^表示 P < 0.1，* 表示 P < 0.05，** 表示 P < 0.01，*** 表示 P < 0.001。

在模型 1 中，与对照组相比，外资企业、私营企业并不能对城镇女性平衡工作家庭起到保护作用。即使当纳入反映人口特征和家庭特征的变量后，外资企业、私营企业对城镇女性平衡工作家庭的保护作用仍然在 P < 0.05 水平下并不显著。

有职业培训机会的用人单位对城镇女性平衡生育就业的保护作用始终显著。无论在只纳入反映组织环境变量的模型 1 中，还是在纳入反映个人特征和组织特征变量的模型 2、模型 3 中，培训机会对城镇女性平衡生育就业的保护作用虽然有所减小，但在 P < 0.05 水平下始终显著，而且对城镇女性平衡生育就业保护作用的概率始终在 28% 以上。

一把手性别对城镇女性平衡生育就业的保护作用既不稳定也不显著。在只有主要自变量的模型 1 中，与单位一把手是男性者相比，单位一把手是女性者，组织环境可保护城镇女性平衡生育就业，但是在 $P < 0.05$ 水平下不具有显著性。随着反映个体特征、家庭特征的变量加入，模型 2、模型 3 中单位一把手是女性时，由对城镇女性平衡生育就业的保护作用，转变为没有显著性的不利影响，只是在 $P < 0.05$ 水平下不具有显著性。由此可见，研究假设 2 没有通过验证，即在不考虑用人单位所有制类型的情况下，单位一把手是女性时未必会降低生育对就业的影响。

交互效应显示，与单位一把手是男性或国有、外企企业一把手是女性的组织环境相比，私营企业的一把手是女性时，组织环境不但可以增加对城镇女性平衡生育就业的保护作用，而且随着纳入模型的变量增加，对城镇女性平衡生育就业的保护作用也在加强，显著性逐步提高，特别是在模型 2 和模型 3 中，一把手是女性的私营企业能够保护城镇女性平衡生育就业的概率可提高50% 以上。由此可见，研究假设 2 能够部分通过检验，即私营企业的单位一把手是女性时，可以对城镇女性平衡生育就业提供保护作用。

2. 影响机制探讨

党政机关、事业单位作为财政拨款机构，既不以赢利为目的，也不会在机构运行过程中感到成本的压力。同时，作为带头落实国家促进妇女平等就业、保障妇女生育就业权利的表率机构，既有相关法律法规的明确要求，又面临其他组织机构、学界及社会民众的监督。《中华人民共和国妇女权益保障法》第四条明确规定，国家机关、事业单位应当依照本法和有关法律的规定，保障妇女的权益。《女职工劳动保护特别规定》第二条明确了对我国境内国家机关、事业单位的适用范围。国务院办公厅《关于做好 2013 年全国普通高等学校毕业生就业工作的通知》要引导国有企业积极履行社会责任，加强国有企业招聘活动监管，消除包括性别在内的各种歧视。国务院办公厅《关于做好 2014 年全国普通高等学校毕业生就业创业工作的通知》要求国有企业招聘应届高校毕业生时，不得设置民族、种族、性别等歧视性条件。2019年人力资源和社会保障部、教育部等九部门联合发布的《关于进一步规范招聘行为促进妇女就业的通知》要求"国有资产监督管理部门要加强对各级各类国有企业招聘行为的指导与监督。"由此可见，党政机关、事业单位和国有企业之所以能够对城镇女性平衡生育就业具有保护作用，既与相关法律法规的"硬约束"息息相关，也与其维护党和政府形象甚至维护国家形象，面临社会及相关部门监督的社会责任息息相关。

而对于一把手是女性的私营企业，之所以能够对城镇女性平衡生育就业起到保护作用，则更多的与企业文化、一把手对女职工价值认可密切相关。虽然相关法律法规也同时规定了包括私营企业、外资企业在内的各类企业在招工用工中平等促进女性就业，不得因女职工怀孕、生育、哺乳降低其工资、予以辞退或与其解除劳动或者聘用合同。但是在我国相关法律法规不够健全、城乡女性维护就业权益意识能力不强、司法机关对侵害妇女平等就业权益行为处罚力度不够的情况下，45.45%的城镇女性因生育给就业带来了不利影响。结合本章回归分析结果及用人单位座谈会，HSUMLF在座谈会上告诉课题组：

> 我们单位是食品行业的私企，有60多人，女性占三分之一。我的思想就是我们女同志干活不比男同志差，有时候男同志没有责任心，你指示到哪儿他才干到哪儿；而女同志自觉性特别强，如果说她真的想在这个私企干下去，她就会用心去干。我们老板也特别好，单位也都交了生育保险，女职工生孩子什么的我们都允许，前几天刚有一个女职工生完孩子、休完了四个月产假后回来上班了。女职工产假期间，我们一般的做法是让别的员工把她的活儿分担一下，三个人的活儿两个人干，实在没办法忙不过来就得再招个人。可是再招人就得付人家工资，我们也不能因为女职工生孩子就不用她了，那是不道德的，咱必须得用她，但是你招人就得增加成本，所以希望国家能给一定的补贴。

由此可见，一把手是女性的私营企业更多是肯定女职工的作用和价值，从思想、道德上进行自我约束，在顶着增加其他职工工作压力或单位用工成本的情况下，为女职工平衡生育就业提供保护，这类企业特别值得表彰奖励。

（二）控制变量对平衡生育与就业的保护作用分析

1. 个人特征对平衡生育与就业的保护作用

人口学特征对城镇女性平衡生育就业影响显著。在人口学特征中，年龄、受教育程度和户口性质对城镇女性平衡生育就业具有保护作用，可显著降低城镇女性生育对就业的不利影响。城镇女性年龄越大，越不容易受到生育冲击就业的不利影响。受教育程度对城镇女性生育冲击就业的影响随着纳入模型变量的增加而变化。在模型2中，与仅有高中及以下受教育程度的城镇女性相比，接受过高等教育的城镇女性可显著降低生育对就业的不利影响，即对平衡生育就业具有保护作用。但在模型3中，随着反映家庭特征的变量加入，高等教育对城镇女性平衡生育就业保护作用不再显著。是否拥有非农业户口对城镇女性平衡生育就业的保护作用显著，与拥有农业户口的城镇女性相比，有非农业户口的城镇女性，可显著降低生育对就业的冲击，对平衡生育就业具有保护作用。

城镇女性换工作经历和提拔晋升经历对平衡生育就业的影响非常显著，换言之，越是有过换工作或提拔晋升经历的城镇女性，越容易因为生育冲击就业。一般而言，换工作是衡量工作稳定性的重要指标，城镇女性越是有过换工作经历，越是表明工作不稳定，因生育导致的辞职辞退或收入减少的可能性越大。全职妈妈 BSHZO 因工作不稳定、缺乏基本的生育保险及其他社会保险，在怀孕后辞职、直到孩子3岁后再次找工作的情况，在部分城镇女性中很具有代表性。

一般而言，有提拔晋升经历表明女职工在该单位较有发展前途，这在党政机关、事业单位及国有企业中更加明显。然而，回归结果显示，有提拔晋升经历的城镇女性，反映生育对就业产生不利影响的风险可提高 1.11—1.26 倍。即提拔晋升经历不但不能对城镇女性平衡生育就业起到保护作用，而且还会带来不利影响。究其原因，主要与这部分城镇女性职业层次偏低有关，即使被提拔后，仍然是普通职工的占 91.80%，基层管理人员占 3.83%，即 95% 以上的有过提拔晋升经历的女性是在私营企业、个体工商户、集体企业等单位就业，被提拔晋升后的岗位仅为流水线组长、餐馆领班、超市收银员等，表明这些城镇女性所在单位类型、职业层次都相对偏低，提拔晋升难以对平衡生育就业产生保护作用。相反，如果城镇女性能够被提拔到中层及以上管理者岗位，对平衡生育就业的保护作用就会明显提高。特别是在党政机关、事业单位及国有企业就业的中高层管理人员，一般会有一定的行政级别，其工作稳定性较强，劳动报酬等福利待遇落实较好。因此，无论是在模型 2 还是模型 3，中高层管理者身份对平衡生育就业的保护作用的概率可提高 63.08%。

2. 家庭特征对平衡生育与就业的保护作用

家庭特征对城镇女性平衡生育就业具有显著影响。与非独生子女相比，没有兄弟姐妹的独生子女可显著提高平衡生育就业的保护作用，提高概率可达 49.58%。这主要与城镇女性父母的照料负担有关。一般而言，如果城镇女性有兄弟姐妹，其父母在帮助城镇女性照料 3 岁以下孩子期间，同时还会有其他兄弟姐妹的孩子需要照料，父母基于公平原则，会为不同孩子提供子女照料支持，甚至部分父母受重男轻女观念影响，宁可给儿子照料孩子也不愿意帮女儿照料孩子，在这种情况下城镇女性能够得到父母的照料支持就会减少，自身在白天投入的孩子照料时间增加，将直接减少工作时间，甚至造成工作中断。而对于独生子女而言，父母只有一个孩子，不会也不可能将原本可以提供给独生女儿的照料支持分割给其他子女，因此可以将作为独生女儿的城镇女性从白天需要照料孩子的家庭负担中解放出来，从而可以保障城镇女性继续就业，减轻其生育对就业带来的不利影响。

孩子 3 岁前白天主要由城镇女性照料时，可显著提高生育冲击工作的概率，该发现与 BAILEY（2006）、蒋永萍和杨慧（2013）、马莉和郑真真（2015）、杨慧等（2016）等以往研究结论非常一致。在 3 岁以下孩子公共托幼服务严重不足、双方父母也无法提供照料支持的情况下，社会性别理论认为城镇女性受"男主外，女主内"传统观念及家庭经济效益最大化的影响，对嗷嗷待哺婴幼儿的照料责任一般只能由城镇女性承担。性别刻板印象和性别分化心理对女性个人和社会发展都造成了诸多不利影响①，城镇女性在同一时间既需要工作又需要照料孩子的情况下，角色冲突必然异常严重，城镇女性在难以承受的情况下，只能舍弃工作、回归家庭、专职照料孩子，这种情况在很多访谈对象中都有体现。

访谈对象 BCMZO 对课题组负责人说：

> 我生完孩子、快休完产假时，我婆婆颈椎病犯了，抱不了孩子。我妈从颈椎到尾椎没有一截儿是好的，说白了她的岁数比我公公婆婆岁数大，而且那时候我父亲也是有病在家，两边老人都不给力，那时候我就特别发愁、心情可低落了。要回去复职了但孩子没人带，我只好跟管复职的人事说，"我家里有个特殊情况，就是我们跟公公婆婆一起住，我婆婆现在不巧生病了，颈椎不好，抱不了孩子，咱是普通家庭，家里也没地儿（指居住面积较小），我跟我孩子挤一个窝儿，我们家那口子自己一个窝儿，完了公公婆婆一个窝儿，根本没有保姆的地儿，也不可能请个保姆帮忙照顾孩子"。我当时就给单位说"能不能我先接着请请假？等我婆婆颈椎好了、能抱孩子了，我马上来上班？"人家（管）人事的不同意，弄得我只能把这个工作辞掉。辞完以后我好几年没上班。

表 4-2 显示，即使城镇就业女性白天照料 3—17 岁的孩子，依然会对平衡

---

① 王金玲. 论社会性别心理的重构与改建 [J]. 华中科技大学学报（社会科学版），2012（1）：79-85.

生育就业有保护作用。这主要是 3—6 岁学龄前儿童在工作日可以送到幼儿园，城镇女性在主要负责接送及其他相关生活照料时，接送时间和其他生活照料时间一般不会与工作时间冲突，因此不会对工作产生不利影响。此外，中小学生到校时间远远早于家长工作时间，城镇就业女性在送完 6—17 岁孩子上学后再去上班，不但不会迟到，甚至还会早于上班时间到达工作场所。即使在考虑小学低年级孩子放学时间偏早问题后，城镇就业女性一般会请父母公婆或其他亲戚帮忙接孩子，或把孩子放到托管中心或"小饭桌"等，下班后再接孩子一起回家。这种情况不但不会带来不利影响，而且会对平衡生育就业产生保护作用。

三、相关数据对组织环境对平衡生育与就业保护作用的印证

为了确保研究发现的稳健性，课题组还使用了 2017 年妇女生育与就业状况调查数据进行互相印证。2017 年妇女生育与就业状况调查共完成城乡 20—45 岁女性 1800 份调查问卷，城镇女性有效问卷 1340 份。其中接受过高等教育的城镇女性占 67.98%，独生子女的比例为 41.04%，80.11% 城镇女性有孩子（见表 4-3）。

表 4-3　2017 年妇女生育与就业状况调查的城镇女性基本特征

变量	比例（%）	变量	比例（%）
受教育程度		**就业情况**	
初中及以下	12.47	有工作	92.91
高中/中专	19.55	退休/失业/在校	4.18
大学专科	31.34	料理家务作	2.91
本科及以上	36.64	**单位所有制**	
独生子女情况		党政机关、事业单位	10.55

续表

变量	比例（%）	变量	比例（%）
独生子女	41.04	国有和集体企业	22.55
非独生子女	58.96	外资企业、私营企业、个体工商户	66.90
目前孩子数量		**在单位中的位置**	
没有孩子	19.89	单位负责人／高层管理人员	3.45
1个孩子	69.92	中层管理人员	8.55
2个孩子	10.11	基础管理人员	12.00
3个孩子	0.08	普通职工职员及其他	76.00

在就业方面，调查时处于就业状态的城镇女性占92.91%，其中在党政机关、事业单位、国有及集体企业就业的城镇女性占33.10%，在非公经济组织就业的占66.90%，在单位中处于中高层领导位置的城镇女性占12.00%。与本课题专项调查相关数据对比可见，两次调查中接受过高等教育的城镇女性比例均在60%以上，有孩子的比例仅相差1.5个百分点，有工作或正在找工作的比例仅差2.31个百分点，处于中高层领导位置的比例差2.89个百分点。此外，虽然两次调查中对单位类型和所有制的分类不完全一致，但仍然可以看出城镇女性在外资企业、私营企业、个体工商户就业比例都在2/3以上。由此可见，两套调查数据一致性较强，调查质量也均较高。同时两次调查的城镇女性都是普遍具有丰富人力资源、就业率很高并有一定婴幼儿照料负担的群体。

在2017年妇女生育与就业状况调查数据中，可以筛选出来自北京、山东、湖北、山西、云南、甘肃6省已生育一个孩子的20—45岁城镇就业女性766人。将2017年妇女生育与就业状况调查结果与本课题中"调整完善生育政策对城镇女性就业影响调查"结果对比发现，虽然两次调查的时间和范围各有侧重，所用指标略有差异，但将研究对象同时锁定在20—45岁已生育一个孩子的城镇女性时，生育对就业的影响结果非常接近，再次表明这两个调查的结果的一致性较高、可信度较强。

（一）　描述性分析结果

一方面，2017 年妇女生育与就业状况调查数据显示，城镇女性在调查前同时遭遇 1 种或多种性别歧视的比例为 37.69%，其中有一个孩子的城镇女性遭遇过男女同工不同酬的比例占 29.45%（见图 4-1），低于本课题专项调查中因生育而减少收入的 36.40%。因性别而不被录用和提拔的占 20.91%，略低于本课题专项调查中因生育而影响提拔晋升的 23.84%。因结婚/怀孕/生育而被解雇的比例占 12.13%，与本课题专项调查中因生育而辞职辞退的12.74% 相差不到 1 个百分点。另一方面，访谈资料显示，即使是城镇女性"主动"辞职，实际上也是用人单位为了避免在女职工怀孕、产假及哺乳期间辞退女职工而受到惩罚，经常会想方设法逼迫女职工自动辞职，在这种情况下辞职辞退与被解雇几乎可以等同（当然也有一小部分城镇女性因个人或家庭原因辞职）。虽然在生育和就业问题上，这两次调查所用指标及调查结果并不完全一致，但是两次调查中因生育而造成的辞职辞退所用指标与结果则非常接近，再次表明生育确实对部分城镇女性就业产生了不利影响。

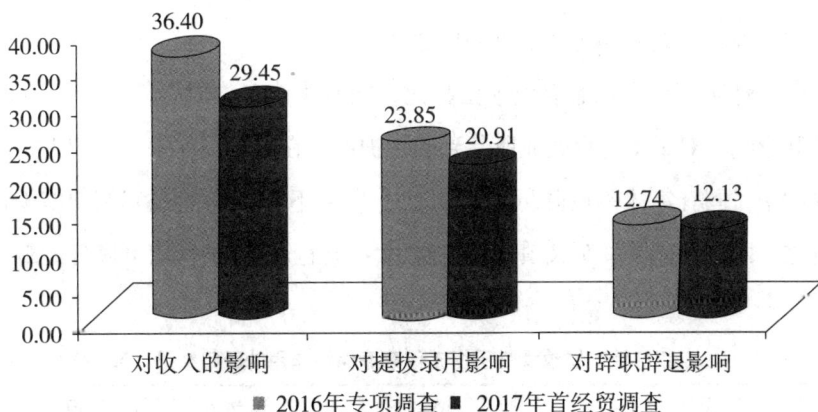

图 4-1　两次调查的部分对比结果（%）

注：2016 年专项调查指"调整完善生育政策对城镇女性就业的影响调查"，2017 年首经贸调查指"2017 年妇女生育与就业状况调查"。

（二） 二元 Logistic 回归结果

为了进一步验证使用本课题研究专项调查数据得出的回归结果，课题组还运用相同回归方法，对 2017 年妇女生育与就业状况调查数据中反映组织特征、人口学特征、家庭特征的相关变量进行必要的数据类型转换后，分别将反映组织特征的国有集体单位和非国有企业作为主要自变量纳入模型，将反映人口学特征的是否接受过高等教育、是否非农业户口和是否中高层管理者，以及将反映家庭特征的是否独生子女和孩子 6 岁以前白天是否由城镇女性照顾作为控制变量，纳入二元 Logistic 回归模型进行分析。

表 4-4 回归模型结果显示，在模型中仅纳入主要自变量情况下，模型的解释力为 2.97%，随着人口学特征变量和家庭特征变量的逐步纳入，模型的解释力分别提高到 5.56% 和 8.50%。

在参考本课题专项调查数据模型和理论框架时，使用 2017 年妇女生育与就业状况调查数据进行模型分析，虽然能够纳入模型的主要自变量和控制变量相对较少，但是随着变量增加，不但模型的解释力能够不断提高，而且在控制了其他变量后，组织环境的保护作用也非常显著，既验证了研究假设 1，也检验了专项调查数据研究结果的稳健性。

与个体工商户及其他组织单位相比，国有集体单位对降低生育给就业带来不利影响、对平衡生育就业所起到的保护作用在 $P < 0.05$ 水平下显著。在 3 个模型中，国有集体单位降低生育对就业带来不利影响的概率为 50% 以上，换言之，国有集体单位对城镇女性平衡生育与就业的保护作用可显著提高。

表 4-4　组织环境对城镇女性平衡工作家庭保护作用的回归结果 （N = 1285）

主要自变量	模型 1		模型 2		模型 3	
	S. E,	Exp（B）	S. E,	Exp（B）	S. E,	Exp（B）
国有集体单位（0 = 个体工商户及其他）	0.252	0.409 ***	0.269	0.499 *	0.273	0.478 **

续表

	模型 1		模型 2		模型 3	
非国有企业（0 = 个体工商户及其他）	0.243	0.487 **	0.251	0.532 *	0.254	0.511 **
人口特征						
接受高等教育（0 = 否）			0.207	0.715	0.218	0.722
非农业户口（0 = 否）			0.220	0.640 *	0.223	0.611 *
中高层管理者（0 = 否）			0.264	0.610^	0.269	0.566 *
家庭特征						
独生子女（0 = 否）					0.195	0.826
孩子 6 岁前白天由本人照料（0 = 其他）					0.246	2.383 ***
常量	0.604	1.114	0.277	1.930	0.279	1.954 *
Nagelkerke R^2	0.0297		0.0556		0.0850	

注：^表示 $P < 0.1$，＊表示 $P < 0.05$，＊＊表示 $P < 0.01$，＊＊＊表示 $P < 0.001$。

从非国有企业对城镇女性平衡生育就业的保护作用看，2017 年妇女生育与就业状况调查数据的回归结果，比本课题专项调查数据的回归结果更加显著。无论是在仅纳入主要自变量的模型 1，还是在纳入反映人口特征变量、家庭特征变量的模型 2 和模型 3 中，非国有企业对城镇女性平衡生育就业的保护作用均在 $P < 0.05$ 水平下显著。

在反映人口学特征的 3 个自变量中，与农业户口和普通职工及基层管理人员相比，非农业户口和中高层管理者身份，可显著提高对城镇女性平衡生育与就业的保护作用，提高概率分别为 36%—44%，该发现也与本课题的专项调查数据回归结果具有一致性。

在反映家庭特征的自变量中，在孩子 6 岁以前，无论是由托幼机构照料半天、由城镇女性照顾半天，还是白天全部由城镇女性照顾，都会对城镇女性就业产生显著的不利影响。与孩子白天主要由其他家人或机构照料相比，城镇女性承担半天或全天照料孩子责任时，会将生育对就业的不利影响提高

1.38 倍，略低于专项调查结果。

此外，对于 2017 年妇女生育与就业状况调查数据回归结果中，接受高等教育以及独生子女身份虽然可提高对城镇女性平衡生育与就业的保护作用，但其原因，还有待进一步研究。

四、主要结论与研究讨论

（一） 主要结论

对专项调查数据进行描述性分析发现，在党政机关、事业单位及国有企业就业的城镇女性，反映生育对就业没有产生不利影响的比例接近 2/3（64.73%），另有 6 成在外资企业就业的城镇女性，也反映生育对就业没有不利影响（60.20%）。就业身份、提拔晋升经历以及在单位中所处的位置，对城镇女性就业的影响具有显著性差异。

回归分析发现，在组织环境层面，与集体、个体及其他组织单位相比，国有单位或有职业培训机会的单位，以及一把手是女性的私营企业，对城镇女性平衡生育就业具有显著的保护性作用。一把手性别对城镇女性平衡生育就业有保护作用但不稳定。在个体特征层面，中高层管理者身份对平衡生育就业保护作用的概率可提高 63%。城镇女性年龄越大，接受过高等教育、有非农业户口的城镇女性，对平衡生育就业具有的保护作用越大。在家庭特征层面，虽然独生子女身份或在白天照料 3—17 岁孩子，对城镇妇女平衡生育就业具有保护作用，但是孩子 3 岁前白天主要由城镇女性照料时，可显著提高生育冲击工作的概率，给就业带来不利影响。

虽然在生育和就业问题上，调整完善生育政策对城镇女性就业的影响和 2017 年妇女生育与就业状况调查所用指标及调查结果并不完全一致，但是两次调查中因生育而造成的辞职辞退所用指标与结果则非常接近，表明生育对城镇女性就业的不利影响确实普遍存在。2017 年妇女生育与就业状况调查数据的回归结果显示，国有单位对城镇女性平衡生育与就业的保护作用可显著提高，城镇女性承担半天或全天照料孩子责任时，会将生育对就业的不利影响提高 1.38 倍。总之，描述性分析和回归结果都发现，组织环境中党政机关、事业单位及国有企业对保护城镇女性平衡生育就业具有显著性作用，一把手是女性的私营企业也会显著提高对城镇女性平衡生育就业的保护作用。

（二）研究讨论

用人单位负责人的社会性别意识对城镇女性平衡生育就业有保护作用。社会性别意识虽非生而有之，但可以通过培训逐步提升。加大对各类用人单位负责人培训力度，让更多用人单位在认识到女性工作价值的同时，也认识到生育不是女性问题，而是女性为社会、为国家孕育并培养新的人力资本、实现人口可持续发展所做出的重要贡献，将有助于促进城镇女性就业，由此产生的生育成本，既需要全社会共同承担，也是用人单位责无旁贷的责任。

在国家、省市县各级层面，建立导向明确的促进城镇女性平衡生育就业奖惩机制。对肯定女性工作价值、为女性平衡生育就业创造条件的典型用人单位进行表彰奖励。对阻碍城镇女性平衡生育就业的用人单位，首先对其进行批评教育，对于拒不改正的用人单位，纳入黑名单在主流媒体公布于众，同时依法对其进行处罚。将处罚所得建立促进女性平衡生育就业的公共基金，一方面为雇佣女性比例超过 40% 的用人单位提供生育补偿，另一方面对保障城镇女性平衡生育就业效果显著的用人单位进行表彰奖励，以此引导在全社会形成尊重平衡生育就业城镇女性的社会风气。

第五章　城镇女性二孩生育与就业的内在关系研究①

调整完善生育政策是我国一项重大举措，对于促进人口长期均衡发展具有积极意义。女性既是生育主体，又是重要的人力资源，生育和就业作为女性生命历程中的重要事件，在缺乏必要社会支持条件下，女性生育和就业很容易因时间冲突而难以协调兼顾。本章利用专项调查数据，在对样本基本情况进行描述的基础上，从生育与就业的简单相关关系入手，利用生育与就业典型相关分析方法，研究生育与就业的内在关系。

一、样本基本特征

为了研究二孩生育与就业的内在关系，课题组专门从数据库中筛选出同时满足以下三个条件的研究对象：一是调查时正在就业，二是已经生育 1 个孩子，三是没有再次怀孕的城镇女性，此次专项调查中同时符合上述三个条件的城镇女性被访者共有 1283 人，形成研究城镇女性二孩生育与就业的内在关

---

　　① 本章主要研究内容作为课题阶段性研究成果首发于《中华女子学院学报》2017 年第 3 期，课题负责人为第一作者，引用标注为：杨慧，白黎．城镇女性二孩生育与就业典型相关分析［J］．中华女子学院学报，2017（3）：6 – 13。

系的子数据库（以下简称子数据库）。本研究报告将重点使用城镇女性被访者个人基本信息、生育与就业的相互影响两部分数据，对二孩生育意愿与就业之间的相互关系进行深入探讨。

（一）子数据库人口学特征

子数据库包含的城镇女性平均年龄为 33.44 岁，从年龄分布看，30—39 岁的城镇女性所占比例最大。从被访者兄弟姐妹数量看，独生子女占 54.48%。从受教育程度看，大部分被访者受教育程度较高，6 成以上接受过高等教育。这些数据表明，大部分研究对象是人力资源丰富的青年女性。在城镇女性职业发展过程方面，有 26.26% 的人有过提拔/晋升经历，另有 33.51% 的人曾因怀孕、生育、照顾孩子等原因而中断过工作。城镇女性个人基本特征见表 5-1。

表 5-1　一孩城镇职业女性的基本特征（N = 1283）

变量	比例（%）	变量	比例（%）
年龄分布		**职业发展情况**	
20-29 岁	26.81	有提拔/晋升经历	26.26
30-39 岁	56.90	有工作中断经历	33.51
40-44 岁	16.29	**生育对就业的影响**	
受教育程度		因生育减少收入	36.40
初中及以下	10.05	因生育减少培训机会	20.97
高中/中专	26.42	因生育减少提拔晋升机会	23.85
大专及以上	30.01	因生育而降低职位	10.13
本科及以上	33.52	因生育而辞职或辞退	9.51
兄弟姐妹情况		**就业对生育的影响**	
独生子女	54.48	为了工作而延迟二孩生育时间	22.98
非独生子女	45.52	为了工作而不能/不想要二孩	18.70

（二）生育与就业交互分析

在生育对就业的影响方面，虽然大部分（54.55%）城镇女性反映生育并没有对就业带来不利影响，但是仍然有45.45%的城镇女性反映生育对就业产生了不利影响。其中，有36.40%的城镇女性反映生育使自己减少了收入，分别有20.97%和23.85%的城镇女性反映生育减少了自己的培训、提拔晋升机会；因生育而辞职或被辞退的城镇女性占12.74%，另有部分城镇女性因生育被降低工作职位（见表5-2）。换言之，超过1/3的城镇女性反映生育减少了个人收入、1/5以上的城镇女性因生育减少职业发展机会，近1/8的城镇女性因生育而失去工作。总体而言，生育对城镇女性就业带来了一定程度的负面影响。

表5-2　城镇女性一孩生育对就业各维度影响的描述性分析结果（%）

	减少收入	减少培训机会	影响提拔晋升	降低工作职位	辞职辞退	就业合计
怀孕	20.26	15.69	17.46	5.51	10.35	**33.05**
分娩	30.19	13.83	17.98	5.59	8.12	**38.30**
育婴	15.45	8.54	10.64	4.39	5.35	**21.82**
生育总体	**36.40**	**20.97**	**23.85**	**8.06**	**12.74**	**45.45**

注：由于生育各环节即怀孕、分娩、育婴对就业各维度的影响有交叉，因此包含怀孕、分娩、育婴的生育合计对就业各维度及就业合计的影响不能进行简单加总。

此外，在就业对生育的影响方面，有31.28%的城镇女性因就业而对二孩生育时间和生育意愿产生不利影响。其中，有22.98%城镇女性反映为了工作而延迟二孩生育时间，另外，为了工作而不想要或不能要二孩的占18.70%，即在每5个城镇女性中，就有1个因工作而延迟要二孩；在每6个城镇女性中，就有1个因工作而不能或不想要二孩，即就业对二孩生育具有一定的抑制作用。

二、生育与就业简单相关分析

由表 5 - 1 单变量分析可见，无论是生育对就业带来负面影响，还是就业对生育二孩的抑制作用，都可以理解为生育二孩与就业相互之间存在负向影响。那么，因就业而影响生育的两个指标与因生育而影响就业的 5 个指标之间是否存在显著的相关关系呢？

由表 5 - 3 可见，在因工作而影响二孩生育的两个指标中，为了工作而延迟二孩生育时间与就业的前 3 个指标之间（因生育减少个人收入、因生育减少职业培训机会、因生育减少提拔晋升机会），在 P < 0.01 水平上显著相关。其中，相关程度最大的是因生育减少提拔晋升机会，即城镇职业女性延迟二孩生育时间的原因，与担心提拔晋升机会受到影响关系最为密切。为了工作而延迟生育二孩、为了工作而不能或不想要二孩的正相关关系，验证了第二个研究假设，即在全面二孩政策与就业性别歧视加剧的当今社会，部分城镇女性为了保住工作而减少生育。

表 5 - 3　生育二孩与就业各指标的相关系数

	减少收入	减少培训机会	影响提拔晋升	降低工作职位	辞职辞退
为了工作而延迟生育二孩	0.072 **	0.136 **	0.142 **	0.028	0.002
为了工作而不能或不想要二孩	0.164 **	0.191 **	0.200 **	0.105 **	0.071 *

注：** 表示在 0.01 水平（双侧）上显著相关，* 表示在 0.05 水平（双侧）上显著相关。

（一）因工作而影响生育二孩的相关因素分析

城镇女性所在就业单位性质不同，因为工作而延迟生育二孩的主要原因也各不相同。与在私营企业等非国有单位就业的城镇女性相比，在国有单位就业的城镇女性更多是担心由于生育错失提拔晋升机会而不要二孩或延迟二孩生育时间；而在私营企业等非国有单位就业的城镇女性，更多是担心收入减少甚至失去工作而不要二孩或延迟二孩生育时间。表5-4显示，在国有单位就业的城镇女性中，因生育而影响提拔晋升的比例最高，达到24.55%，该比例甚至超过生育对在非国有单位就业的女性影响。而在私营企业等非国有单位就业的城镇女性中，因生育而减少收入的比例高达40.73%，在生育对就业的各项影响因素中比例最高。

表5-4　分单位类型的城镇女性生育对就业的影响（%）

	减少收入	减少培训机会	影响提拔晋升	降低工作职位	辞职辞退
国有单位	23.94	0.20	24.55	9.39	3.94
非国有单位	40.73	0.21	23.66	10.47	11.41
X^2 检验	0.000	0.330	0.400	0.330	0.000

1. 担心错失培训晋升机会而延迟生育二孩时间

公共托幼服务短缺，保姆价格昂贵，加之用人单位基于生育的性别歧视，使得很多城镇女性不是延迟一孩生育时间，就是不敢生育二孩。在北京召开的座谈会上，HZLLO 介绍了城镇女性因就业而延迟生育的案例，"我有一个兵团战友，他女儿在国有银行工作，结婚时就已经30（岁）了，由于工作压力大、怕影响升职，结婚好几年都不敢要孩子。直到今年晋升到位后，才敢怀孕、要孩子。"[1]

在对城镇女性个人访谈资料进行梳理研读时发现，以下三个访谈资料能很好地证明城镇女性因担心错失提拔晋升机会而延迟生育二孩时间的这一研究发现。长春某高校教师 CDTSZ 在接受访谈时表示：

---

[1]　杨慧. 如何促进城镇妇女生育就业协调兼顾［N］. 中国人口报, 2016-06-03（03）.

在岗前培训时，人事处处长就告诉我们："你们刚入职的年轻女老师不要太着急生孩子，因为你一生孩子就要休产假，这样可能会影响你适应学校的状态；要尽量推迟生育，把更多精力投入到工作当中"。入职之后感觉自己压力特别大，因为我们刚进行了院校合并，需要提升师资水平，学校也鼓励老师去考博。在我考上博士之后发现压力更大了，虽然我想要二胎，但是生孩子这个事情要往后再推迟一些。我要生两个孩子起码中间得间隔一年，我现在30（岁），明年博士毕业，（如果）我32（岁）生第一胎，要第二胎也都34（岁）了。

众所周知，考博并获取博士学位已成为很多事业单位职工职务提拔、职称晋升的硬指标，CDTSZ 因此而延迟生育无疑是很多职场女性的缩影。由此可见，角色冲突不但影响普通女性职业发展，还会影响工作时间相对灵活的大学女教师的职业发展[1][2]。

34 岁的 CDTWZ 也表示：

我们新成立了一个部门，我从原来的部门调到新部门时，领导说"因为我们是新部门，咱们大家共同努力把部门创建好。你们还年轻，现在得把事业干好，然后再考虑要孩子"。跟我一批到单位的同事（不涉及提拔晋升问题），很多都有孩子了，从去年开始有的都已经开始准备要二胎了。（我也）从去年开始特别想要孩子，当发现自己处于亚健康状态、小毛病越来越多时，就着急了。但是，现在大家常说中国最不缺的就是人，你不干的话别人可以做，有人做你就被边缘化了。尤其单位现在都要搞末位淘汰机制，如果你几年没有完成工作，单位可能就会启动辞退机制。

一般而言，与成熟稳定的部门相比，新部门的提拔晋升机会相对较多，也更需要职工为了部门和个人发展付出更多代价。CDTWZ 由于领导要求与末

---

① 季铭婧. 研究型大学女教师职业发展探析 [D]. 浙江大学, 2014.
② 汪善. 研究型高校女海归教师的学术职业发展研究 [D]. 华东师范大学, 2014.

位淘汰制的影响而延迟要孩子的情况，反映了很多女性在职业发展方面的无奈。

如果说 CDTSZ 和 CDTWZ 两位城镇女性是在单位领导要求下推迟生育，那么，CDTZO 则是迫于职业发展、为了先在单位站位脚跟而主动推迟生育。33 岁的 CDTZO 在接受访谈时表示：

> 像我有卵巢囊肿，在我二十六七岁的时候去看过（医生），当时医生就建议我说"要早点生孩子，卵巢囊肿这个问题越拖越严重，要早要孩子才能解决问题"。但是当时我因为工作不稳定，确实没有精力顾这一方面。后来换了工作，因为到新的工作单位后，你得有点成绩、让领导认可你，然后你才好去要孩子。等我在单位有一席之地后，想要孩子时，付出了好多努力、做了半年治疗才怀上宝宝。

不难发现，在工作过程中，女性需要比男性付出更努力、取得更大成绩，才能获得领导的认可与赏识。因而，越来越多的自强自立的女性，为了实现职业发展、获得提拔晋升机会和社会认可而延迟生育。

"担心培训机会减少"是部分城镇女性延迟生育二孩的紧随其后的原因。2015 年国务院妇儿工委"生育政策调整完善与妇女就业"项目调研发现，在有孩子的城镇女性中，有 42.30% 的认为生育对职业发展带来诸多不利影响。其中，反映生育减少了职业培训/晋升机会的比例高达 67.67%。26 岁的 CSQHO 在接受访谈时表示：

> 我在商场的工作是卖衣服，我卖衣服也卖得挺好的，商场有给顾客如何介绍服装的免费培训，如果我参加培训，再提升提升，可能当个店长之类的。但由于我当时怀孕了，家人觉得小孩重要，我就没有去参加培训。现在觉得错过这个机会还是比较可惜的。从怀孕两三个月辞职到孩子一岁半上幼儿园前都是我在家带孩子，在孩子一岁半后我再去商场找工作，招聘方担心我孩子小不愿录用我。因为这个孩子使我错过了很多工作机会，也失去了一些挣钱机会。

CSQHO 的经历不但反映了访谈对象本人及其家人"以孩子为重""宁可为孩子放弃大人发展"的传统观念，而且很好地诠释了城镇女性生育对培训晋升的阻碍，生动地验证了何谦①、黄黎明等②、前程无忧招聘网站③等相关调查研究结论。

2. 担心减少收入而延迟生育二孩

个人收入与岗位密切相关，伴随城镇女性因生育而减少培训晋升机会、岗位变差，个人收入也随之减少。专项调查发现，高达 36.4% 的城镇女性反映，生育使自己的个人收入减少。究其原因，既与部分用人单位故意压低生育保险费缴纳额度有关，更与部分用人单位辞退怀孕女职工有关。

在课题组的访谈资料中，以下两个访谈案例印证了表 4 - 3 的相关分析结果。35 岁的 CDTYZ 在接受访谈时表示："我们有个女同事坐月子到快满月时，单位人事处给她打电话说开学了，我们单位是一个萝卜一个坑，虽然从法定的角度说你可以休产假，但是我们得招人，等你休完产假回来的话可能要上图书馆。当时我们当辅导员每个月的收入是 2400 块钱，而看图书馆（图书馆管理员）是 800 块钱，我们同事马上就选择回来了。"对于连产假时间与产假期间的收入（生育津贴）都没有保障的城镇女性，很难再选择生育二孩。CD-TYZ 本人先是为了工作推迟生育时间，之后又因怀孕期间工作过于劳累等多方面原因，导致孩子在生产中（住院分娩过程中）死亡，直到接受访谈时仍然没有再生育孩子。

CDTZO 在访谈时介绍了她朋友因生育而影响个人收入和社会保障的经历："我有一个朋友在私营企业上班。她怀孕期间一直都在上班，一直没耽误工

---

①　何谦. 职业生涯中断对女性雇员的影响——一个文献的综述［J］. 中国劳动关系学院学报，2007（3）：88 - 92.

②　黄黎明等. "全面二孩"政策下对职业女性的就业保障研究［J］. 中国市场，2017（4）：191 + 196.

③　前程无忧发布在职白领"单独二孩"调查. 新浪网，［2014 - 05 - 30 -］. http：//finance. sina. com. cn/stock/usstock/mtszx/20140530/120019279075. shtml.

作，她是到最后生孩子那一周才请假的，生孩子期间她单位竟然不给她交保险、也不发产假工资。我说'这不符合法律规定，你可以告单位'。我朋友说'我怎么告？我还打不打算在这混了？我还能告人家?!'我朋友因为有这样的顾虑，所以就默默承受着这样不平等的对待，我当时都为她感到不公。"部分在私营企业或个体工商户就业的城镇女性，以及自雇职业的城镇女性，往往在生育期间得不到任何收入，特别是在家庭经济状况较差的情况下，一般不敢再生育二孩。由此可见，如果能够按照王廷勇和陆玲①提出的建议，建立女性产假补贴机制，减轻女职工产假期间用人单位支付生育津贴以及雇佣岗位替补人员带来的生育成本负担，生育对城镇女性个人收入将随之减小，城镇女性二孩生育意愿也可能随之增强。

（二）因工作而不要二孩的相关因素分析

为了工作而不要二孩与就业各个变量间的相关系数，虽然与为了工作而延迟生育二孩时间在总体上具有一致性，但是仍然在两个方面具有不同之处：一是为了工作而不要二孩与反映就业各指标的相关程度，均明显高于为了工作而延迟生育二孩的相关程度。表 5 – 3 显示，在为了工作而不要二孩的城镇女性中，与因生育而减少提拔晋升机会的相关程度最高，与因生育而减少培训机会的相关程度次之，与因生育而减少个人收入的相关程度位居第三，相关程度分别是"为了工作而延迟生育二孩"相关系数的 1.41、1.41 和 2.28 倍。二是为了工作而不要二孩与因生育而降低职位、辞职或被辞退的相关关系在 P < 0.05 水平上显著。

部分城镇女性为了工作不能要二孩，属于不要二孩的客观原因，因为即使这些城镇女性个人主观上想要二孩，也会由于客观条件所迫，不能生育二孩。而为了工作不想要二孩，则属于不要二孩的主观原因，在这些城镇女性中，将

---

① 王廷勇，陆玲．生育政策调整的战略思路［J］．中国管理信息化，2017，（02）：192 – 193.

工作与生育二孩的优先程度进行权衡时，她们往往表现出工作的优先程度、重要程度大于生育二孩，个人主观上以工作为重，主动放弃二孩生育机会。

1. 为了工作客观上不能要二孩

在缺乏公共托幼服务、无人帮忙带孩子的情况下，职业妇女往往为了保住工作而不敢要孩子。国务院妇儿工委"生育政策调整完善与妇女就业"项目调查数据显示，有19.80%的城镇女性因为"怕影响工作""没人/没机构照顾孩子"而不能生二孩。具体而言，在国有单位就业的城镇女性，很多是为了职业发展而不能生育二孩；在非国有单位就业的城镇女性，很多是在用人单位不愿承担二孩生育成本的情况下，为了保住工作而不愿生育二孩。在不愿生育二孩的城镇女性中，有60.7%是出于孩子无人照料而放弃生育。[①]

在单独二孩政策实施阶段，湖北某事业单位实行两年一度的选岗，在这家单位已任职8年的胡女士反映：

> 我们所在的部门有六名女性员工，都已经当了妈妈。选岗时几乎每位女员工都被部门领导单个询问："是否符合单独二孩政策？什么时候准备要第二个孩子？"我是独生女，今年35岁，我孩子刚上小学。因为我所在的部门工作强度比较大，薪水也较高，我当时是拍着胸脯承诺，三年之内不会要第二个孩子，领导才让我继续留在这个部门的。[②]

虽然很多单位在劳动合同上并没有明确限制女职工生育，但是普遍存在禁止女职工生育的口头约定，女职工一旦"违约"，就会被用人单位以各种理由或手段辞退。2016年，某市妇联通过"12338"服务热线了解到，部分城镇

---

① 全国妇联. 关于大力发展三岁以下托幼事业让"二孩"生得起养得好的建议. 全国妇联提交给全国政协十二届五次大会的提案.

② 丁瘿. 28 岁女性求职遭拒 仅因符合单独二孩政策［DB/OL］. 长江网, 2014 - 3 - 17, http: //news. cjn. cn/sywh/ 201403/t2443525. htm

女性因生育二孩，其所在单位不但不落实其应有的生育待遇，甚至还逼其辞职。① 很多职业女性为了职业发展甚至仅仅是为了保住工作而放弃二孩生育意愿。

33 岁的外企总裁助理 BBMCO 在接受访谈时还表示：

> 我休完产假要上班的时候，我婆婆不愿意过来给我看孩子，我父母又是那种比较轴的，认为婆婆都不给你看（孩子），为什么要我们去帮你带?! 其实我父母是在较劲，我个人认为我曾经有一段时间都为此轻度抑郁了。当时觉得特别难，有时候坐在那儿眼泪就下来了，特别难受，因为我觉得我生了他不能给他很好的照顾，然后我还要拖累这么多人，这是一个非常切身的体会。于是我就开始找托儿所，在网上找、在社区找，我到处去找都没有找到，我觉得现在如果把这个机构（托儿所）设立起来的话，会对于像我们这类人来讲是一个非常非常非常好的帮助。如果近两年真建起来了，我会抓紧再生一个。

由 BBMCO 的经历可见，尽管有些用人单位不会辞退生育二孩的女职工，但是很多女职工为了工作，因即将面临的二孩生育后无人照料问题对生育二孩望而却步。

2. 为了工作主观上不想要二孩

与以往相比，女性在生育和自身职业规划方面，越来越倾向于选择后者；与非全日制就业女性相比，全日制就业女性的生育二胎意愿更低。② 即女性自身事业发展面临的压力，业已成为很多符合生育政策的家庭不生育二孩的重要原因之一③。42 岁的 BDRYO 表示：

---

① 姚鹏. 约谈. 向就业性别歧视"亮剑"［N］. 中国妇女报，2017 – 05 – 24（B1）.
② 王玥，王丹，张文晓. 亚洲女性收入对生育率影响的国际比较研究——基于劳动参与率、受教育程度、就业方式的视角［J］. 西北人口，2016（2）：107 – 113.
③ 彭希哲. 实现全面两孩政策目标需要整体性的配套［J］. 探索，2016（1）：71 – 74 + 2.

我在今年二月份做巧囊手术后，医生说"巧囊术后很容易复发，你现在各项指标都很正常，可以再生个二胎，如果半年内怀孕的话，就能避免巧囊复发；如果不怀孕的话，就得打醋酸亮丙瑞林缓释微球闭经。醋酸亮丙瑞林缓释微球属于自费药，要打 3 针，一针差不多 2000 块钱"。我当时觉得工作这么忙，集体的大课题（国家社科基金重大项目）还有我个人的国家社科基金项目都要做，根本没有时间生孩子，就明确告诉医生，"我还是打针吧，我没有时间再生一个孩子，也没时间再带孩子"。当时医生还觉得挺可惜的，说"很多人想生孩子生不出来，你身体条件这么好，却为了工作不生！"

接受访谈的二孩妈妈 BBOYT 表示"我的同学、朋友好多也符合政策，为什么不生，就是没人带孩子，确实就是没人带孩子，怕影响工作，而且对工作方面的影响，我觉得确实还是蛮大的。"YFZLO 表示："从孩子出生到现在，我基本没有时间带她，都是交给家里的老人帮忙照顾，更别提生二胎了，想都不敢去想，生个孩子前前后后至少耽误两年，我觉得自己接受不了这么大的代价，周围的同事也几乎没几个有魄力生二胎的"①。YFWWX 也表示："对于我这样一个经历了各种考试、各种培训，一直努力拼搏的女性医务工作者，放弃上进、放弃理想、放弃蒸蒸日上的事业去生二孩，我很难说服自己"②。

以上访谈资料表明，在社会支持不足的情况下，女性在平衡工作家庭方面的形势具有严峻性，为了就业而减少二孩生育方面也具有普遍性。

三、生育与就业典型相关分析

本研究报告分别从生育与就业的典型相关系数、生育与就业典型相关方程以及生育与就业典型冗余分析三个层面，对生育与就业进行典型相关分析。

---

① 朱颖．女性医务工作者角色冲突问题研究［D］．吉林大学，2018：95.
② 朱颖．女性医务工作者角色冲突问题研究［D］．吉林大学，2018：100.

（一） 典型相关系数

由表 5－5 可见，第 1 个典型相关系数为 0.238，其中，第一个特征根所占比例达到 92.892%，即第一个特征根已占总量的近 93%。第 2 个特征根所占比例为 7.108%，其典型相关系数也很小（0.0677）。可见，反映就业的 5 个变量与反映生育的 2 个变量之间的关系，92% 以上可以由第一个典型相关系数反映。当然，要确定典型变量相关性的显著程度，尚需进行相关系数的假设检验。

表 5－5 生育二孩与就业指标的典型相关系数

Root No.	Eigenvalue	Pct.	Cum. Pct.	Canon Cor.	Sq. Cor
1	0.0602	92.892	92.892	0.238	0.057
2	0.0046	7.108	100.000	0.0677	0.005

由表 5－6 可见，第一对典型变量通过了假设检验（P＝0.000），表明第一对典型变量之间相关关系显著。与此同时，由于第二对典型变量没有通过显著性检验（P＝0.213），因此本研究只有一对统计显著的典型变量，即应该只关注第一个典型相关系数。

表 5－6 生育二孩与就业指标的典型相关系数

Root	Wilks L.	F	Hypoth. DF	Error DF	Sig. of F
1 TO 2	0.939	13.756	8.105	2532.000	0.000
2 TO 2	0.995	0.199	1.458	1267.000	0.213

（二） 典型相关方程

由典型相关方程可知，典型变量 U_1 与减少提拔晋升机会（PROMOT）、减少个人收入（INCOME）、减少培训机会（TRAIN）、辞职辞退（DCZCT）有密切的负相关关系，相关系数的绝对值由大到小分别为 -0.572、-0.363、-0.297 和 -0.058，与降低工作职位呈正相关。典型变量 V_1 与为了工作而不要二孩（D5BCX）的负相关关系（$\beta = -0.822$）更为密切，详见典型相关方程。

$$U_1 = -0.363 INCOME - 0.297 TRAIN - 0.572 PROMOT + 0.121 LOWERP - 0.058 DCZCT$$

$$V_1 = -0.381 D5DYC - 0.822 D5BCX$$

由典型相关方程可知，降低职位的系数仅为 0.121，辞职辞退的系数为 0.058，鉴于其典型相关系数相对较小，同时，结合生育与就业交互分析结果及访谈资料，因生育而降低职位（8.06%）及辞职辞退（12.74%）的比例较低，典型相关分析不再对这两个变量进行相应研究。即第一对典型变量 U_1、V_1 之间的相关关系，主要表现为因生育而减少提拔晋升机会、减少个人收入、减少培训机会与为了工作而不要二孩、延迟二孩生育时间之间呈正相关关系。换言之，一孩生育越是对减少城镇职业女性培训和提拔晋升机会、减少个人收入有显著影响，那么城镇职业女性就越有可能为了工作而不要二孩，或者延迟二孩生育时间。如果一孩生育对职业女性的培训和提拔晋升机会、减少收入的影响越小甚至没有影响，那么，城镇职业女性生育二孩的可能性就会越大，延迟生育二孩的可能性越小。

在省直属事业单位就业的 37 岁二孩妈妈 SBMHT 在接受访谈时，介绍了自己是如何在一孩生育没有对提拔晋升带来不利影响后才决定生育二孩的经历：

　　我在生老大之前在一线做主持人，生完孩子后正赶上全台进行人事改革，我通过竞聘上岗，开始做幕后编辑策划工作并顺利实现升职。一胎后稳定了一段时间，作为主任编辑，绝大部分时间不要求坐班，发展前途较为稳定。我觉得不会有太大变化了，就又决定生育二胎，怀二胎后单位比较照顾，领导未雨绸缪怕我产假影响项目进度，就不给我派活儿了。期间我还通过了副高职称答辩，也没耽误什么。产假后单位也会给一段适应期，其他同事哺乳期间能照顾到孩子。目前我还在二孩产假之中，根据法定产假时间可以休息158天，产假后工作岗位不会有什么变化。

另一位在国有证券公司就职的办公室主任、36岁的二孩妈妈SBMCT在接受访谈时，也介绍了基本工资和岗位工资不会因生育而受到影响的情况："我们这个行业有绩效工资，我们单位所有人生孩子之后，你基本工资和岗位工资不会少，我们单位在这块儿做得还是比较不错。等休完产假上班后，绩效工资也不会受影响。"

对结构方程中各个变量的系数进一步分析发现，在反映就业对生育二孩影响的几个变量中，提拔晋升机会对城镇职业女性是否生育二孩、或延迟二孩生育时间的影响最大。40岁的BCMZO在接受访谈时说"我在怀孕前就已经是三个部门主管了，上面领导对我特别看重，当发现自己怀孕时，我马上就想到我的工作岗位怎么办?! 那时候我心里也特别难受，从知道自己怀孕到跟上面报，中间用了一个月的时间考虑、纠结这孩子是要还是不要? 要是为了工作咱不要这孩子，那时候我已经30（岁）了，再不要万一再没有了怎么办? 因为有好多战友想要（孩子）怀不上，要么就是怀了就流（产）了，我就想到底要还是不要? 就这个事情纠结了一个月，那时候想的特别多，最后决定还是要吧。结果一向领导报告后，上层领导就觉得怀孕等于人都废了，我脑袋上的帽子一下全摘了（三个部门主管的职务全被取消了），那时候心理落差特别大，特别难受。"有类似经历的城镇女性，很难再有勇气决定生育二孩。

本研究对城镇女性所在单位类型进一步分析发现，初次就业中在机关事业单位、国有或外资企业就业的比例接近一半，达到47.32%，对于在体制内或外企就业的城镇女性而言，符合生育政策的女职工一孩或二孩怀孕、分娩或育婴，对收入的影响一般不大，但是对于提拔晋升或职业培训机会的影响相对更为明显，上述案例中在国有单位就业的SBMHT之所以一孩生育后还能升职，主要是得益于 SBMHT 生育后恰逢单位人事改革，能够真正通过竞聘上岗，实现职业发展，换言之，很多城镇女性不是不够优秀，也不是因为生育后照顾孩子肯定会影响工作，只要用人单位能够落实相关法律法规，给予女性公平的竞争机会，创造家庭友好型工作环境，生育对城镇女性的不利影响将大为减小。

而对于在私营企业就业的城镇女性而言（38.37%），部分用人单位为了降低用工成本，在缴纳生育保险费时，仅以最低缴费标准缴纳生育保险费，按照多缴多得、少缴少得的原则，则会导致生育对减少个人收入的影响较大。特别是在私营企业就业的 BCMZO 在接受访谈时表示，单位领导甚至认为女职工一旦怀孕，不但不能为单位创造价值，而且还需要单位承担其产前检查和哺乳假等工资，在产假期间继续为其缴纳社会保险费，因此认为"养"怀孕女职工像养病号一样得不偿失。特别是在生育保险参保率普遍较低的情况下，对于没有参加生育保险的用人单位，还需要依法承担女职工产假期间的工资，因此，部分用人单位不是把产前检查时间按事假扣工资处理，就是停发产假期间的工资，CDTZO 的朋友就属于这种情况，有的甚至通过各种手段解除与怀孕女职工的劳动关系，由此自然会造成部分城镇女性因生育而降低收入的问题。

（三）　典型冗余分析

由表 5-7 可以看出，在两对典型变量 U_1、U_2 和 V_1、V_2 中，第一对典型变量较好地预测了对应的变量组。来自标准变量组（就业变量）的方差被自身典型变量 U_1、U_2 解释的比例合计为 67.21%，被自变量组（生育二孩）典型变量 V_1、V_2 解释的比例合计为 2.27%。来自变量组（生育二孩）的方差被自身典型变量、解释的比例合计为 3.71%，被标准变量组（就业变量）U_1、U_2 解释的比例和为 100%。即标准变量组（就业变量）被其自身解释的百分比、自变量组被其对应典型变量解释的百分比均较高，尤其是第一对典型变量具有较高的解释百分比，反映两者之间较高的相关性。

表 5 – 7　典型冗余分析

	CAN. VAR	Pct Var DEP	Cum Pct DEP	Pct Var COV	Cum Pct COV
A	1	46. 239	46. 239	2. 624	2. 624
	2	20. 969	67. 208	0. 096	2. 720
B	1	3. 536	3. 536	62. 314	62. 314
	2	0. 173	3. 709	37. 686	100. 000

A 表示由规范变量解释的因变量的变异；B 表示由规范变量解释的协变量的变异。

四、主要结论与研究讨论

本章基于交互分析、简单相关和典型相关分析，得出了以下主要研究结论，同时结合调整完善生育政策后配套措施不健全的社会现状，对其政策含义进行了讨论。

（一）主要结论

本章利用最新专项调查数据，引入了典型相关分析方法，对当前社会热点问题中城镇职业女性二孩生育与就业的内在关系研究发现，虽然大部分城镇女性并没有因为生育而影响就业，但是仍然有45.45%的城镇女性的生育给就业带来了不利影响。从生育对就业不同维度的影响来看，生育对城镇女性减少个人收入的负面影响最大，对减少职业培训、提拔晋升与就业机会的影响次之。此外，有31.28%的城镇女性为了就业，而对二孩生育时间和生育意愿产生不利影响，分别有1/5左右的城镇职业女性为了工作而延迟二孩生育时间或不要二孩。

反映生育与就业的典型变量具有显著关系，因生育而减少个人收入、提拔晋升或培训机会，与为了工作而不要二孩、延迟二孩生育时间之间呈正相关关系。即城镇职业女性的一孩怀孕、分娩、育婴越是对职业培训、提拔晋升、个人收入产生不利影响，就越会降低二孩生育意愿、延迟二孩生育时间。换言之，城镇职业女性在一孩怀孕、分娩、育婴阶段，对职业培训、提拔晋升、收入产生的不利影响越小，那么，城镇职业女性愿意生育二孩的可能性就会越大，为了工作而延迟生育二孩的可能性越小。由此可见，二孩生育和就业互为因果、互相影响。即使是在全面二孩政策实施以来，很多城镇职业女性由于在一孩生育过程中，对就业各指标产生的种种不利影响仍然心有余悸，为了避免再生育给就业带来二次"伤害"，只能降低二孩生育意愿、延迟二孩生育时间。[①]

（二）研究讨论

全面二孩政策是调整完善生育政策、促进人口长期均衡发展的重大举措，既有利于优化人口结构，增加劳动力供给，又有利于促进经济社会持续健康发展，促进家庭幸福与社会和谐。帮助女性释放生育潜能，有利于家庭幸福与社会和谐，有利于延长人口红利期，实现人口长期均衡发展和经济社会长远发展。同时，为了推动计划生育基本国策和男女平等基本国策协同落实，推进二孩生育和女性就业协调兼顾，相关部门需要高度关注以下几个现实问题。

国家卫生健康委员会等相关政府部门在希望城镇女性按照政策生育二孩时，首先需要完善相关配套措施，配合人力资源和社会保障部解决一孩生育对城镇女性就业带来的不利影响问题，并有效预防二孩生育给城镇女性就业再次带来不利影响。虽然国家高度重视女性平等就业权，并已颁布多部法律法规来消除基于生育的就业性别歧视或基于就业的生育限制，例如《妇女权益保障法》规定"任何单位不得因结婚、怀孕、产假、哺乳等情形，降低女

[①]　当然二孩生育意愿还会受到经济压力、照料负担等因素影响，本研究报告不再对此展开讨论。

职工的工资，辞退女职工"，《就业促进法》也规定"用人单位录用女职工，不得在劳动合同中规定限制女职工结婚、生育的内容"。甚至在中共中央、国务院《关于实施全面两孩政策改革完善计划生育服务管理的决定》，专门提出"依法保障女性就业、休假等合法权益"。但是，在配套措施不健全、用人单位对用人成本的重视程度远远大于社会责任时，加之劳动保障监察部门对基于生育的就业性别歧视监管不到位，城镇职业女性的一孩、二孩生育过程，极有可能给就业和职业发展带来不利影响，为此，很多城镇女性只能通过减少生育数量来降低对就业的不利影响，最终导致二孩生育率难以达到理想水平。

第六章　生育对城镇女性就业的
影响机理分析[①]

机会公平是社会公平的核心。虽然在社会劳动分工中，确实有少数岗位具有鲜明的性别属性，不适合女性或者男性（如男监或女监招狱警），但是绝大多数岗位对性别属性并没有专门要求，理应一视同仁，基于生育的就业性别歧视将城镇女性拒之门外，并非城镇女性不够优秀，而是用人单位不给城镇女性平等的竞争机会。

本章在上一章研究的基础上，重点研究生育对城镇女性就业产生的不利影响。首先分析生育对城镇女性就业的总体影响，其次分别从怀孕、分娩、育婴三个环节对就业意愿、就业机会、个人收入和职业发展的影响机理进行描述性分析（见图 6 - 1），并在此基础上，对生育各环节对就业的影响进行回归模型分析，进一步探讨生育对城镇女性就业带来的各种不利影响。最后，结合本章研究结果，对其政策含义进行探讨。鉴于本章分析的内容包含所有城镇女性被访者，因此，在描述性分析和回归分析中，所用数据来自来包含 2010 位 20—45 岁城镇女性被访者的完整数据库。

---

　　①　本章主要研究内容作为课题阶段性研究成果首发于《人口与经济》2017 年第 4 期，课题负责人为独立作者，引用标注为：杨慧. 全面二孩政策下生育对城镇女性就业的影响机理研究［J］. 人口与经济，2017（4）：108 - 118.

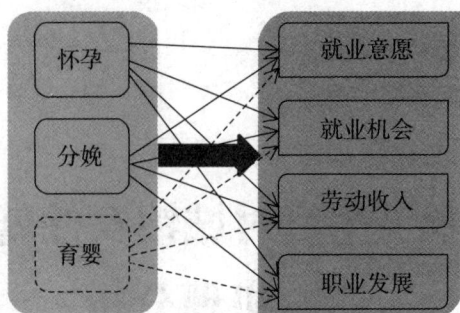

图6-1 生育各环节对就业各层面的影响

一、描述性分析结果

一般而言，全面二孩政策的目标对象是已经生育了一个孩子的女性，然而在用人单位的实际招工用工过程中，很多用人单位不是把城镇女性看作人力资源，而是把城镇女性看作二孩潜在生育者。即使是对于刚走出校门、未婚未育的女大学生，仍然面临调整完善生育政策带来的性别歧视。①

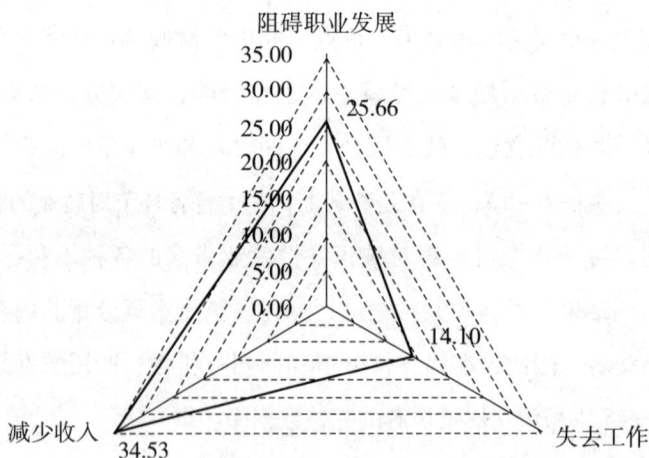

图6-2 生育对城镇女性就业的影响（%）

---

① 杨慧. 大学生招聘性别歧视及其社会影响研究 [J]. 妇女研究论丛，2015（4）：97-103.

如前所述，此次专项调查数据显示，生育给 45.45% 的城镇女性就业带来不利影响。其中，城镇女性反映生育减少个人收入的比例最高，反映生育阻碍本人职业发展的比例次之，反映因生育而失去工作的占 14.10%（见图 6 - 2）。具体而言，每 3 位已生育城镇女性就有 1 位因生育而减少个人收入，每 4 位已生育城镇女性就有 1 位因生育而阻碍个人职业发展，甚至在每 7 位已生育城镇女性中就有 1 位因生育而失去工作。城镇女性因生育而失去工作后，不但造成人力资源浪费、个人劳动收入中断问题，而且还会带来人力资本加速贬值，进而难以再回归劳动力市场，甚至有些城镇女性即便实现再就业，也容易陷入职业层次下沉、劳动收入减少的困境。

生育对城镇女性就业带来的巨大影响，与杨菊华[1]、张霞和茹雪[2]、王毅平[3]、郑真真[4]、Jia 和 Dong[5]、贾男等[6]、Bailey[7]、Angrist 和 Evans[8]、南国铉和李天国[9]、Drobnic[10]、宋健和周宇香[11]、张琪和张琳[12]等以往诸多相关研究发现具有较强的一致性，这不但反映了生育对就业具有普遍性和持久性的影响，

①　杨菊华．"单独两孩"政策对女性就业的潜在影响及应对思考［J］．妇女研究论丛，2014（4）：49 - 51.

②　张霞，茹雪．中国职业女性生育困境原因探究——以"全面二孩"政策为背景［J］．贵州社会科学，2016（9）：150 - 154.

③　王毅平．全面两孩生育政策对女性的影响及其对策［J］．山东女子学院学报，2016（3）：27 - 30.

④　郑真真．实现就业与育儿兼顾需多方援手［J］．妇女研究论丛，2016（1）：5 - 7.

⑤　Jia, N. and Dong, X. Y. Economic Transition and the Motherhood Wage Penalty in urban China: Investigation Using Panel Data. Cambridge Journal Economics, 2013（4）：819 - 843.

⑥　贾男，甘犁，张劼．工资率、"生育陷阱"与不可观测类型［J］．经济研究，2013（5）：61 - 72.

⑦　Bailey M. J. More Power to the Pill: the Impact of Contraceptive Freedom on Women's Lifecycle Laborer Supply. Quarterly Journal of Economics, 2006（1）：289 - 320.

⑧　ANGRIST J D, EVANS W N. Children and Their Parents' Labor Supply: Evidence from Exogenous Variation in Family Size［J］．The American Economic Review, 1998（3）：450 - 477.

⑨　南国铉，李天国．子女教育对韩国妇女就业影响的实证研究——基于 8700 户家庭的调查［J］．人口与经济，2014（1）：88 - 98.

⑩　DROBNIC S. The Effects of Children on Married and Lone Mothers' Employment in the United States and（West）Germany. European Sociological Review, 2000（2）：137 - 157.

⑪　宋健，周宇香．中国已婚妇女生育状况对就业的影响——兼论经济支持和照料支持的调节作用［J］．妇女研究论丛，2015（4）：16 - 23.

⑫　张琪，张琳．生育政策变化对女性权益影响的实证分析——基于北京市妇女的调查数据［J］．山东女子学院学报，2016（3）：22 - 26.

而且也再一次反映了城镇女性因生育而付出的沉重代价。

同时，在165位已生育二孩的城镇女性中，反映二孩生育对就业带来不利影响的占40.00%，其中，二孩怀孕、分娩和育婴对就业带来不利影响的比例分别是47.27%、30.30%和21.21%。特别需要强调的是，即使在一孩怀孕、分娩、育婴没有对就业产生影响的城镇女性中，仍然有13.51%的城镇女性在二孩怀孕、分娩、育婴过程中对就业产生了不利影响。此外，2017年妇女生育与就业状况调查数据显示，在124位有两个孩子的城镇女性中，生育前有工作单位的二孩妈妈共有90人。从生育对就业的影响看，生育后不再工作、中断原有工作的占10%，调离原工作岗位的占7.78%，由此可见，2017年妇女生育与就业状况调查中有27.78%的二孩妈妈因生育中断工作或调离原工作岗位，印证了本课题专项调查结果。

（一）生育降低女性就业意愿

此次专项调查数据显示，87.07%的城镇女性在调查时有工作，另有3.53%的城镇女性正在找工作，即90%以上的城镇女性有就业意愿并愿意为实现就业意愿而努力工作或努力找工作，普遍表现出自立、自强的精神面貌。

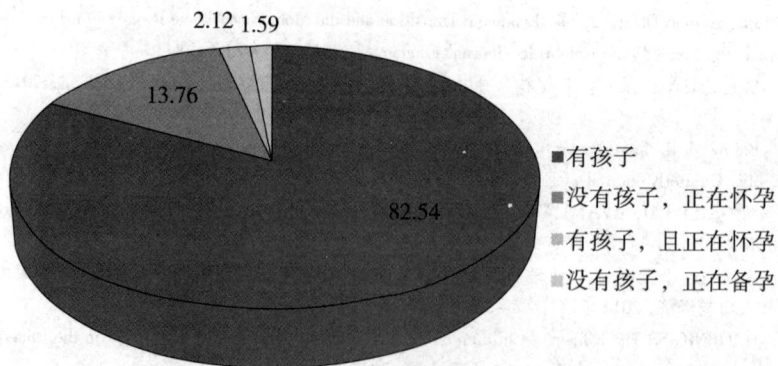

图6-3 城镇女性中"近期不打算找工作"的原因构成所占比例（%）

在9.40%的近期不打算找工作的城镇女性中，她们不是不想工作，而是由于受生育的影响而不能工作。在这些近期不打算找工作的城镇女性中，82.54%的是因为家中有孩子需要照料，13.76%的正处于一孩怀孕过程之中，2.12%的正处于二孩怀孕过程中，其他不打算近期找工作的城镇女性正在处于备孕过程之中。换言之，对于近期没有就业意愿的城镇女性，不是因为有孩子需要照料而不能工作，就是处于怀孕或备孕过程之中，总之，城镇女性近期不愿意就业的原因都与生育有关，相关数据见图6-3。

座谈资料也发现，很多未就业城镇女性虽然自身很想工作，但是由于孩子小没有人帮助照顾，只能自己被迫辞职在家带孩子。HBHLO在座谈会上说：

> 我们单位没有生育保险，我产假期间单位一分钱也没给，说"你休产假，是你的事，单位不能掏钱"。我们家因为贷款买房、老公挣的也不多，经济压力大，如果我再不去上班，就得喝西北风，我们家房子也得还给银行，没办法在我家姑娘不到两个月的时候我就去上班了。当时没有老人帮忙，我上班时就把孩子放家里，这个亲戚帮忙看两天，那个亲戚帮忙看两天，后来我亲姨帮我带孩子，但是我姨比较内向、不说话。我家孩子到一岁半还不怎么吱声、受我姨影响很大的。没办法我只好辞了工作、自己带了半年多，这孩子才说话，才稍微外向一点。

该案例既印证了安格里斯特（Angrist）和埃文斯（Evans）[1]、贝蕾（Bailey）[2]、马莉和郑真真[3]有关生育降低女性劳动参与率的研究发现，又反映了由于公共托幼服务缺乏，加剧了生育给城镇女性就业带来的不利影响。同时，

---

[1] ANGRIST J D, EVANS W N. Children and Their Parents′Labor Supply: Evidence from Exogenous Variation in Family Size [J]. The American Economic Review, 1988 (3): 450-477.

[2] BAILEY M. J. More power to the pill: the impact of contraceptive freedom on women's lifecycle laborer supply [J]. Quarterly journal of economics, 2006 (1): 289-320.

[3] 马莉，郑真真. 韩国妇女的生育后再就业及其对中国的启示 [J]. 劳动经济研究, 2015 (2): 3-22.

如果政府不能有效解决公共托幼服务的供求矛盾，生育对就业的影响以及部分城镇女性为了工作不生或晚生二孩的问题将进一步凸显。

另外一个二孩妈妈 SHWLT 虽然在二孩生育前就已经因工作环境污染而辞职，但仍然面临 3 岁以下孩子的照料问题，她在接受访谈时也表示：

> 自己在大宝一岁多一点儿，就开始在一家私营企业做销售，后来发现怀二宝后，由于当时单位刚刚装修，办公环境有污染、很有味道，担心对大人、孩子都不好就辞职了。现在大宝 4 岁，上幼儿园了；二宝 2 岁，两个孩子都是我一个人带。虽然我现在也通过做微商卖一点儿"巴黎画涂鸦"产品，不过我觉得做微商不算就业，等二宝上幼儿园后我会再出去找工作，我觉得把所有事抛开（带孩子）专心地去做一份工作才是就业。

以上定量分析、质信研究发现与国务院妇儿工委委托的"生育政策调整完善与妇女就业"项目及第三期中国妇女社会地位调查的研究结果高度一致，这一方面表明此次调查数据真实性、可靠性较强，另一方面也表明城镇女性由于生育而影响工作的问题具有长期性、普遍性特点。对"生育政策调整完善与妇女就业"项目中未就业城镇女性调查数据进一步分析发现，近95%的未就业城镇女性都有数量不等、年龄不一的孩子，其中，有一个孩子的占80.47%，有两个孩子的占13.99%，有三个孩子的占0.29%。分孩子年龄看，半数以上未就业城镇女性的孩子在6岁及以下，其中有两岁及以下孩子的城镇女性占23.05%。在缺乏必要的公共托幼服务情况下，绝大部分全职妈妈由于难以获得3岁以下孩子的照料支持，不得不中断工作，选择做全职妈妈实属无奈之举。此外，第三期中国妇女社会地位调查数据也显示，在20—45岁料理家务的城镇女性中，家里有孩子需要照料的占86.17%，特别是对于23—28岁接受过高等教育并全职料理家务的城镇女性而言，孩子需要照料是其不能就业的唯一原因。由此可见，由于生育和公共托幼服务不足而带来的就业影响，已在很大程度上降低了部分城镇女性的就业意愿。

（二）生育减少女性就业机会

对于城镇女性因生育而减少就业机会的问题，一方面是由于生育过程本身减少就业机会，另一方面也是更为重要的一个原因，即用人单位不是把城镇女性视为人力资源，而是把城镇女性视为潜在生育者，并由此认为女职工生育会增加用工成本，进而对女性就业存在性别歧视，减少了对城镇女性的雇佣机会。有些用人单位为避免孕产期女职工用工成本增加，在招聘广告中要求"限男性"或"男性优先"，有些用人单位甚至不愿意招聘已婚已育、可能生育二孩的求职女性。有些用人单位在女职工怀孕、生育时，减少其职业培训和晋升机会，限制其职业发展；也有些用人单位在得知女职工怀孕时，不是劝诱流产，就是通过施加各种压力迫使怀孕女职工辞职。

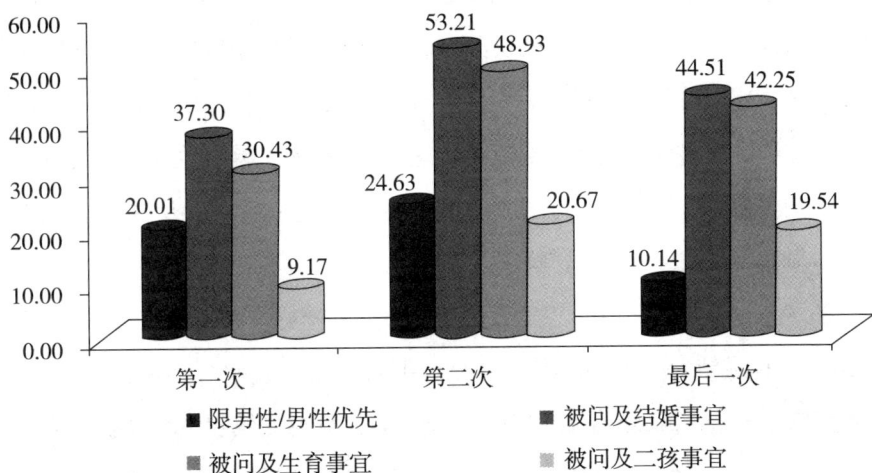

图6-4　城镇女性历次找工作时面临的性别歧视（%）

图6-4显示，在有工作经历的城镇女性中，从第一次找工作到最后一次找工作，曾遭遇过招聘信息显示限男性/男性优先的比例在10.14%到24.63%之间，被问及结婚事宜的占37.30%—53.21%，被问及生育和二孩事宜的分别占30.43%—48.94%、9.17%—20.67%。特别是在第二次找工作过程中，

城镇女性遭遇基于生育的性别歧视比例最高、遭遇的歧视最为严重，其中半数左右的城镇女性在第二次找工作时曾经被问及结婚、生育事宜。这些看似拉家常、缩短招聘人员与应聘人员距离的"聊天"内容，实际上是对求职应聘城镇女性承担生育、照料责任的刻板印象的外在表现，是用人单位不愿意承担基于女职工生育而带来的用工成本的集中体现，重现了叶文振①提出的有一个孩子的城镇女性重返劳动市场时，因可能存在二孩生育问题，从而面临更加严峻的性别歧视问题。

此外，课题负责人此前承担的"助推女大学生公平就业"项目专题调查发现，有 8 成以上应届女大学毕业生在就业中遭遇过显性性别歧视，其中遭遇过"招聘信息显示限男性或男性优先"的占 67.23%，被问及男朋友或结婚事宜者占 64.03%，被问及是否为独生子女或生育二孩事宜者占 58.48%。特别是女大学生每遭遇一次"招聘信息显示限男性或男性优先"，找不到工作的风险可增加 14.81 个百分点。该项目调查数据还显示，半数以上男大学生在应聘中发现，用人单位确实对女大学生存在性别歧视现象，其中发现"招聘信息显示限男性或男性优先"的男大学生达到 41.29%。男大学生对上述招聘性别歧视的觉察，从侧面印证了招聘性别歧视的严重程度，以及这种性别歧视对减少城镇女性就业机会的影响。②

2015 年国务院妇儿工委"生育政策调整完善与妇女就业"项目调研发现，有 54.66% 的城镇女性曾经遭遇过一种或多种性别歧视。其中，80 后城镇女性在求职应聘中遭遇生育和再生育歧视的比例最高，90 后城镇女性在求职应聘中被问及是否独生子女的比例最高。用人单位基于对生育风险、用工成本与人员编制方面的考虑，宁可雇佣工作能力稍差的男性，也不愿雇佣工作能力更强的女性。其中，有 40.74% 的用人单位在招聘过程中关注过应聘者性别，有 29.59% 和 28.40% 的用人单位在招聘过程中，会关注女性求职应聘者是否已经结婚、生

---

① 叶文振. 消除"单独二孩"政策对女性就业的负面影响 [N]. 福建日报，2014 - 6 - 30 (11).

② 杨慧. 大学生招聘性别歧视及其社会影响研究 [J]. 妇女研究论丛，2015 (4)：97 - 103.

育，另有 8.58% 的用人单位在单独二孩政策实施期间，因担心求职应聘者生育二孩增加用工成本，在招聘过程中关注求职应聘女性是否独生子女。

在全面二孩政策实施前，已婚已育女性在招聘中很受欢迎；全面二孩政策实施后，用人单位更希望招聘已生育二孩的女性，已婚未育女性在求职应聘中的处境最为尴尬。虽然此次专项调查地点与国务院妇儿工委"生育政策调整完善与妇女就业"项目的调查地点不同，但是两项调查所反映的问题并无二致，进一步表明招聘性别歧视问题的广泛性。

高校教师 CDTWZ 在接受访谈时向课题组成员讲述了她在找工作过程中面临的显性及隐性性别歧视：

> 当时我也面试了几个高校，其中有一个学校面试老师在我试讲后和我私下聊天时，向我透露"我们部门女老师太多了，我们真的很需要一个男老师，你虽然特别优秀，但是我们领导还是首先要考虑男生，男生可能是不如你优秀，但是我们女老师太多了，女老师涉及将来结婚生孩子，耽误工作。所以你在我们这儿试讲完后，尽管成绩很靠前，我们还是建议你再上别的地方再看看"。虽然当时我的初试成绩、试讲成绩全排第一，排第二的是一个男生。但是后来公布那个男生被录取了，我心里挺失落的。其实有的工作岗位并没有性别要求，不一定只有男生能干，但是很多单位都有这种限制。特别是在你投简历时，招聘方会以各种各样的方式隐讳地告诉你"我们想要男生"或"我们还是希望要个男生"，我们同事都遇到过这种情况。如果同时有一个男生和一个女生去应聘，即使这个女生比那个男生优秀，但是用人单位还是会优先考虑要男生。

除了事业单位不愿意招录女性外，企业的招聘性别歧视也非常严重。遭遇过多次招聘性别歧视的 BMFZZ 说："有一次我和一个男生去国企面试，人力资源主管对我说，虽然你各方面都比那个男生优秀，（但是）你现在正好是适婚年龄，我们把你招进来之后，你马上就要结婚、生孩子了！我们只好录取那个男生。还有一次在一个上市公司，我先后面（试）了五次，从基层人力资源主管开始，一直面（试）到他们的老总那儿，结果因为后来有男生去面试，我就被刷下来了。"用人单位座谈会上，在私营出国培训机构就职的二孩妈妈 CBZBT 证实了招聘性别歧视："找工作过程中男女机会不平等的情况一定是会有的，因为女性面临结婚生子这样的事情，一些企业一定会很在乎这个，一般用人单位在招聘过程中还是喜欢要男孩子。"此外，在小额贷款公司就职的二孩妈妈 CMMLT 告诉课题组："现在有发展前途的单位，就愿意要结过婚了、孩子也出手的女性，觉得这样的女性稳定、能长期工作。"对于用人单位而言，无论是愿意要男性，还是愿意要已完成生育任务的女性，都表明一方面用人单位不愿意承担女职工生育成本，另一方面生育确实减少了未婚、未育甚至没有生育二孩城镇女性的就业机会。

对于图 6－4 城镇女性最后一次找工作中，遭遇限男性/男性优先等性别歧视比例较小的原因，既可能与换工作次数较多、有三次及以上找工作经历的城镇女性数据较少有关，也可能与这些城镇女性职业多为商业服务业人员或自由职业者，这些职业一般对女性歧视相对较小有关，但具体原因有待进一步研究。

（三）生育减少女性个人收入

此次专项调查数据显示，认为因怀孕而减少个人收入的女性占 20.26%，因分娩、育婴而减少个人收入的比例分别占 30.19% 和 15.45%（见图 6－5）。此外，全国妇联相关数据显示，高达 64.4% 的妇女反映生育减少了个人收入，其中，44% 的妇女产假工资不到产前收入的一半，另有 12.5% 的妇女由于各种原因在生孩子前辞职或被辞退，不但没有机会休产假，更没有机会获得产假工资，生育对减少妇女个人收入的影响非常明显。[1]

---

① 全国妇联. 关于全面两孩政策下促进妇女平等就业的建议. 全国妇联提交给全国政协十二届五次大会的提案，2017.

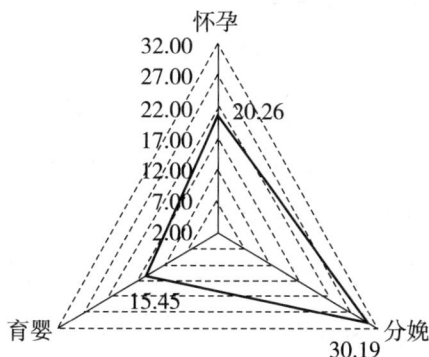

图 6 - 5　生育对城镇女性减少收入带来的影响（%）

座谈访谈发现，只有极少数城镇女性是由于身体原因需要在怀孕期间保胎从而影响了收入，绝大部分城镇女性收入降低则是因为用人单位不愿承担生育成本而克扣孕期女职工工资，或者通过各种方法迫使怀孕女职工"主动"辞职。例如，国有企业人力资源经理 JGZFG 座谈会上坦言，为了让保胎女职工主动辞职，曾经以"你如果不主动辞职，我就会在你的人事档案里，给你做出你长期违反公司规定的鉴定，看你下次再找工作时还有哪个单位敢要你"逼迫该需要保胎的女职工自动辞职。

二孩妈妈 SHWLT 在接受访谈时表示："在怀二孩辞职后，自己就没有了收入，主要靠爱人的收入维持家庭生活，经济状况不像之前那么宽裕了。"城镇就业女性在怀孕阶段辞职或被辞退后，几乎不可能再挺着大肚子去找新工作，同时，也几乎不可能有哪个单位愿意接收一个怀孕期间的城镇女性来本单位就职。因此，因怀孕而减少个人收入的结果不言自明。该发现既与贾男和董晓媛①关于中国女性在生育当年工资率下降的研究结果一致，同时也弥补了以往有关怀孕、产假、育婴的不同阶段对城镇女性收入影响研究的空白。

此外，即使部分城镇女性有幸在怀孕、产假期间保住工作，其所在单位

<hr />

① 贾男，甘犁，张劼. 工资率、"生育陷阱"与不可观测类型［J］. 经济研究，2013（5）：61 - 72.

是否参加生育保险以及生育保险的缴费标准高低，也会对分娩女性的产假收入产生重要影响。此次专项调查数据显示，一方面，虽然有些城镇女性所在单位参加了生育保险，但是由于这些用人单位为了降低用工成本，仅按照最低工资标准缴纳生育保险费，多缴多得、少缴少得的给付标准，最终导致分娩女性所能获得的产假工资（即生育津贴）远远低于产前收入，既验证了以往学者有关生育会降低个人收入的研究发现，也表明这一问题的普遍性。①②③另一方面，对于所在单位未参加生育保险的女职工，虽然根据《女职工劳动保护特别规定》第8条"对未参加生育保险的，按照女职工产假前工资的标准由用人单位支付"可以获得工资，但是处于弱势地位女性，既没有勇气依法向所在单位索取产假工资，也不敢到相关部门主张个人权益，最终只能接受低产假工资或无产假工资的现实。

座谈会上 ZBFTU 在转述朋友的遭遇时说："我朋友说'你想员工真的会去告发自己的企业吗？如果真的去告发了，你的处境是什么？第一，你的公司不会再要你；第二，同行公司也都不敢要你'。"另有参加座谈会的女性表示："我也不愿意和单位过不去，就在生孩子前辞职，坐完月子后再回到原单位上班。"

还有部分城镇女性由于没有机构或家人帮助带孩子，只能自己中断职业、回归家庭照料孩子，不但造成家庭经济压力，还会使自立心理或个人尊严受到伤害。全职妈妈 HZBLT 在座谈会上表示："我原来在我们单位上班的时候，也做得很好了，如果有人给我带孩子，我就能一直做下去，收入也不低。但是，目前孩子没人看，虽然我自己也不愿意看，但也只能由我自己看孩子时，

---

① 杭沁，凌洁，周天威. 基于女性视角下二孩生育政策的利弊研究 [J]. 经营管理者，2016（19）：80.

② 范梦雪，陈健，谢振. 全面二孩政策对女性就业歧视的影响分析 [J]. 现代经济信息，2016（15）：61 + 63.

③ 廖梦莎，陆杰华. 全面两孩下母婴喂乳的影响因素与干预对策 [N]. 中国妇女报，2016 - 05 - 24（B01）.

就觉得我不能实现我工作的自己价值了。"二孩妈妈 BGWWT 的老大八岁,老二两岁半,在接受访谈时表示:"在生育第一个孩子时,婆婆帮忙带孩子,生育并没有影响我的工作。但是在生育第二个孩子时,由于婆婆需要带小叔子的第一个孩子,我的第二个孩子只能自己带,耽误了工作。这样我每个月两千多块钱的收入没有了,也不能再贴补家里的日常花销了"。甚至有一个全职二孩妈妈 GBWYT 表示:"在二宝出生后不到两个月,公公就说'一大家子人吃饭,就靠我儿子一个人挣钱!'我听着真的很伤心,也很无语。"虽然部分城镇女性家庭经济条件较好、家人之间能够互相尊重,不会因为城镇女性生育后没有收入而备受心理煎熬,但是此次专项调查也发现,确实有部分城镇女性因为失去工作、失去个人收入来源后,需要承受较大经济和心理压力。本研究报告在国内外学者 Michelle 和 Paulae[1]、贾男和董晓媛[2]、张霞和茹雪[3]、王毅平[4]、郑真真[5]以往关于生育对收入带来不利影响的研究基础上,深化了生育二孩对城镇女性个人收入与心理压力的研究。

(四) 生育阻碍女性职业发展

此次专项调查发现,有 12.74% 的城镇女性反映生育降低了本人的工作职位。

怀孕阻碍女性职业发展。分生育环节看,与分娩、产假相比,怀孕不但持续的时间更长,而且还要定期进行产前检查。另外,极少数女性需要休养

[1] MICHELLE J. B. and PAULA E. The Wage Penalty for Motherhood. American Sociological Review, 2001 (2): 204 - 225.

[2] 贾男,甘犁,张劼. 工资率、"生育陷阱"与不可观测类型 [J]. 经济研究, 2013 (5): 61 - 72.

[3] 张霞,茹雪. 中国职业女性生育困境原因探究——以"全面二孩"政策为背景 [J]. 贵州社会科学, 2016 (9): 150 - 154.

[4] 王毅平. 全面两孩生育政策对女性的影响及其对策 [J]. 山东女子学院学报, 2016 (3): 27 - 30.

[5] 郑真真. 实现就业与育儿兼顾需多方援手 [J]. 妇女研究论丛, 2016 (1): 5 - 7.

保胎，对职业发展的影响也会较大。城镇女性中反映因怀孕而阻碍职业发展的占 21.26%[①]，其中，反映因怀孕而减少职业培训机会和提拔晋升机会的分别占 15.69% 和 17.46%，认为因怀孕被降低工作职位的占 5.51%（见图 6-6）。虽然城镇女性因怀孕被降低工作职位的影响，远远低于对培训或提拔晋升的影响，但是考虑到女性升职更为困难，该影响足以断送女性职业发展前程。

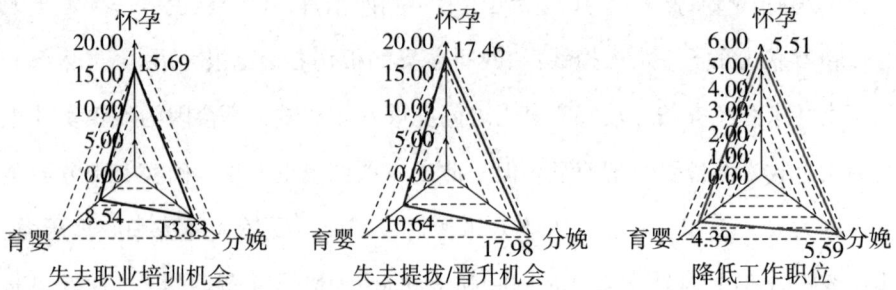

图 6-6　生育对城镇女性职业发展影响比例（%）示意图

另有调查发现，67.7% 的城镇女性反映生育减少了自己的培训或晋升机会，47.4% 的反映生育使得自己的工作岗位变差[②]。某国有事业单位负责人 HFFGT 在座谈会上表示："虽然单位照顾女职工，但是二孩生育问题肯定会对女职工提拔晋升产生影响。"全面二孩政策实施以后，有些单位甚至已经开始内部调查，一旦发现提拔晋升对象有二孩生育意愿，基本不会再给她安排重要工作，这些女性就会与提拔晋升机会失之交臂。怀孕前在某数码公司工作并同时兼任三项业务主管的 BCMZO，在一向领导汇报怀孕后，"头上的帽子"一下全被摘掉，反映了怀孕对城镇女性职业发展的影响。怀孕给女性就业带来的影响，需要引起学界及政府相关部门的高度重视。

---

① 在本研究将生育各环节对就业各维度的影响进行数据整合时，鉴于部分城镇女性在生育各环节对就业的不同维度产生一项或多项影响时，统一按一项影响计算，因此，生育对就业的总体影响并不能将生育各环节对就业各维度影响的进行简单加总。

② 全国妇联. 关于全面两孩政策下促进妇女平等就业的建议. 全国妇联提交给全国政协十二届五次大会的提案，2017.

分娩阻碍女性职业发展。此次专项调查数据显示，分娩和育婴分别阻碍了 21.05% 和 13.25% 的城镇女性职业发展。具体而言，由于分娩导致城镇女性失去职业培训和提拔晋升机会的比例分别占 13.83% 和 17.98%，另有 5.59% 的城镇职业女性因分娩而降低工作职位（见图 6-6）。一般而言，女职工在分娩（产假）期间持续脱离工作岗位，不但难以参加职业培训，更难以获得提拔晋升机会，甚至还有部分女性在产假后返岗时，发现原有岗位已被他人占用，只能被调整到其他较差岗位工作，职业发展因此受阻。

育婴阻碍女性职业发展。城镇女性中由于育婴而失去培训和提拔晋升机会的比例分别占 8.54% 和 10.64%，工作职位被降低的占 4.39%。与分娩相比，育婴对城镇女性职业发展的影响虽已有所减小，但是，一方面，传统性别分工观念使女性在子女照料中参与程度更高，付出的时间和精力更多，在职场角色与母亲角色冲突的情况下，育婴对女性职业发展产生了不利影响。另一方面，与女职工怀孕和分娩相比，育婴是具有替代性的生育活动，如果现阶段政府促进城镇女性平等就业工作足够完善，政府能够充分发展托儿所等公共托幼服务，托儿所也能够像计划经济时期接收孩子的年龄与产假时间衔接，那么，在城镇女性通过生育为社会发展、民族繁衍、人口再生产做出巨大贡献的过程中，育婴对城镇女性带来的 10% 左右的培训晋升机会减少，或者 4% 左右的降低职位情况都可以避免。

分析生育各环节对女性失去工作的影响可以发现，由怀孕造成女性失去工作的比例最高，为 10.35%，因分娩而失去工作的比例次之（8.12%），因育婴而失去工作的比例最低，为 5.35%（见图 6-7）。此次专项调查数据进步显示，在调查时没有工作的城镇女性中，因怀孕、分娩和育婴而导致城镇女性辞职的比例分别占不在业城镇女性的 97.87%、99.26% 和 99.76%。由此可见，一方面，绝大部分用人单位在女职工"三期"保护①方面，较好地执行

---

① 三期保护指孕期、产期、哺乳期保护，与本研究报告对应的分别为怀孕、分娩、育婴三个时段。

了《女职工劳动保护特别规定》第五条"用人单位不得因女职工怀孕、生育、哺乳……予以辞退、与其解除劳动或者聘用合同";另一方面,仍有5%—10%的女职工由于怀孕、分娩和育婴而辞职问题,既与部分用人单位为了减少用工成本而采取各种措施逼迫女职工辞职有关,更与女职工在缺乏必要社会公共托幼服务情况下,因无法平衡生育与就业而辞职有关。

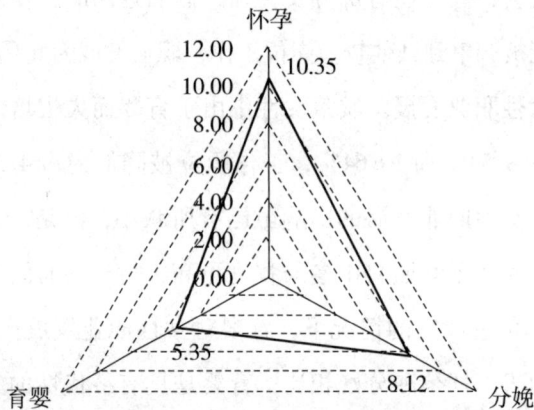

图6-7 生育对城镇女性失去工作的影响比例(%)

在因生育而辞职的城镇女性中,虽然有部分女性为了在怀孕期间更好地休息、在分娩后为了更好地照料孩子而主动辞职,但是绝大部分城镇女性并不是不想工作,而是由于没有人或机构帮助照顾孩子而不得不被动辞职。HZQFO在访谈中表示:"我是因孩子没有人照顾才辞职当全职妈妈的,很多全职妈妈都是这样的无奈之举。"哈尔滨的全职妈妈HZBLT表示:"我娘家在河北、婆家在佳木斯,两边老人都在千里之外,没法帮我照顾孩子,加上保姆工资比我的收入都高,我只能辞职在家照顾孩子"。如果说女职工怀孕、分娩是他人无法替代的话,那么,育婴由于具有替代效应,家人或托幼机构完全可以代替女职工在工作时间照料孩子,避免女职工因育婴而失去工作。此次专项调查发现,高达92.11%的城镇女性"希望政府发展适合1—3岁孩子的公办托儿所"。此外,天津市社科院相关调查发现,52.1%的女性期望获得充足、优质的托儿服务①。

第三期中国妇女社会地位调查数据显示，有 2 个孩子的 70 后和 80 后城镇女性，"为了家庭而放弃个人的发展机会"（以下简称家庭冲击工作）的比例为 45.0%，比有 1 个孩子的同类女性高 16 个百分点以上。从家庭冲击工作带来的后果看，有 2 个孩子的 70 后和 80 后城镇女性，有工作中断（指半年以上既不工作、也没用劳动收入）经历的比例达到 55.9%，其中由于结婚生育或照顾孩子导致的工作中断比例高达 74.5%。Logistic 回归分析表明，有 2 个孩子的 70 后和 80 后城镇女性，其家庭冲击工作的概率比仅有 1 个孩子的同类女性高 36.8%。②

生育影响城镇女性就业的理论解释。以往学者从不同理论层面分析了生育对城镇女性就业的影响。统计性歧视理论认为，雇主获取求职者信息需要付出一定成本，为了节约成本，雇主通常会通过群体特征来判断求职者的个人能力③，具体到生育问题上，雇主通过女性生育会降低工作效率、提高用人成本的群体特征，来认定每一个女性求职者都会带来同样影响。人力资本理论认为，由于人力资本投入的性别差异，雇主更愿意选择人力资本更高的男性④。禀赋理论和比较优势理论认为，就业性别歧视的原因在于女性在家务劳动方面的先天优势⑤，进而会承担更多家务劳动，减少对工作的投入。社会习俗论进一步认为，劳动力性别歧视的深层原因是"男主外，女主内"的传统性别分工模式，由此导致劳动力市场不愿接纳女性。⑥ 综合理论认为，造成并

① 张银峰，侯佳伟. 全面两孩放开后的公共政策服务需求与配套措施完善——基于条件 8 区县的实地调查. 人口与发展论坛（2016）完善全面两孩政策配套措施专题研讨会入选论文（摘要）集，2016 年 12 月，四川眉山.

② 杨慧，林丹燕. 如何化解二孩政策带来的"生"与"升"的纠结［N］. 中国妇女报，2015 – 08 – 24（A03）.

③ 朱力凡. 基于制度分析框架下的计划生育政策与女性就业［J］. 东北财经大学学报，2012（5）：94 – 97.

④ 亓寿伟，刘智强. "天花板效应"还是"地板效应"——探讨国有与非国有部门性别工资差异的分布与成因［J］. 数量经济技术经济研究，2009（11）：63 – 77.

⑤ 盖蕾. 我目中下层妇女就业存在的问题及对策分析［D］. 东北师范大学硕士学位论文，2009.

⑥ 刘薇. 女性就业性别歧视与政府治理分析［D］. 南京农业大学硕士文论文，2007.

维持就业性别不平等的主要原因在于体制，减少不平等的出路在于改变组织体制①。上述理论从不同层面并在不同程度上，对基于生育带来的就业性别歧视进行了较好解释。但是对于城镇女性自身就业意愿与职业中断问题，还需要进一步探讨。

（五） 相关数据对生育影响就业的印证

在 2017 年妇女生育与就业状况调查中，生育政策调整后生育女性自身有过同工不同酬经历的比例提高，单独二孩和全面二孩政策时期，分别有35.07% 和 30.82% 女性有过同工不同酬经历，高于生育政策调整前的29.89%。全面二孩政策实施以来，因生育而调离原岗的女性达到 11.36%，比生育政策调整前提高了 7.03 个百分点。②

此外，由于生育二孩的城镇女性数量较少，在随机抽样调查中很难获得足够调查，于是在考察调整完善生育政策对城镇女性就业的影响时调整了调查范围，将城镇女性自身生育二孩对就业的影响，扩大到城镇女性所了解的因生育二孩带来的性别歧视。调查内容为"据您所了解生育二胎的女性在就业过程中遇到了下列哪些问题？"具体问题包括"被单位劝退""失去培训机会""失去晋升机会""被调离原岗位""工资或津贴减少""工作中断"。

此次调查数据显示，2016 年 1 月全面二孩政策实施以来，有 16.42% 的城镇女性因生育二孩导致工资或津贴减少，27%—28% 的城镇女性因生育二孩减少了培训或晋升机会，另有 11.23%—26.34% 的女性因生育二孩被单位劝退、调离原工作岗位或工作中断，具体数据见图 6 - 8。虽然两次调查中城镇女性因生育造成的不利影响比例有所出入，但生育对就业的影响至少在两次调查涉及的 11 个省份广泛存在。

---

① 谢妍翰，薛德升. 女性非正规就业研究述评 [J]. 人文地理，2009（9）：16 - 23.

② 盛亦男，童玉芬. 生育政策调整对女性劳动力供需的影响研究 [J]. 北京社会科学，2018（12）：96 - 104.

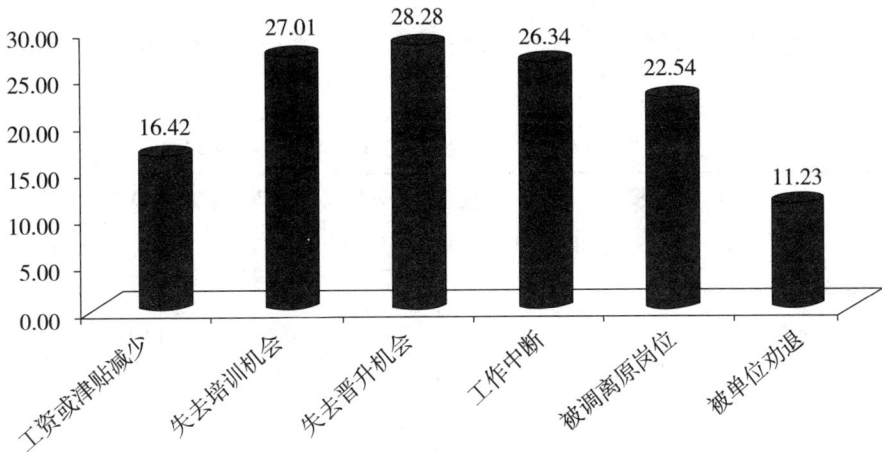

图 6 - 8　生育二孩对城镇女性就业产生的影响

注：数据来自 2017 年妇女生育与就业状况调查。

二、生育对就业影响的回归分析

在劳动力市场竞争激烈、单位负担的生育成本较重情况下，全面二孩政策使生育给女性劳动参与、职业发展带来的影响越来越凸显。本研究报告在上述研究的基础上，进一步研究就业变量对于生育变量的具体依赖关系。同时，从影响就业变量的诸多变量中，找到对就业变量具有显著影响的变量，并根据这些有显著影响的变量取值来预测就业变量的取值，给出这种预测或控制的精确程度。本研究运用回归模型，首先分析怀孕、分娩、育婴各环节对就业总体带来的影响；其次，分析生育总体对就业意愿、职业发展、个人收入及失去工作四个维度带来的具体影响，即进一步通过回归模型，系统分析生育对就业的影响机理。

（一）生育各环节对就业总体影响的回归分析

从表 6 - 1 回归结果看，模型 1 为生育对就业的总体影响，Nagelkerke

$R^2 = 0.2427$，模型中自变量对就业具有显著性影响，部分验证了研究假设4，即生育全过程以及怀孕、分娩、育婴各环节均对就业产生不利影响。

表6-1 生育过程对就业影响的 Logistic 回归结果 （N=2010）

	模型1（生育）		模型2（怀孕）		模型3（分娩）		模型4（育婴）	
	S. E,	Exp（B）	S. E,	Exp（B）	S. E,	Exp（B）	S. E,	Exp（B）
生育数量（1=孩子数）								
0个孩子	0.220	0.104***	0.209	0.181***	1.006	0.005	1.007	0.014***
2个孩子	0.193	1.693***	0.186	1.748***	1.021	1.387***	0.194	1.522***
年龄	0.011	0.946***	0.011	0.940**	0.010	0.961**	0.012	0.990
独生子女身份（0=否）								
独生子女	0.120	0.489***	0.123	0.452***	0.123	0.654**	0.145	0.823
户口性质（0=否）								
非农业户口	0.148	0.750^	0.144	0.689**	0.147	0.669**	0.160	0.630**
受教育程度（0=初中及以下）								
高中	0.215	0.976	0.211	1.109	0.211	1.143	0.225	0.805
中专/中技	0.204	0.914	0.198	1.353	0.200	1.204	0.212	0.920
大学专科	0.197	0.669*	0.196	0.851	0.196	0.887	0.214	0.628*
大学本科	0.205	0.566**	0.205	0.743	0.205	0.788	0.230	0.494**
研究生	0.384	0.878	0.390	1.155	0.391	1.414	0.469	0.823
工作状况（0=有工作）								
正在找工作	0.293	1.802*	0.285	2.554**	0.277	1.424	0.284	2.021*
近期不打算找工作	0.198	1.564*	0.194	1.400^	0.201	0.734	0.257	0.543*
就业身份（0=自营劳动者）								
雇员/工薪劳动者	0.205	1.269	0.210	1.265	0.213	1.525*	0.242	1.226
雇主	0.302	0.631	0.310	0.820	0.310	0.941	0.379	0.730
家庭帮工	0.841	0.182*	0.836	0.308	0.823	0.497	0.837	0.892
换工作情况（0=未换工作）								
换过工作	0.107	1.847***	0.110	1.390**	0.110	1.471***	0.134	1.890***

续表

	模型 1（生育）		模型 2（怀孕）		模型 3（分娩）		模型 4（育婴）	
	S. E.	Exp（B）	S. E.	Exp（B）	S. E.	Exp（B）	S. E.	Exp（B）
常量	0.476	0.816	0.447	6.248	0.445	2.403 *	0.505	0.496
Nagelkerke R²	0.2427		0.207		0.250		0.200	

注：^表示 P＜0.1，＊表示 P＜0.05，** 表示 P＜0.01，*** 表示 P＜0.001。

控制变量中的年龄、独生子女状况、工作状况、就业身份和换工作状况，也会对就业具有显著影响。在控制了其他变量的情况下，与有一个孩子的城镇女性相比，反映生育二孩对就业造成不利影响的发生比高于对照组，为其1.693 倍，验证了第五个研究假设，即二孩怀孕、分娩、育婴对城镇女性就业的不利影响大于一孩。

此外，调查时正在找工作及曾经换过工作的城镇女性，因生育对就业造成影响的发生比显著高于对照组，分别是其 1.80 和 1.54 倍。而年龄较大、非农业户口、独生子女、受教育程度为大学专科或本科、就业身份为家庭帮工的城镇女性，生育对就业影响的发生比则显著低于对照组。

模型 2、模型 3、模型 4 分别为怀孕、分娩、育婴对就业的不利影响，这三个模型的 Nagelkerke R² 在 0.20 至 0.25 之间。在模型 2 至模型 4 中，自变量（生育数量）均对就业具有显著影响，进一步验证了研究假设 5 及描述性分析结果。控制变量对就业的影响方向与影响程度，与模型 1 具有相似之处。

（二）　生育总体对就业各维度影响的回归分析

在分析了生育各个环节对就业的影响后，我们还需要进一步研究怀孕、分娩、育婴整体生育过程，究竟对就业意愿、职业发展、劳动收入和失去工作产生了怎样的影响。基于此，本研究报告进一步运用二元 Logistic 分析方法，对就业的具体影响进行研究。其中，模型 5 为生育对近期不打算找工作的影响，模型 6 为生育对限制职业发展的影响，模型 7 为生育对减少个人收入的

表6-2 生育对就业各层面影响的 Logistic 回归结果 (N=1625)

	模型 5		模型 6		模型 7		模型 8	
	S. E.	Exp (B)	S. E.	Exp (B)	S. E.	Exp (B)	S. E.	Exp (B)
孩子数量 (1个孩子=0)								
2个及以上孩子	0.300	1.489	0.197	1.605*	0.187	1.437^	0.235	1.932**
主要照料者 (其他人=0)								
本人	0.254	12.475***	0.140	1.458**	0.129	1.568***	0.179	4.740***
年龄	0.019	0.942***	0.012	0.955***	0.011	0.963***	0.016	0.934***
独生子女身份 (否=0)								
独生子女	0.239	0.654^	0.139	0.467***	0.128	0.731*	0.193	0.516**
户口性质 (否=0)								
非农业户口	0.263	1.800*	0.162	0.566***	0.151	0.628**	0.215	1.670*
受教育程度 (初中及以下=0)								
高中	0.336	0.776	0.247	1.591^	0.215	1.064	0.275	0.864
中专/中技	0.316	0.884	0.234	2.195***	0.205	0.948	0.268	0.801
大学专科	0.333	0.621	0.233	2.156***	0.202	0.731	0.271	0.711
大学本科	0.363	0.417*	0.243	1.836*	0.212	0.543**	0.293	0.600^

续表

	模型 5		模型 6		模型 7		模型 8	
	S.E,	Exp（B）	S.E,	Exp（B）	S.E,	Exp（B）	S.E,	Exp（B）
研究生	1.080	0.337	0.422	4.010***	0.189	0.553	1.161	0.187
工作状况（有工作=0）								
正在找工作			0.319	0.783	0.291	1.351	0.312	4.022***
近期不打算找工作		0.306	0.216***	0.227	0.411***	0.234	6.038***	
就业身份（自营劳动者=0）								
雇员/工薪劳动者	0.471	0.548	0.272	0.625^	0.268	0.452**	0.379	0.994
雇主	0.371	0.600	0.381	0.151***	0.219	0.640*	0.278	1.419
家庭帮工	0.755	1.585	12140.274	0.000	0.809	0.301	0.943	0.412
换工作情况（未换工作=0）								
换过工作	0.209	0.443***	0.127	1.304*	0.116	1.900***	0.197	3.274***
常量	0.713	0.265	0.452	1.851	0.420	2.976**	0.596	0.278*
Nagelkerke R²	0.262	0.150	0.150	0.347				

注：^表示 P<0.1，*表示 P<0.05，**表示 P<0.01，***表示 P<0.001。

影响，模型 8 为生育对辞职辞退等失去工作的影响。为避免多重共线问题，模型 5 至模型 8 所用数据已将还没有生育经历的城镇女性排除在外。

表 6-2 显示，与只有 1 个孩子的城镇女性相比，有 2 个及以上孩子的城镇女性职业发展受到不利影响的风险更高，失去工作的风险更大，劳动收入更容易减少，再次验证了研究假设 5，即二孩怀孕、分娩、育婴对城镇女性就业的不利影响大于一孩。具体而言，有 2 个及以上孩子的城镇女性职业发展受到不利影响的可能性比只有 1 个孩子的城镇女性高 60.5%，其个人收入减少的风险比只有 1 个孩子的城镇女性高 43.7%，其失去工作的风险比只有 1 个孩子的城镇女性高近一倍（为 93.2%）。该回归结果一方面再次验证了何谦[1]、黄桂霞[2]、宁本荣[3]、贾男等[4]、郑真真[5]等有关生育对职业发展与劳动报酬影响的研究发现，另一方面也表明二孩妈妈 BGWWT 在生育一孩后因婆婆帮忙照料孩子并不影响就业，但生育二孩后因婆婆不能继续帮忙带孩子，只能中断工作、中断个人收入所反映的二孩生育带来的就业问题，在统计推断上具有显著意义。

与孩子数量相比，孩子 3 岁以前白天主要是否由城镇女性亲自照料，对城镇女性就业的影响无论在显著程度，还是在回归系数上都会更大。表 6-2 显示，如果城镇女性有 3 岁以下孩子并且这个孩子白天主要由城镇女性自己照料，那么，城镇女性近期不打算找工作的概率将会提高 11.5 倍。换言之，在不可获得公共托幼服务的情况下，加之没有家人或其他人帮助，城镇女性白天只能自己照看孩子，根本不可能参加工作，即使城镇女性在这一阶段就业意愿再强烈，分身无术的照料负担与职业选择，致使城镇女性只能先把孩子

① 何谦. 职业生涯中断对女性雇员的影响——一个文献的综述 [J]. 中国劳动关系学院学报，2007 (3) 88 - 92.
② 黄桂霞. "全面二孩" 政策下保障女性就业 [N]. 中国社会科学报，2017 - 03 - 08 (6).
③ 宁本荣. 新时期女性职业发展的困境及原因分析 [J]. 西北人口，2005 (4)：24 - 27.
④ 贾男，甘犁，张劼. 工资率、"生育陷阱" 与不可观测类型 [J]. 经济研究，2013 (5)：61 - 72.
⑤ 郑真真. 实现就业与育儿兼顾需多方援手 [J]. 妇女研究论丛，2016 (1)：5 - 7.

照顾好，等孩子能够送幼儿园后再去工作，哈尔滨全职妈妈 HZBLT 的职业中断经历与近期就业打算，反映了很多城镇女性的无奈选择。

此外，3 岁以下孩子白天主要由城镇女性照料时，即使该城镇女性从事工作时间相对灵活的工作，如有的城镇女性经营淘宝等网店，或者通过移动终端进行商品或服务销售的微商，也会由于孩子的照料问题而限制个人发展及收入提高。二孩年龄只有两岁的 SHWLT 在接受访谈时表示："比如说顾客要货，像同城的、比较近的顾客，特别是离我家就隔着几个小区的那种顾客，如果邮寄的话要两天时间才能到货，顾客等不及，我就要带着孩子去给人家送货，就会比较困难。有的时候让老公下班回来帮我送货，或者让老公下班后看孩子，我再去给人家送货。"既要照看孩子，又要送货，还是一个挺容易限制卖货的事情。

二孩妈妈 GBWYT 由于产后没有奶水，经常需要给孩子买奶粉，加上丈夫新成立的公司刚开张，欠了不少外债，家里经济压力很大，她就在生完孩子后两个月内，请公婆帮忙照料孩子，自己去丈夫公司上班。然而，在公婆帮忙照料孩子不到半个月时间，就发生了惊心动魄的家庭风波："一家人正在吃着饭，公公突然发飙，将碗筷扔在我和大宝身上，说'我就应该伺候你们吗？我就不能批评你一句吗？要是换成亮亮哥哥，我早打你几百回了'……公公大怒，往我身上扑过来，想打我的架势……那天晚上大宝吓得一直不停地哭，小宝也不停地闹。我也再没回公司上班，二宝出生后的职场生活，不到半个月就告一段落。"[①]

三、主要结论与研究讨论

本章在描述性统计分析的计算上，运用二元 Logistic 回归分析，研究了生

---

① 方英. 四十再当妈. 广东人民出版社，2016：12 – 13.

育及其各个环节对就业的影响，同时研究了生育总体对就业各个维度的影响，得出了以下主要研究结论，并针对本章的研究结论对其政策含义进行讨论。

（一）主要结论

本章在全面二孩政策背景下，运用最新专项调查数据和座谈访谈资料，通过对生育总体以及怀孕、分娩、育婴各环节对城镇女性个人收入、职业发展、工作机会各维度的影响机理进行系统分析，得出以下三个主要结论。

第一，生育已经给 4 成以上城镇女性就业带来不利影响，其中，怀孕、分娩、育婴影响城镇女性就业的比例在 20%—36% 之间。具体而言，有 10%—20% 的城镇女性因怀孕而减少个人收入、职业发展受限甚至失去工作；有 15%—30% 的城镇女性因分娩而减少个人收入、减少职业培训或提拔晋升机会，因分娩而降低工作职位甚至失去工作的占 5%—8%；因育婴而减少个人收入、减少职业发展机会或失去工作的城镇女性占 5%—15%。

第二，比较城镇女性生育各环节对就业各维度的主要影响发现，因怀孕而失去工作的比例最高，分娩对个人收入影响最大，育婴对就业的影响虽相对较少，但是鉴于育婴具有替代效应，完全可以通过发展公共托幼服务减轻女职工育婴负担，消除育婴对城镇女性就业的影响。

第三，回归结果表明，一方面生育过程及怀孕、分娩、育婴各环节都对城镇女性就业具有显著的不利影响，既印证了描述性分析结果，也验证了研究假设。与《消歧公约》及相关法律法规的保障目标相比，生育对城镇女性平等就业带来的诸多问题，需要全面配套措施及社会支持加以解决。另一方面，二孩生育与照料问题特别是在孩子 3 岁以前白天是否主要由城镇女性亲自照料，对城镇女性就业意愿、职业发展、个人收入、失去工作具有非常显著的影响，验证了研究假设 3，即部分城镇女性会为了保住工作而减少生育。

（二）研究讨论

生育特别是二孩生育不是城镇女性的问题，而是城镇女性响应全面二孩政策号召，为民族繁衍和社会发展做出的巨大贡献，因此生育成本不应该由城镇女性承担。同时，对于女职工多的用人单位，在国家分担生育成本的职责缺位情况下，无论是一孩生育还是二孩生育带来的用工成本增加，也不应该单纯由用人单位承担，而是应该由国家或社会共同分担。国家是推动城镇女性大规模就业的主要力量，国家干预对城镇女性获得社会支持密切相关。[①]有社会性别意识的政策是决策人在政策制定中能敏锐地认识到传统社会性别结构产生的性别差异，不仅以对女性因历史原因造成的不利条件进行弥补为目的，而且以消除传统的社会性别结构来改变社会秩序、实现两性和谐均衡发展为长远目标。[②]

然而，由于决策层普遍缺乏社会性别意识，在生育保险和基本医疗保险合并实施以前，政府在财政支出中不但没有对生育保险基金提供支持并进行兜底，也没有充分认识社会服务政策对平衡工作家庭的作用，更没有在解决工作家庭冲突中承担应有的责任[③]，对托幼管理体制改革及其更强调社会对托幼事业的责任，导致公办托幼园所锐减，增加了城镇女性工作家庭冲突，限制了女性就业[④][⑤][⑥]。特别是在缺乏必要社会支持情况下，城镇女性由于同时承担生育和就业的双重职责，生育容易对其就业产生不利影响。加之相关法

① 王金玲. 女性社会学本土研究与经验. 上海人民出版社, 2002.

② 刘莉, 李慧英. 公共政策决策与社会性别意识 [J]. 山西师大学报（社会科学版）, 2003, (03). 103 – 108.

③ 刘伯红, 张永英, 李亚妮. 从工作与家庭的平衡看公共政策的改革与完善 [J]. 中华女子学院学报, 2010 (6)：12 – 28.

④ 蒋永萍. 重建妇女就业的社会支持体系 [J]. 浙江学刊, 2007 (2)：207 – 211.

⑤ 和建花, 蒋永萍. 从支持妇女平衡家庭工作视角看中国托幼政策及现状 [J]. 学前教育研究. 2008 (8)：3 – 6 + 29.

⑥ 黄桂霞. 生育支持对女性职业中断的缓冲作用——以第三期中国妇女社会地位调查为基础 [J]. 妇女研究论丛, 2014 (4)：27 – 33.

律法规缺乏操作性、政府监管不到位①②③④、司法救济和监察制度不完善⑤，导致基于生育的就业性别歧视长期存在。而帕累托改进理论认为，通过优化资源配置，充分开发利用潜在资源，将有利于实现利益最大化。本研究基于帕累托改进理论，认为政府可通过调节财政资源配置，加大对公共托幼服务的财政支持，进而提供公共托幼服务，解决城镇女性因3岁以下婴幼儿无人照看而带来的不利影响。同时，建议政府加强劳动力市场监管，通过消除招聘性别歧视，为城镇女性、特别是生育后再就业女性提供平等就业机会。

---

① 刘璞. 论女性就业歧视现状及其保护 [J]. 前沿, 2010 (23): 77 – 79.
② 孙晓丽. 我国大学生就业中的政府责任研究 [D]. 中国石油大学, 2009.
③ 宋歌. 责任政府视域中女大学生就业问题研究 [D]. 东北财经大学, 2010.
④ 马青青. 大学生就业中的地方政府责任研究 [D]. 浙江师范大学, 2012.
⑤ 江彩军, 钱丹意, 郭颖华. 对当前我国就业性别歧视的法律研究 [J]. 福建论坛 (社科教育版), 2010 (12): 27 – 28.

第七章 生育对城镇女性就业影响的深层次原因分析

如前所述，一方面，生育二孩阻碍城镇女性平等就业，另一方面，城镇女性因担心就业受影响而不敢生育二孩。基于此，本研究将从宏观、中观和微观三个层次，对生育影响城镇女性就业的深层次原因进行分析。在宏观层面，将着重从保障城镇女性平等就业的立法、执法、司法的完善程度与保障作用、公共托幼服务四个角度进行分析；在中观层面，将重点从全面二孩政策加重用人单位生育负担的角度进行分析；在微观层面，将重点从城镇女性就业弱势地位、男性育儿缺位的角度进行分析，分析框架见图7-1。

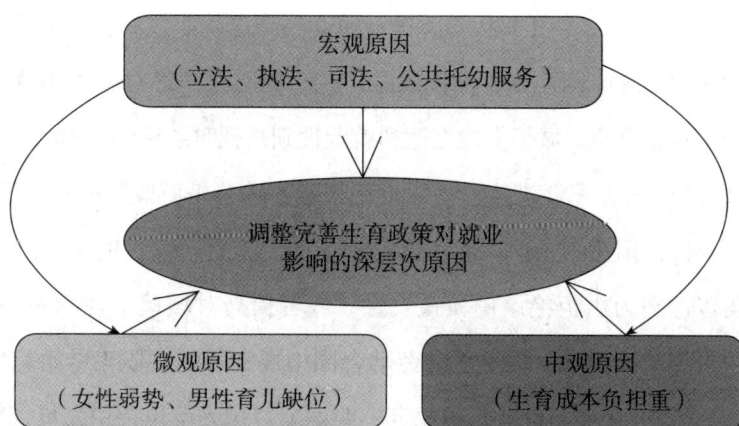

图7-1 生育对城镇女性就业影响的深层次原因分析框架

一、宏观层面的原因分析

（一）立法司法保障不健全

就业是民生之本，男女平等是我国的一项基本国策，为保障女性平等就业权，我国已颁布并实施了《就业促进法》《就业服务与就业管理规定》《女职工劳动保护特别规定》等多部法律法规，彰显了消除就业性别歧视、促进男女平等就业的国家责任。近年来，促进高校毕业生就业工作的相关文件也为女大学生平等就业创造了良好的政策环境。然而，在2019年九部门出台《关于进一步规范招聘行为促进妇女就业的通知》之前，相关法律法规缺乏对就业性别歧视的判定标准，加之对实施就业性别歧视的用人单位缺乏强有力的处罚依据和措施，不健全的法律法规使得城镇女性的平等就业权难以得到保障。

1. 立法中缺乏就业性别歧视的法律界定

生育对城镇女性就业的不利影响，一定程度上源于我国缺乏专门的《反就业歧视法》，同时，由于现阶段保障城镇女性平等就业权的法律法规不够完善，相关法律法规原则性强、操作性差，在法律层面缺乏对基于生育的就业性别歧视的概念界定，城镇女性在遭遇就业性别歧视时缺乏必要的救济途径。

具体而言，《就业促进法》虽然专门规定了"公平就业"一章，第27条规定用人单位在招用人员时，除了国家规定的、不适合女性的工种或者岗位外，不得以性别为由拒绝录用城镇女性，或者提高对城镇女性的录用标准。用人单位录用城镇女性，也不得在劳动合同中规定限制女职工结婚、生育等相关内容。《就业服务与就业管理规定》明确了"用人单位招用人员，应当向劳动者提供平等的就业机会和公平的就业条件。"

目前普遍存在的问题是，除了九部门《关于进一步规范招聘行为促进妇女就业的通知》外，相关法律法规既没有对"就业性别歧视"的定义和判定标准做出明确规定，也没有对就业性别歧视的惩处办法做出具体规定，以至于劳动保障监察机构无法根据上述法律法规对就业性别歧视进行有效查处。人力资源和社会保障部门的 BJJFZ 在座谈会上说："人力资源和社会保障局监察处是唯一一个有行政处罚权的部门，看着权力挺大，但其实劳动监察的所有职权必须由法律授权，法律有规定的我们可以做，法律没有规定的我们做不了。比如《就业服务和就业管理规定》以及《北京市人才市场管理若干规定》，都对招聘环节性别歧视做出了禁止性规定，但是这些规定都没有明确在具体操作中应该如何认定，在这些规定没有细化的情况下，我们没有办法监察。"[①]

法律保障缺乏操作性，政府对劳动力市场特别是对中小企业和非正规就业领域监管不到位，以及针对就业性别歧视的救济途径不畅通，阻碍了全面二孩政策下城镇女性平等就业。

2. 司法对就业性别歧视惩处不利

虽然按照《就业促进法》第六十二条规定："违反本法规定，实施就业歧视的，劳动者可以向人民法院提起诉讼。"第六十八条规定："违反本法规定，侵害劳动者合法权益，造成财产损失或者其他损害的，依法承担民事责任；构成犯罪的，依法追究刑事责任。"但是由于人们普遍存在不愿意打官司的心态，加之对枪打出头鸟的忧虑，绝大部分遭遇就业性别歧视的城镇女性不会到法院上诉。同时，在 2019 年九部门出台《关于进一步规范招聘行为促进妇女就业的通知》之前，最高人民法院公布的《民事案件案由规定》的 424 个案由中，就业性别歧视不在其中，即使城镇女性遭遇就业性别歧视，也无法以就业性别歧视立案，只能以"一般人格权纠纷"案由立案，这种借名立案

---

① 该资料来源于全国妇联妇女研究所承担的国务院妇儿工委委托的"生育政策调整完善与妇女就业课题"项目座谈会录音文字稿。

问题在客观上给法院拒绝立案提供了托辞，一定程度上导致了法院立案庭与劳动争议仲裁机构对就业性别歧视诉讼来回"踢皮球"问题，既为遭遇基于生育的就业性别歧视维权城镇女性平添了立案障碍，也减少了对实施就业性别歧视行为用人单位的处罚力度。

（二）政府部门监管不到位

《就业促进法》规定："国家保障妇女享有与男子平等的劳动权利"，"各级人民政府创造公平就业的环境，消除就业歧视"。针对女大学生遭遇的就业性别歧视问题，2013 年国务院办公厅下发关于做好全国普通高校毕业生就业工作的政策文件，首次明确提出加大劳动力市场监管力度，及时纠正性别歧视和其他各类就业歧视现象。2016—2019 年，教育部在关于加强高校毕业生就业信息服务工作的相关通知中明确要求，各地、各高校坚决反对就业性别歧视。然而，在政府相关部门的实际监管过程中，不同程度地存在以下问题。

1. 对就业性别歧视的监管职责不清

劳动保障监察部门在执法实践中依据《劳动保障监察条例》（2004 年）所列明的"劳动保障行政部门对下列事项实施劳动保障监察"的 9 个事项中，并没有明确将 2007 年颁布的《就业促进法》规定的就业性别歧视列为劳动监察事项。因此，一些劳动保障监察人员并不认为有义务对就业性别歧视进行监督检查。部分劳动保障监察人员对招聘性别歧视认识不清，一般会站在维护用人单位利益的立场上，同情用人单位在承担女职工生育成本方面的经营困难，忽略求职应聘城镇女性的平等就业权益，座谈会上 JZLGM 表示："我曾告诉前来投诉招聘性别歧视的城镇女性说'你干嘛非要到限招男性的用人单位应聘，你到不要求性别的单位应聘不就得了?!'"[①] 相关人员的类似认识

---

① "女大学生就业状况与问题调研"课题组. 新形势下女大学生就业的状况、问题与对策[J]. 妇女研究论丛，2018（2）：24-30.

问题绝非个案，这些认识不但挫伤了城镇女性遭遇招聘性别歧视后维权的积极性，而且也助长了用人单位招聘性别歧视之风，损害了保障妇女平等就业权益的法律权威。

2. 属地化规定带来监管真空

《劳动保障监察条例》第3条第2款明确规定："县级以上地方各级人民政府劳动保障行政部门主管本行政区域内的劳动保障监察工作。"这款规定要求监察部门只能在用人单位所在地进行管辖。实际上，目前部分用人单位通过总部发布招聘信息，对于跨区域进行招聘的用人单位，即使存在招聘性别歧视，上述属地化监管规定也会使得相关劳动保障监察机构无法行使监管职责。

在北京市召开的决策部门座谈会上，BJJFZ深有感触地说：

> 现在银行或通讯公司等很多招聘信息都是通过总部发布的，假如中国移动公司发布的网络招聘信息存在违法行为，你让北京市劳动保障监察部门去监管，这在实际工作中很困难。首先遭遇招聘性别歧视的是外地求职应聘人员，假如被投诉的移动公司在上海，就只能由上海市劳动保障监察部门来管理。但是如果求职者在网络招聘广告的发布地投诉，北京劳动保障监察部门就没办法对上海移动公司进行监管，而上海劳动保障监察部门也没办法监管总部发布的招聘信息，属地化监管规定就造成了监管盲区。今年北京市级劳动保障监察部门共接到5起异地投诉举报案，我们也没办法处理，就想呼吁相关部门应尽快针对这些规定进行协调完善。①

----

① 该资料来源于全国妇联妇女研究所承担的国务院妇儿工委委托的"生育政策调整完善与妇女就业课题"项目。

（三） 公共托幼服务短缺

在我国计划经济时期，党和政府高度重视公共托幼服务对减轻女性照料负担的作用，公共托幼服务对解放女性生产力发挥了重要作用。市场经济背景下，很多单位为了减轻负担，关、停、并、转了很多托儿所、幼儿园，质优价廉的公共托幼服务严重不足，加剧了生育对就业的不利影响，制约了城镇女性就业和职业发展，降低了城镇女性劳动收入和经济自立程度。

1. 托幼服务历史沿革

为减轻妇女照料子女负担、促进妇女参加社会劳动，1951 年国家制定《中华人民共和国劳动保险条例》，规定各企业工会基层委员会应根据企业情况和职工需要，办理托儿所等集体劳动保险事业。1952 年颁布《幼儿园暂行规程（草案）》，明确规定：幼儿园的任务不仅包括教育幼儿，同时要减轻母亲的照料负担，以便母亲有时间促进生产劳动、文化教育活动等。1953 年《中华人民共和国劳动保险条例实施细则（修正草案）》规定：实现劳动保护的企业女工人、女职员，有四岁以内的子女二十人以上，工会基层委员会与企业行政方面或资方协商单独或联合其他企业设立托儿所。① 20 世纪 50 年代以后，中国在托幼机构数量、接送孩子时间等方面，都以支持妇女就业为出发点，尽可能为妇女就业提供便利。1956 年底，我国城市新建扩建托幼机构2.67 万所，收托儿童 125 万，比 1949 年增加了 260 倍。计划经济时期，托幼机构收托孩子的大小与女职工的产假时间衔接，在女职工休完 56 天法定产假后，就可以把孩子送到托儿所照料；托幼机构工作时间长于女职工的工作时间，每天早 7 点和晚 7 点接送孩子，保障了城镇女性在上班时间安心工作。此外，除了孩子得大病和传染病外，城镇女性不必因孩子感冒发烧等小病而请

---

① 杜声红，杨菊华. 新中国 70 年来托育服务的发展历程［N］. 中国人口报，2019 - 08 - 26（003）.

假影响工作。在托幼机构收费方面，低廉的费用让所有家庭都可以接受。不仅如此，部分单位还可以报销托儿费，职工基本在子女入园入托方面没有经济负担。[①] 收费低廉、服务周到，以促进城镇女性就业为目标的托幼公共服务，不但解除了城镇女性生育的后顾之忧，而且也为城镇女性减少生育和就业冲突、投身国家建设发挥了重要作用，促进了城镇女性能够做到保持高生育率（5.81）和高就业率（90%以上）的"双高"态势。

在市场经济初期，随着社会改革和妇联职能调整，托儿所的主管机构由妇联组织转向教育部门。教育部门在3岁以上孩子入园压力加大的情况下，不但停止了对3岁以下孩子的招生计划，而且还将以往接收3岁以下孩子的托儿所，改为仅接收3岁以上孩子的幼儿园。与此同时，国家为了减轻企业的经济负担，"一刀切"地将公共托幼服务推向社会，机关企事业单位及街道托儿所随之消亡。从部门职责划分上，截至2016年底，国家卫计委对于3岁以下婴幼儿仅负责提供健康服务，教育部仅提供亲子教育指导，对于该年龄段孩子的公共托幼服务，既没有社会组织提供相关服务，也没有政府相关部门主管，致使3岁以下孩子的照料基本上完全由家庭承担。

角色冲突理论认为，职业女性在工作和家庭领域扮演不同角色，个人时间和精力的有限性与人们对不同角色的期待，致使不同角色发生冲突。同时受"男主外，女主内"传统性别角色分工的影响，城镇女性即使就业，也要承担大部分或全部子女照料责任。城镇职业女性照料孩子的时间越长，越有可能产生家庭角色与职业角色的冲突。"别让孩子输在起跑线上"等商业宣传，进一步加剧了城镇职业女性在子女照料与工作之间的冲突。特别是在全面二孩政策实施以来，如果没有公共托幼服务的支持，单纯依靠个人和家庭的力量，难以解决生育和就业的矛盾冲突。

---

① 左际平，蒋永萍. 社会转型中城镇妇女的工作和家庭［M］. 当代中国出版社，2009.

2. 公共托幼服务需求旺盛

教育部 2017 年教育统计数据显示，我国 3 岁以下学前教育机构在园人数为 112.95 万，与同期全国 3 岁以下儿童总数 5164 万相比，全国范围内在园人数仅占 2.2%。① 国务院妇儿工委委托项目"生育政策调整完善与妇女就业"调查数据显示，如果有适合 3 岁以下孩子的托儿所，有 55% 的城镇女性愿意把孩子送去托儿所，对于不愿意把孩子送去托儿所的 29.5% 的城镇女性而言，虽然从育儿理念上看，一般家长担心 0—3 岁孩子在安全、健康方面的风险相对较高②，但如果托幼机构能够保障孩子的安全、卫生与健康，很多不愿意把 3 岁以下孩子送到托幼机构的城镇女性，也会转变观念，愿意把孩子送到托幼机构。

在被问及政府应当优先采取哪些政策措施保障男女平等的生育与就业权益时，所有接受调查的城镇女性都对发展 3 岁以下托幼服务高度认同，其中有 33.7% 的城镇女性直接选择发展适合 3 岁以下孩子的托儿所。接受访谈或参加座谈会的多数老人也都表示，自己年龄大、身体不好，无法照顾孙辈。另外一些接受访谈或参加座谈会的城镇女性表示，考虑到与父母存在教育理念上的冲突，孩子在托儿所可以接触到更多同龄小朋友，学会如何跟别人相处，愿意选择托幼机构照看孩子。③

在此次专项调查过程中，当二孩妈妈 BGWWT 被问到如果有适合 1—3 岁孩子的托儿所，是否愿意把这个年龄的孩子送到托儿所时，BGWWT 一脸欣喜，连说："愿意、愿意，只要托儿所有一定资质，能让家长放心，肯定愿意送呀！谁愿意老在家带孩子呀?! 带孩子一点儿也不能实现个人的价值，谁都

① 李楠. 3 岁以下婴幼儿托育服务行业的发展现状与前景. 城市化观察网 2019 – 03 – 28, http://www.sohu.com/a/304218517_ 100291829.
② 耿兴敏. 发展托幼机构 政策扶持需先行 [N]. 中国妇女报，2016 – 06 – 16（A01）.
③ 张永英. 全面两孩政策与 3 岁以下托幼服务现状和需求研究报告 [R]. 2016 年，未发表.

不愿意老在家里带孩子!"CDTWO 在接受访谈时也表示:"我觉得公办托儿所、幼儿园特别好,解决了很大的问题。因为我周围同事有的父母年纪大了,没有办法帮忙带孩子,从社会上请保姆还不安全,大家在一起讨论的时候也常说,如果单位有一个幼儿园、托儿所或者专门有这种公办的(托儿所幼儿园)照顾孩子,好多人就说生二胎没有问题。"

杨菊华(2018)从供给侧改革视角出发,指出当前 3 岁以下婴幼儿托育服务存在供给总量极其不足、结构严重失衡、服务质量无保等问题。杨慧(2018)根据国务院妇儿工委委托项目"生育政策调整完善与妇女就业"调查数据测算发现,仅北京一个城市,其公共托育服务需求在 6 年内将达到为 168 万—200 万。另有研究认为城市 2—3 岁幼儿入托需求最为强烈,杜声红(2018)预测,到 2030 年城市地区有效需求总量将达到 161.6 万—225.5 万[①]。公共托幼服务极度缺乏、托儿所幼儿园缺位,不但限制了城镇女性就业[②③],而且也降低了城镇女性的二孩生育意愿。

二、中观层面的原因分析

虽然我国《妇女权益保障法》《就业促进法》等都明确规定用人单位应保障妇女的平等就业权,但是,在生育保险和基本医疗保险合并实施前,由于国家未对生育保险费用进行财政投入,在生育成本社会化程度较低的情况下,部分用人单位为了片面追求成本效益,经常无视法律规定,在招工用工过程中不愿意雇佣女性。

---

① 张欢欢,王苏苏. 本土经验与国际视野:探索"幼有所育"长效机制 [N]. 中国妇女报,2018 - 05 - 08 (005).

② 蒋永萍. 重建妇女就业的社会支持体系 [J]. 浙江学刊,2007 (2):207 - 211.

③ 黄桂霞. 生育支持对女性职业中断的缓冲作用——以第三期中国妇女社会地位调查为基础 [J]. 妇女研究论丛,2014 (4):27 - 33.

（一） 生育保险基金来源单一

《社会保险法》第53条规定："职工应当参加生育保险，由用人单位按照国家规定缴纳生育保险费，职工不缴纳生育保险费。"该规定排除了城镇女性自己缴纳生育保险费的责任。同时，各省区市生育保险实施办法中，普遍实行生育保险基金完全由社会统筹，政府不补贴、个人不缴费的筹资模式，不但加大了用人单位缴费负担，也会加大未参保单位在女职工生育时的产假工资负担。此外，城镇灵活就业人员、未就业人员无法参保、也无法享有生育津贴等生育保险待遇。

全面二孩政策实施以来，各地普遍修改了人口与计划生育条例，并在2012年以来98天产假的基础上，将产假的计算方式调整为"国家规定假期98天＋生育奖励假"。各省份的生育奖励假为30天至3个月不等，女职工可享受的产假为128—190天①不等。不仅如此，绝大部分省区市的人口与计划生育条例并没有明确延长产假的生育津贴是否由生育保险基金支付，这在一定程度上加重了用人单位负担，进而导致用人单位不愿意招聘未生育或可能生育二孩的城镇女性。

（二） 生育津贴覆盖范围窄

《社会保险法》规定，参加生育保险的用人单位在女职工生育期间，可以享受包括生育医疗费用和生育津贴的生育保险待遇。第56条进一步规定："职工有下列情形之一的，可以按照国家规定享受生育津贴：（一）女职工生育享受产假；（二）享受计划生育手术休假；（三）法律、法规规定的其他情形。"在《社会保险法》明确支付范围后，女职工怀孕期间的产前检查时间与产后法定哺乳时间都算作工作时间，需要用人单位承担相应工资，而极少数

---

① 2017年产假国家规定30省份延长产假这个地方产假全国最长. http：//www.51laifu.com/Article/Content/11974923_2.html（2017－07－17）.

女职工由于身体等各方面原因需要休假保胎时，也需要用人单位支付相应假期工资。不仅如此，部分用人单位为了保障女职工产假期间的岗位正常运转，需要重新雇人完成女职工产假期间的工作任务，进而会增加一定的岗位替代成本。总之，生育费用的社会统筹仅限于医疗和产假期间的工资，企业使用替补劳动力、产前检查及哺乳期的工时损失等经济负担，也使得企业不愿意雇佣女工。[1]

因此，单一的生育保险基金来源与偏窄的生育津贴覆盖范围，降低了生育保险社会化程度，增加了用人单位对女职工生育成本的负担。全国总工会对 11 个省区市 660 个企业负责人调查发现：有 88% 的企业负责人认为女职工生育费用开支大，生育前后不能保证正常工作，影响企业的经济效益。[2] 在近两千人的毛纺企业中，每年为支付女职工生育成本及由此导致的经济损失合计近百万元。[3] 由于在使用女职工时人力成本太高、负担太重，有些企业为了控制用人成本，只能少招甚至不招女工，这在很多中小企业更为明显。有报道显示，一名女职工在生育期间需要企业承担包括产假工资、哺乳假工资、各项社保费用等大约 4 万元，以有 1000 名员工的企业为例，如果 25—40 岁育龄女职工有 300 人，每年约有 40 人休产假，企业每年将多承担 150 万元以上的费用。不仅如此，企业还需要承担女职工因痛经休假、保胎休息、流产引产假、孩子生病、更年期综合征等影响正常工作的管理费用，以及增加适合女职工劳动、休息的投资，如卫生室、孕妇休息屋、哺乳室等[4]，无疑加大了用人单位在女职工用工成本方面的经济负担。

---

① 左际平，蒋永萍. 社会转型中城镇妇女的工作和家庭［M］. 当代中国出版社，2009.

② 顾协国. 性别视角下的妇女就业问题［J］. 经济师. 2003，17：58.

③ 邬小平. 从妇女就业看市场经济、性别平等和妇女发展［J］. 前沿，1998（2）：51－55.

④ 耿兴敏. 对女性"亮红灯""设门槛"就业歧视何时休？［N］. 中国妇女报，2017－04－13（A03）.

三、微观层面的原因分析

与以往相比，目前我国就业形势严峻，受经济下行压力加大及中美贸易摩擦扩大的影响，相关单位在一定程度上减少了招工用工需求。同时，"男主外，女主内"的传统性别分工观念，以及基于生育的就业性别歧视与社会支持不足，将城镇女性在就业方面置于极为不利的弱势地位。

（一）传统性别观念限制

与经济社会发展程度相比，观念意识的改变速度尤为滞后。盛行于传统封建社会的"男人应该以社会为主，女人应该以家庭为主"的观念，即使到了女性就业人员已占到全国总体就业人员的40%以上的当今社会，仍然有部分家庭和用人单位普遍认同"男主外，女主内"。第三期中国妇女社会地位调查数据显示，分别有61.6%的男性和54.8%的女性对"男人应该以社会为主，女人应该以家庭为主"的观点表示认同。与2000年比，男女两性对该说法的认同率分别提高了7.7和4.4个百分点。①

虽然很多人认为城镇女性在生孩子前工作能力不逊于男性，甚至部分城镇女性的工作能力、工作表现优于男性，但是在城镇女性生育以后，这些家庭和用人单位就认为城镇女性将把注意力和工作重心转移到孩子身上，减少对工作的付出甚至中断工作。现实生活中，虽然确实存在部分城镇女性生育后减少对工作的投入问题，但是无论对此次问卷调查及座谈访谈资料的分析研读，还是对以往研究成果的梳理，类似 BCMZO 公公为了让她在家带孩子说"你的班算我给你上"、BGWWT 在二孩生育后辞职在家带孩子等案例，都反映了城镇女性虽然自身普遍很愿意工作，但是在社会性别意识不高的情况下，

①　丁娟，李文.妇女的经济地位［M］宋秀岩.新时期中国妇女社会地位调查研究（上卷）.北京：中国妇女出版社，2013：524.

受个人或家庭成员"男主外，女主内"传统性别观念的影响，加之缺乏有质量保障的公共托幼服务或社会支持，不得不放弃工作的社会现实。这些问题进而使得"男主外，女主内"的传统性别分工观念对女性的束缚和用人单位对女性的歧视不断加剧。

（二）　难以及时留取证据

此次专项调查数据显示，部分城镇女性在求职应聘时，很难及时留取遭遇招聘性别歧视的证据。有调查显示，49.8%的女性反映很多歧视是隐性的，并非直截了当说不要女生，没有维权证据。[①] 座谈会上劳动保障监察人员表示，部分女性在遇到招聘启示包含性别歧视的内容时，由于没有及时拍照或索取相关招聘信息，到投诉阶段无法提供相关的证据、证明，劳动保障监察机构在查处时也会面临很多困难。对此，BJJFZ在座谈会上呼吁："我觉得要加强日常宣传，对女性在招聘期间应该留取哪些证据，如何尽可能保护自己的合法权益，需要进一步加大宣传力度。"[②]

（三）　维权结果得不偿失

部分城镇女性遭受用人单位基于生育的就业性别歧视后，由于我国没有类似其他国家促进平等就业的专门机构，城镇女性在求职应聘中面临的招聘性别歧视时，应不属于劳动仲裁范围，无法通过劳动仲裁渠道获得维权帮助。此外，法院只能在"一般人格权纠纷"案由下立案的借名立案问题，减少了对实施就业性别歧视用人单位的处罚力度。

截至2019年8月，我国共有4起公开报道的就业性别歧视诉讼案件。课

---

① 胡雅婷. 单位生育负担是歧视女性首因（就业性别歧视怎么破？·下篇）[N]. 人民日报，2013－12－05（14）.
② 该资料来自国家社科基金重大项目"中国特色社会主义法治体系建设中的妇女权益保障研究"的实地调研.

题组对这4起就业性别歧视诉讼案件梳理后发现，普遍存在诉讼时间长、赔偿额度偏低的问题。从4起案件的诉讼时间和赔偿看：一是从2012年7月11日，曹菊诉北京市海淀区新巨人培训学校性别歧视案立案，到2013年12月18日该案以调解方式结案，历时17个月，被告同意支付三万元并以此作为关爱女性平等就业专项基金。二是从2014年7月8日，黄蓉诉杭州市西湖区东方烹饪职业技能培训学校性别歧视案立案，到2015年1月26日法院判决，历时6个月，获得2000元赔偿。三是从2015年1月26日，马户诉北京市邮政速递物流有限公司和北京手挽手劳务派遣有限责任公司性别歧视案立案，到2016年2月23日北京市第三中级人民法院判决维持原判，历时近13个月，获得2000元赔偿。四是从2015年8月19日，高晓诉广东惠食佳经济发展有限公司和广州市越秀区名豪轩鱼翅大酒楼性别歧视案立案，到2016年9月6日广州市中院做出二审判决维持一审判决，历时12个月，获得2000元赔偿。[1] 即使不考虑原告诉讼后对枪打出头鸟的顾虑，仅就时间成本与判决结果看，上述案件普遍存在得不偿失的维权成本偏高问题，加之诉讼人担心其他用人单位不敢雇佣有诉讼经历的强势维权女性，最终导致只有4位城镇女性敢于拿起法律武器维护自身平等就业权益。

四、主要结论与研究讨论

本章在对法律文本研究及座谈访谈质信研究的基础上，分别从宏观层面、中观层面和微观层面，对调整完善生育政策后，城镇女性面临的就业问题与性别歧视进行了深入分析。

---

① "中国特色社会主义法治体系建设中的妇女权益保障研究"课题组．中国特色社会主义法治体系建设中的妇女权益保障研究课题报告．2017.

（一） 主要结论

笔者认为，宏观层面保障城镇女性平等就业的法律法规不健全，缺乏对就业性别歧视的法律界定与惩处标准，增加了劳动保障监察部门的执法难度。同时由于劳动保障监察部门相关工作人员对于就业性别歧视的监管职责认识不清，对保障城镇女性平等就业权益的社会性别意识不强，加之此前法院缺乏就业性别歧视立案案由，借名诉讼加大了就业性别歧视立案难度，弱化了对实施就业性别歧视用人单位的惩处力度。此外，从公共托幼服务的历史沿革看，伴随我国由重视公共托幼服务对城镇女性就业的促进作用，到市场化改革过程中"一刀切"地关、停、并、转企事业单位及街道托儿所幼儿园，导致婴幼儿照料对城镇女性就业的冲击越来越大。

中观层面由于国家缺乏对生育保险基金的财政投入，所有生育保险费用均由企业缴纳的缴费模式，不但加剧了用人单位的缴费负担，同时生育保险覆盖范围偏窄及由此导致的怀孕女职工产前检查工资、哺乳假工资、产假期间社会保险费以及替岗成本，完全由用人单位承担，大幅增加了用人单位在女职工生育方面的成本负担，进一步加剧了就业性别歧视。

微观层面"男主外，女主内"的传统性别观念、家庭对城镇女性的照料期待，以及城镇女性在遭遇基于生育的就业性别歧视时，难以留取证据与维权成本偏高等问题，把城镇女性置于就业的弱势地位。

（二） 研究讨论

虽然在表面上看生育政策调整完善与立法执法、生育保险、公共托幼服务、政府监管等无关，但实际上调整完善生育政策与促进平等就业的法律政策、劳动力市场监管程度、公共托幼服务政策、生育保险政策相互影响，牵一发而动全身。全面二孩政策实施后，政府及相关部门需要做好相关政策的顶层设计和衔接，从落实计划生育基本国策和落实男女平等基本国策的高度，做好配套政策措施研究。

第八章　促进女性生育与就业协调
兼顾的国际经验借鉴

就业性别不平等问题，既是阻碍城镇女性就业和职业发展的现实问题，也是阻碍世界女性发展的历史问题。为了消除生育对就业的影响，促进女性平等就业，很多国家和国际组织都进行了积极探索，积累了宝贵经验。因此，对基于生育的就业性别不平等问题进行研究分析，需要在借鉴国际经验的基础上，深入探讨全面二孩政策下促进女性平等就业的有效路径，无论对于推动全面二孩政策的有效实施，还是促进城镇女性平等就业，都具有重要的现实意义。

一、禁止就业性别歧视

《消除对妇女一切形式歧视公约》（以下简称《消歧公约》）对妇女歧视的定义是指"基于性别而作的任何区别、排除和限制其作用或目的是要妨碍或破坏对在政治、经济、社会、文化、公民或任何其他方面的人权和基本自由的承认以及妇女不论已婚未婚在男女平等的基础上享有或行使这些人权和基本自由。"《消除就业和职业歧视公约》《有家庭责任的男女工人平等机会和平等待遇公约》《生育保护公约》《北京行动纲领》等公约与成果文件，规定各缔约国要采取适当措施，禁止基于生育的就业性别歧视。如禁止劳动力市场性别歧视，确保怀孕女性、产假女性和产后重返劳动力市场的女性不受歧视。这些国际公约为缔约国促进男女平等就业指明了方向，目前已有145个国家明确禁止基于生育的歧视，有64个国家为女工产假结束后回到"相同岗位或者具有同等报酬的岗位"提供了法律保障。①

为了消除就业性别歧视，促进男女平等就业，很多国家都在相关法律中禁止歧视女性。早在1964年，美国《民权法》规定禁止将女性申请者排除在轮船、班机事务长等职位之外，禁止对女性进行不适当的限制。欧盟法律也明确禁止雇主在矿业、林业等基于性别标准不录用申请人的行为②。2014年在可以获得相关信息的165个国家中，有145个国家明确禁止性别歧视。③ 日本政府进一步要求公司熟知《平等就业机会法》，为女性举办研讨会，发放招聘指导手册，特别强调对女性招聘的机会平等及纠正歧视性招聘行为④，促进女性平等就业。德国规定应聘者因性别歧视得不到工作时，可以从雇主处获得相当于三个月工资的赔偿金。⑤⑥

二、政府承担生育成本

生育既是家庭内部的事情，更是为国家生育和培养新增劳动力的社会责

---

① Addati, Laura；Cassirer, Naomi；Gilchrist, Katherine. Maternity and Paternity at Work：Law and Practice across The World ［R］. http：//www. ilo. org/global/topics/equality – and – discrimination/maternity – protection/publications/maternity – paternity – at – work –2014/lang – en/index. htm.

② 周伟. 中国城镇就业中的性别歧视研究——以1995年至2005年上海市和成都市30万份报刊招聘广告条件为例 ［J］. 政治与法律，2008，04：27 –33.

③ International Labour Office Geneva, 2014, Maternity and paternity at work：Law and practice across the world, Geneva：ILO, 2014.

④ 朱晓辉. 国外大学生就业的促进政策. 中国信息报 http：//www. zgxxb. com. cn/jsdk/201002252068. shtml.

⑤ 余意. 解决女大学生就业歧视问题的对策研究 ［D］. 湖南大学硕士学位论文，2011.

⑥ 闫晗. 女大学生就业困境研究 ［D］. 内蒙古大学，2012.

任，需要国家承担生育成本。在丹麦，女性怀孕期间的保健检查以及分娩费用全部由政府支付。① 匈牙利政府从 2007 年开始对雇佣因照料子女中断就业女性的雇主，提供社会保障缴费补贴。② 为解决因设立哺乳和日间照顾设施带来的企业成本增加问题，促进企业雇佣有家庭责任的工人，阿根廷规定，上述设施的所有成本都由公共资金承担③，该规定解决了企业不愿雇佣有家庭责任的工人问题。

20 世纪 90 年代以来，北欧的挪威、瑞典、丹麦等国家将父母育儿假与法定产假衔接，让父亲和母亲共同享有带薪育儿假，既有利于男性承担家庭照料责任，减轻女性的家庭照料负担，又有利于消除就业性别歧视，促进女性职业发展。在育儿假的薪资来源方面，挪威规定全部费用由国家承担，瑞典、丹麦则规定由国家和雇主分摊，减轻了用人单位的负担。④ 俄罗斯联邦 2006 年 12 月 29 日发布国家《关于支持有子女家庭的补充措施》的第 256 号决议，该决议明确设立"母亲基金"，基金实施时间为 2007 年 1 月至 2016 年 12 月，具体内容为 2007 年 1 月 1 日起，联邦政府为生育第二个及以上孩子的家庭发放"母亲基金证"，据此证可在孩子三周岁前获得该基金，基金标准在 2011 年为 36 万卢布，以后平均每年平均增加 25378 卢布。⑤ 该基金有效减轻了家庭育儿经济负担。

---

① 杨敬忠. 丹麦：生育福利制度让人民"很幸福". 人民网，http：//finance. people. com. cn/n/2013/0219/c70846 – 20527496. html，2013 – 02 – 19.

② 张永英. 有关生育保护与妇女就业支持的国际文书与各国规定（未发表），2015.

③ Addati，Laura；Cassirer，Naomi；Gilchrist，Katherine. Maternity and Paternity at Work：Law And Practice across The World［R］. http：//www. ilo. org/global/topics/equality – and – discrimination/maternity – protection/publications/maternity – paternity – at – work – 2014/lang – en/index. htm.

④ 杨慧，林丹燕. 如何化解二孩政策带来的"生"与"升"的纠结［N］. 中国妇女报，2015 – 08 – 24（A03）.

⑤ 陈爽. 俄罗斯"母亲基金"对我国"全面二孩"政策的启示. 山东社会科学研究，2017（8）：603 – 610.

三、发展公共托幼服务

有学者认为，到 20 世纪 90 年代，欧洲已经形成比较完善的家庭政策体系，其内容主要包括四个方面：一是平衡家庭与工作，二是妇幼保健服务，三是包括育儿补贴在内的现金补贴及减免税收等福利；四是儿童照料和儿童发展的公共服务。[①] 欧洲既有强调社会性别平等的普惠性家庭政策，如丹麦、芬兰、挪威和瑞典；也有立足于传统劳动性别分工，基于父母就业状况对家庭提供不同的支持，如德国、荷兰等；还有公共服务和私人服务混合，如现金支持力度和父母工作支持力度都相对较低的意大利、西班牙、葡萄牙等国家；而英国、希腊实行自由主义模式家庭政策，主要对象是困难家庭，强调发挥市场力量，尤其是儿童照料服务主要通过市场来提供。[②] 本研究报告重点对欧洲特别是强调社会性别平等的北欧公共托幼服务进行梳理。此外，澳大利亚、美国、日本等西方国家，也为发展 3 岁以下孩子的保育服务进行了大量实践，积累了丰富的经验。

（一）　北欧国家的公共托幼服务

丹麦作为世界上著名的高福利、高税收国家，其学前教育发展堪称西欧模式的代表。丹麦的学前教育机构包括幼托机构系统和学前教育系统，幼托机构系统包括托婴中心、幼儿园、混龄托儿所和课后托育中心。其中，托婴中心主要招收 6 个月至 2 岁婴幼儿；幼儿园主要招收 3—5 岁儿童；混龄托儿所主要招收 6 个月至 6 岁甚至 9—10 岁的儿童。同时，丹麦政府负担绝大部分

---

① 吴帆. 欧洲家庭政策与生育率变化——兼论中国低生育率陷阱的风险 [J]. 社会学研究，2016（1）：49 –72.

② GAUTHIER A H. Family Policies in Industrialized Countries：Is There Convergence [J]. Population，2002，57（3）：447 –474.

的教育支出，政府对每个 0—3 岁孩子的单位教育成本，平均投入数额约 19550 美元。[①] 2007 年，丹麦学前教育领域中幼儿保育及教育投入占 GDP 总额比重的 1.3%，在 OECD 国家中仍然居首位，同年，1—2 岁儿童的入托比例为 90%，3—5 岁儿童的入园比例达到 96%。[②]

芬兰在建国初期尽管社会百废待兴，但政府果断承担了发展早期儿童教育和看护的责任，通过财政补贴方式对幼儿园发展进行了正确引导，使早期儿童教育和看护较好地满足了儿童和家庭的需要。[③] 据芬兰社会事务与健康部的有关数据显示，2003 年，所有 0—6 岁儿童中有 31.6% 的儿童在日托中心接受看护和教育。[④] 日托中心大多为全日制，开放时间是早上 6 点至下午 5 点半，也可根据家长的需要调整时间安排。在收费方面，日托中心根据家庭规模和收入水平按月收取，每月最高 200 欧元，对于低收入家庭，儿童教育与看护服务免费。[⑤]

在挪威，伴随 1—3 岁儿童需要上幼儿园的比例越来越多，为保证所有年满 1 周岁的儿童都有幼儿园可上，以确保每个儿童都获得社会最佳起点，同时也为了增加女性参加工作的平等机会，挪威政府实施了儿童早期教育与护养政策。截至 2007 年，上幼儿园的 1—2 岁儿童已占全国 1—2 岁儿童总数的 69%。从 2009 年起只要孩子在当年 8 月份满一岁，都有资格获得幼儿园学位。[⑥] 近年来，随着低龄儿童上幼儿园的人数迅速增加，政府为年幼儿童提供

① Early Childhood Education and Care［J］. Oireachtas Library & Research Service. 2012（4）.

② 沙鑫冲. 丹麦学前教育发展现状及对我国的启示［J］. 特立学刊, 2013（2）：14－17.

③ UTUNEN A. Parental involvement in early childhood education［D］. Tampere：Tampere University, 2005. 转引自马峰, 吕苹. 芬兰早期儿童教育和看护述评［J］. 幼儿教育（教育科学）. 2011（11）：53－56.

④ Ministry of Social Affairs and Health. Early childhood education and care in Finland［EB/OL］.［2011－06－01］. http：//pre20090115. stm.

⑤ NUPAMA K C. Early childhood education and care partnership in Finland［D］. Tampere：Tampere University, 2010.

⑥ 张海峰. 全面二孩政策下中国儿童照料可及性研究——国际经验借鉴［J］. 人口与经济, 2018（3）：13－24.

日常保教服务的幼儿园越来越普及。① 此外，为了使父母能够在工作和儿童照料方面有更多选择，以便更加平等地在儿童公共照料使用者和未使用者之间分配公共转移支出，挪威政府还提供儿童照料现金福利。②

瑞典政府大力发展公共托幼服务和儿童养育设施，很多儿童政策都是围绕如何为家庭提供支持而设计，其免费托幼服务充分考虑到不同家庭的实际需求，具有很大的灵活性。③ 具体而言，政府必须提供 1 岁以上儿童的托幼服务，其中全日制托儿所是提供托幼服务的主体，主要收托 1—6 岁儿童。此外，为满足不同年龄段儿童照护需求，政府也支持发展私立儿童服务机构，鼓励私人建立接收 3—5 个 12 岁以下儿童的家庭式托儿所。④

（二）　其他国家的公共托幼服务

在托育方面，澳大利亚儿童保教机构非常多样，既包括全日托社区幼儿园、家庭日托机构、课外时间托管机构，也包括学前班幼儿园、居家托管机构、临时托管机构和一系列非主流的儿童保教服务，政府为其提供资金并实施儿童保教机构支持计划。⑤ 其中社区幼儿园以社区为中心并为社区服务，接受来自政府的资助，是澳大利亚存在时间最长的一种幼儿看护和教育形式。⑥ 社区幼儿园由家长代表和其他有关人员组成的管理委员会聘任幼儿园主任、进行相关管理。同时，管理委员会支持幼儿园主任和教师建立和执行规章制

---

① 挪威如何应对 1～3 岁儿童入园对学前教育的挑战 . http：//www. xzbu. com/9/view - 946538. htm.

② 张海峰 . 全面二孩政策下中国儿童照料可及性研究——国际经验借鉴〔J〕. 人口与经济，2018（3）：13－24.

③ 国务院妇女儿童工作委员会办公室 . 瑞典儿童保护与服务的实践及启示〔J〕. 中国妇运，2014（1）：20－24.

④ 杨菊华，杜声红 . 部分国家生育支持政策及其对中国的启示〔J〕. 探索，2017（02）：137－146.

⑤ 王春亚 . 澳大利亚儿童保教机构类型及政府对其和家庭的资助概述〔J〕. 无线音乐·教育前沿 . 2011（10）.

⑥ 国外民办幼儿园发展对我们的启示 . http：//youer. 1kejian. com/guanli/55980. html.〔2017－07－12〕

度，制定收费标准，集资并组织家长参与幼儿园的建设和维修工作。

在美国，1988 年、1990 年美国国会两次修订《社会保障法》，规定了政府提供幼儿入托补贴条款。此外，个人、社会团体、企业等对私立幼儿园进行捐赠也是美国的一个传统。美国经济领域极具影响力的人物也非常重视并支持幼儿教育发展，他们不仅积极宣传幼儿教育投资的必要性与重要性，而且慷慨解囊捐赠资金支持幼儿教育。例如，美国最大的电脑商 IBM（国际商业机器公司）建立了儿童教育资源发展基金，五年投入了 2500 万美元，其中 2200 万美元用于托幼事业；AT&T（美国电报电话公司）也建立了托幼发展基金，三年投入 1500 万美元，用于增设幼儿园，提高幼儿教育质量。联邦政府提供的托育服务对象、服务时间及服务机构设置都相对灵活，多数保育服务由私立机构提供。公立幼儿园主要面向贫困人群招生，工薪阶层的托幼需求主要靠市场来满足。[①]

在托幼服务方面，日本政府早在 20 世纪 70 年代初期，就由文部省制定了幼儿园振兴计划，为推动私立幼儿园发展，日本政府根据《私立学校振兴财团法》《私立学校振兴法》和《私立学校资助法》，规定给予私立幼儿园以财政补助与政策扶持，国家和地方政府对私立幼儿园的补助经费由 1960 年的 0.8%，增加到 1978 年的 14.8%。1993 年，日本私立幼儿园占总园数的 58.2%，在园儿童占入园儿童的 79.9%。政府为了使私立幼儿园有稳定的经营环境，采取了一系列服务性的措施，支持教育法人、宗教法人和私人办幼儿园，并依法进行监督。无论是日本公立幼儿园还是私立幼儿园，都由国家、地方政府的教育行政统一管辖，国家为幼儿园的教育内容、设备标准、幼儿师资等方面都制定了统一标准。[②] 1994 年和 1999 年，日本先后出台"天使计划"（Angel Plan）和"新天使计划"（New Angel Plan），不断完善育婴室、保

---

① 张霞. 普及背景下我国学前教育投入体制研究——治理视野下政府、社会、家庭的投入关系［D］. 北京师范大学，2011.
② 美、日私立幼儿园管理政策解析. http：//www. docin. com/p－189411486. html&endPro＝true.

育所、儿童寄养设施和母子生活支援设施，提供课后服务和短期照料支持服务，并推行"将等待入托儿童降为零的战役"。为解决 3 岁以下幼儿保育所数量明显不足问题，政府一方面每年增设保育所数量，另一方面鼓励设立公营、私营保育所，并出台一系列改善保育设施、延长保育时间的措施。①

不难发现，各国政府对 3 岁以下幼儿园的保育和促进女性就业的作用都非常重视，并且给予积极的鼓励和支持，既高度尊重私立幼儿园的自主权，也积极强化其公共性，并巧妙利用经费资助和法规政策导向两个杠杆，对私立幼儿园发展进行调控。发达国家公共托幼服务的发展，为我国发展 3 岁以下公共托幼服务具有一定的借鉴和启示作用。

四、采取促进平等就业的积极措施

近年来，欧美国家虽然没有在生育政策上进行较大调整并对女性就业产生影响，但是这些国家除了大力发展公共托幼服务外，仍然采取一系列积极措施，促进男女平等就业。

（一）实施性别比例计划

性别比例计划是指为了促进女性在高层管理职位中的职业发展，制定并执行提高女性在高层管理人员中比例的计划，促进男女两性共同发展。欧盟委员会在推动上市公司自愿提高董事会中女性比例的基础上，强制规定到 2020 年上市公司女董事比例不得低于 40%，违者将会受到罚款或其他制裁惩罚。② 西班牙早在 2010 年前后就要求各公司董事会和管理岗位成员 2015 年必

---

① 杨菊华，杜声红. 部分国家生育支持政策及其对中国的启示 [J]. 探索，2017 (02)：137 - 146.
② 严恒元. 欧盟拟强制规定上市公司女董事比例 [N]. 经济日报，2012 - 09 - 20.

须达到40%—60%的性别比例。① 挪威要求国有公司董事会必须由来自两个性别各自至少40%的人员组成，达不到要求的公司将被国家法院解散②。冰岛、西班牙和法国随后也陆续提出了同样的要求。2015年，德国开始实施"女性配额"，要求公司至少有30%的监事会席位由女性担任。（美国）道富环球资产管理公司在2017年发现其所投资的3500余家公司中，有476家公司董事会没有女性董事后，认定其中400家未能做出重大努力解决无女性董事问题，并在股东大会上投票反对这些公司负责董事会新成员提名的董事连任。2018年，全球最大资产管理公司（美国）贝莱德宣布，凡贝莱德投资的公司必须至少有两位女性董事，并要求约300家少于两名女性董事的上市公司披露其增强董事会和员工多元化的措施。③ 欧盟性别比例设置及美国的女性董事规定，为女性走上高层管理岗位，促进职业发展，提供了制度保障。

（二）提供灵活工作安排

灵活工作安排包括自主选择工作时间，压缩周工作天数，推行时间银行，进行远程办公等。④ 涵盖欧盟28个国家的调查显示，为雇员提供灵活工作安排，不但可以提高女性劳动参与率⑤，而且还会将女性职业抱负提高30%左右⑥。相关研究显示，灵活工作安排不但不会增加成本，不会带来管理挑战，

---

① J. Plantenga, C. Remery and J. Rubery. 就业政策的性别主流化：30个欧洲国家的对比［R］. 转引自国际劳工局. 工作中的平等：不断的挑战［R］. 日内瓦，2011.

② 迪娜·梅德兰德. 挪威董事会性别配额制度的启示［EB/OL］. http://www.ftchinese.com/story/001047404？full = y.

③ "无畏女孩"与欧美公司董事会的性别多样性. http://futures.jrj.com.cn/2018/04/17085124400024.shtml.

④ International Labour Office. Women at Work Trends［R］. http://www.ilo.org/global/publications/books/forthcoming – publications/ WCMS442904/lang – en/index.htm.

⑤ European Commission. Gender Equality Report［R］. http://ec.europa.eu/public_ opinion/archives/ebs /ebs_ 428_ en.pdf.

⑥ Corporate Executive Board (CEB). Four Imperatives to Increase Representation of Women in Leadership Positions (Arlington, VA). 转引自 Women at Work：Trends，2016.

而且会提高雇员忠诚度，激励雇员更加努力工作①。为此，澳大利亚、法国、德国等国纷纷修改法律，为雇员获得灵活工作安排提供保障。

（三）发挥政府采购作用

推动妇女参加社会和经济活动，能极大提升社会生产力和经济活力。女性和男性通力合作，将会使国家更强大、经济更强盛、社会更健康。② 发挥政府采购作用，消除包括基于生育在内的就业性别歧视，已成为政府采购的重要社会目标之一。由于女性经营的企业一般较多雇佣女性，有利于女性发展或由女性经营的企业比较容易通过政府采购的审核，在性别方面做出承诺的企业也会得到政府采购的鼓励③。美国通过政府采购推动了女企业家的成长，进而促进了女性平等就业④，英国的政府采购在解决性别问题上发挥了杠杆作用⑤，《欧洲2020战略》对成员国通过政府采购达到消除性别歧视的社会目标提出了专门要求⑥。

五、主要结论与研究讨论

本章通过对欧盟、美国、日本等发达国家或地区促进女性生育与就业协调兼顾的法律规定、政府承担生育成本、发展公共托幼服务、促进女性就业

---

① Chartered Institute of Personnel and Development（CIPD）. Flexible Working Provision and Uptake ［R］. https：//www. cipd. co. uk/hrresources/survey - reports/flexible - working - provision - uptake. aspx.

② Phumzile Mlambo - Ngcuka. 2016年国际妇女节致辞［EB/OL］. http：//womenwatch. unwomen. org/international - womens - day.

③ Raymond Mark Kirton. Gender, Trade and Public Procurement Policy［R］. http：//thecommon- wealth. org/sites/ default/files/news - items/documents.

④ 2016"戴尔全球女性企业家高峰论坛"即将在南非举办，凝聚女性企业家的力量［EB/OL］. http：//www. ceh. com. cn/jjzx/2015/12/883298. shtml.

⑤ 闫玉英，曹富国. 公共采购协助实施国家可持续性发展战略——英国经验的启示［J］. 中国政府采购，2010（10）：73 - 77.

⑥ Heinz Handler. 肩负使命感的欧盟战略采购［N］. 中国政府采购报，2016 - 02 - 23.

的积极措施等法律法规与政策措施的梳理，归纳了国外促进女性生育与就业协调兼顾的经验做法，对我国完善相关法律法规、减轻用人单位的生育成本负担、为城镇女性提供必要的社会支持具有借鉴意义。

（一）主要结论

发达国家普遍重视采取积极措施，促进女性生育与就业协调兼顾。其中，禁止基于生育的就业性别歧视法律规定，是各国保障女性平等就业权的基础和底线；政府承担生育成本是减轻用人单位负担、促进女性平等就业的基础所在；发展公共托幼服务，为各类托幼服务提供资金支持并进行政府监管，保障了公共托幼服务的质量，满足了女性及其家庭的需求；促进女性平等就业的积极措施，有效引导了用人单位如何朝着正确方向实现雇员、雇主的双赢。

（二）研究讨论

女性占人口的一半左右，在实施全面二孩政策过程中，城镇女性就业问题解决不好，既不利于生育政策的调整完善，也不利于解决就业与保障民生问题。促进女性生育和就业协调兼顾，解决 45.45% 的城镇女性生育对就业产生的不利影响问题，需要包括立法、执法、司法、提供公共托幼服务和完善生育保险在内的立体的、全方位的配套措施。相关部门包括各级人民代表大会、各级政府及其相关部门，如各级卫生健康委员会、人力资源和社会保障部门、教育部门，需要结合中国国情、借鉴国外经验，积极研究制定更好地落实落细全面二孩政策的配套措施，促进城镇女性实现生育和就业协调兼顾。

第九章　促进城镇女性生育与就业兼顾的对策建议

　　妇女的发展程度以及社会对妇女的保护程度，既是衡量一个社会制度先进与否的重要标准，也是检验一个国家文明程度的重要依据。自 2016 年 1 月 1 日《2030 年可持续发展议程》启动以来，全球已有超过 90 个政府响应了联合国妇女署的"加速实现性别平等"行动。消除就业性别歧视也已成为任何经济可持续发展战略中必不可少的组成部分①。在全面落实二孩政策过程中，结合我国国情，借鉴国外经验，帮助城镇女性实现生育就业协调兼顾，不但有利于城镇女性发展和家庭幸福，而且有利于实现人口长期均衡发展和社会经济长远发展。

　　同时，促进城镇女性平等就业也是解决民生问题、稳定就业形势、促进经济社会健康发展的重要内容，是落实全面二孩政策、推动贯彻计划生育基本国策和男女平等基本国策的重要途径。在消除生育对城镇女性就业的影响过程中，既需要国家完善促进城镇女性平等就业的立法司法，更需要政府纠正用人单位在招工用工时歧视女性行为，减轻用人单位的生育负担，完善社会支持体系。本研究借鉴帕累托改进理论及政府利用配套政策强化女性平等就业的思路②，针

---

① 国际劳工局．工作中平等的时代［R］．国际劳工大会第 91 届会议．2003.
② 陆万军，张彬斌．中国生育政策对女性地位的影响［J］．人口研究，2016（4）：21－34.

对生育各环节对就业各维度产生的不利影响提出政策建议。建议框架见图9-1。

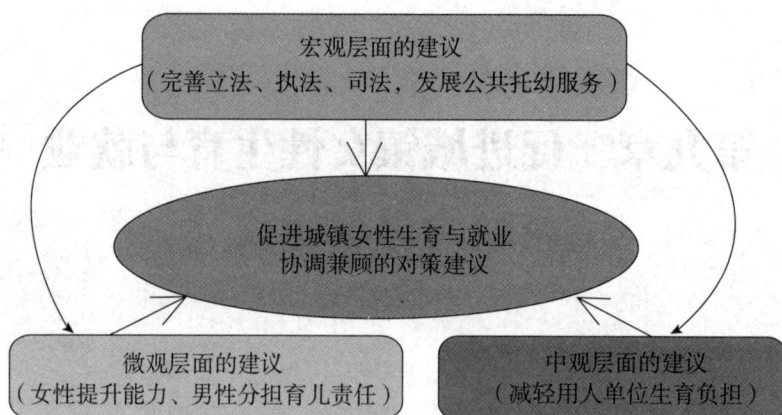

图9-1 促进城镇女性兼顾生育与就业的对策建议框架

一、宏观层面的建议

在完善促进城镇女性平等就业的法律法规中，对就业性别歧视进行法律界定、将就业性别歧视明确列入劳动保障监察范围，各地法院有效落实最高人民法院在立案中增设的平等就业权纠纷案由，既是相关执法、司法部门保障城镇女性平等就业权益的依据，也是用人单位依法招工用工的底线。

从必要性看，虽然我国已经基本形成了以宪法为基础、以妇女权益保障法为主体，包括就业促进法等一系列涉及妇女就业权益的法律体系，但是，在生育政策调整完善以来，之所以仍然有45.55%的城镇女性遭遇了生育带来的就业性别歧视，既与我国立法司法保障机制不健全有关，也与政府相关部门监管不力、公共托幼服务严重短缺有关。国家只有在出台法律、制定政策、编制规划、部署工作时，充分考虑男女两性的现实差异和妇女的特殊利益，在立法司法、部门监管和发展托幼服务中反映妇女关切，才能把解决就业性别歧视作为推动妇女实现更高质量和更充分就业的重要内容，促进城镇女性平衡生育就业协调兼顾，更好地落实男女平等基本国策。

从可行性看，首先，全面依法治国为消除生育对就业的不利影响，保障城镇女性平等就业，促进全面二孩政策有效落实，提供了完善相关法律法规以及严格执法、公正司法的契机。其次，相关法律法规为相关政府部门监管、做好女性就业促进工作提供了法律保障，如《就业促进法》第六条规定："国务院劳动行政部门具体负责全国的促进就业工作。""县级以上人民政府有关部门按照各自的职责分工，共同做好促进就业工作。"第六十条规定："劳动行政部门应当对本法实施情况进行监督检查，建立举报制度，受理对违反本法行为的举报，并及时予以核实处理。"再次，《关于实施全面两孩政策改革完善计划生育服务管理的决定》要求要合理配置儿童照料、社会保障等资源，满足新增公共服务需求。引导和鼓励社会力量举办普惠性托儿所和幼儿园等服务机构。国务院办公厅于2019年5月印发的《关于促进3岁以下婴幼儿照护服务发展的指导意见》要求各级政府要制定切实管用的政策措施，各相关部门要按照各自职责加强指导、监督和管理，促进婴幼儿照护服务规范健康发展。最后，国际公约及发达国家在消除就业性别歧视、减轻家庭照料负担、促进女性平等就业方面积累的丰富经验，为本研究在宏观层面提出的建议提供借鉴。

（一）完善促进城镇女性平等就业的立法司法

完善平等就业法律法规既需要放眼世界，参考国外禁止基于生育的就业性别歧视的经验做法，更需要立足中国，结合我国的现实国情，采取有效的措施。

1. 进行就业性别歧视法律界定

虽然就业性别歧视早已有之，但是在全面二孩政策实施后，用人单位因担心城镇女性生育二孩，不愿给予城镇女性平等的就业和职业发展机会。建议全国人大常委会尽快将《反就业歧视法》纳入立法规划和年度计划，在制定《反就业歧视法》《就业促进法实施细则》或修改完善《就业促进法》《劳动保障监察条例》时，对就业性别歧视的定义、罚则、法律救济途径做出具体规定。

具体而言，建议全国或省区市人大常委会结合国际劳工组织《就业和职业歧视公约》（第111号公约）及相关研究成果，在法律上规定招聘用工环节的就业性别歧视是指任何具有雇佣关系的用人单位，在就业机会和用工过程中基于性别而作的、与职业能力和职业内在需求无关的区别、排斥或限制，其影响或目的足以妨碍或损害男女平等就业权的行为，即为就业性别歧视。招聘性别歧视、用工性别歧视的具体判定标准包括两大类、20种具体表现形式。用人单位在招工用工过程中，只要有任何一种与职业内在需求无关的性别要求或表现，即为就业性别歧视，各类就业性别歧视的具体表现形式见表9－1。

表 9 – 1　就业性别歧视的分类与具体表现形式

招聘性别歧视的具体表现形式		用工性别歧视的具体表现形式	
招聘性别歧视	招聘信息显示限男性或男性优先	用工性别歧视	不提供产前检查时间
	同等条件下提高对女性的学历要求		克扣女职工产前检查工资
	同等条件下拒不接收/不看女性简历		逼迫怀孕女职工辞职
	增加身材、容貌、孕检等附加条件		变相辞退怀孕女职工
	被要求几年内不得结婚或生育		哺乳期不依法提供带薪哺乳时间
	不给女性笔试／面试机会		恶意调整"三期"工作岗位
	不给女性复试机会		恶意改变"三期"工作条件
	被问及男朋友或结婚事宜		恶意减少"三期"职业培训
	被告知经常加班、出差或到艰苦地方工作①		降低"三期"工资福利待遇
	被问及是否为独生子女或生育二孩事宜		基于生育的提拔晋升限制

_____

① 理论上，如果由于工作性质决定的经常加班、出差或到艰苦地方工作，招人用人单位在招聘时如实告知求职应聘人员，并不属于招聘性别歧视。实际上，很多用人单位由于不想招录女性，经常把一般日常性的工作说成经常加班、出差或到艰苦地方工作。对2014届大学生调查发现，女大学生在求职应聘过程中被告知经常加班、出差或到艰苦地方工作的比例达61.40%，高出同类男性20个百分点以上，二者具有显著性差异。

同时，在相关法律法规中明确增设对用人单位实施招聘性别歧视行为的惩罚性赔偿规定，例如，借鉴"德国规定应聘者因性别歧视得不到工作时，可以从雇主处获得相当于三个月工资的赔偿金"，规定实施招聘性别歧视的用人单位，应当为遭遇招聘性别歧视的女性赔偿所申请岗位的三个月工资，对于新增设的岗位，按照用人单位平均工资支付。对于已就业城镇女性在孕期、产假、哺乳期遭遇就业性别歧视时，除了依据已有法律法规对用人单位进行处罚外，进一步规定用人单位实施就业性别歧视，侵害城镇女性平等就业权、造成劳动者精神损害的，应当承担相应的赔偿责任。

2. 明确劳动保障监察范围

针对城镇女性在生育特别是二孩生育给就业带来的多种不利影响，建议国务院尽快依据《就业促进法》的相关内容，制定《劳动保障监察条例》实施细则，赋予各级劳动保障监察机构对本辖区各类就业性别歧视的监管职能，将城镇女性在求职应聘、在岗怀孕、产后返岗等各个阶段面临的基于生育的就业性别歧视纳入劳动保障监察范围。建议修改完善《劳动保障监察条例》，在"第二章 劳动保障监察职责"的"第十一条 劳动保障行政部门对下列事项实施劳动保障监察"第九款中，规定"用人单位在招工用工过程中，在就业机会和用工过程中基于性别而作的、与职业能力和职业内在需求无关的区别、排斥或限制，其影响或目的足以妨碍或损害男女平等就业权的行为。"为全面二孩政策下城镇女性平等就业和按照计划生育政策生育二孩提供更为完善的法律保障。

3. 对就业歧视纠纷案由进行培训

从 2015 年 5 月 1 日起开始施行的《关于人民法院推行立案登记制改革的意见》，规定法院立案由"审查制"改为"登记制"，一定程度上解决了立案难问题。2019 年 2 月九部门出台《关于进一步规范招聘行为促进妇女就业的通知》，明确了法院增加了平等就业权纠纷案由，在理论上解决了"借名诉讼"问题。然而，在具体立案及案件审理过程中，基层法官对该案由还不够了解，在受理相关案件前，需要接受城镇女性在就业机会、劳动报酬（生育津贴）、职业发展、辞职辞退方面基于生育而遭遇的性别歧视表现形式等内容。为此，建议最高人民法院联合全国妇联权益部、劳资关系研究专家及社会性别研究专家，分批次对基层法官进行平等就业权纠纷案由培训，培训内容主要包括就业性别歧视定义、判断标准、赔偿标准等。

（二）完善招工用工监管机制

党的十八届四中全会提出全面推进依法治国的总目标，强调要依宪执政、依法执政，依法惩处各类违法行为，加大关系群众切身利益的重点领域执法力度，这些目标为执法中加强劳动力市场监管、消除就业性别歧视、促进女性就业公平指引了方向。《就业促进法》第58条规定："各级人民政府和有关部门应当建立促进就业的目标责任制度。县级以上人民政府按照促进就业目标责任制的要求，对所属的有关部门和下一级人民政府进行考核和监督。"建议政府相关部门在全面依法治国过程中，贯彻落实促进公平就业的法律规定，进一步明确监管职责、加大对用人单位招工用工监管力度、完善促进平等就业监督机制，消除全面二孩政策下生育对城镇女性就业带来的多重不利影响，依法保障女性平等就业、平等享有经济发展成果，为城镇女性生育就业协调兼顾创造法治环境。

1. 履行招工用工监管职责

各级劳动保障监察机构对本区域内劳动力市场监管负有主体责任。《劳动法》第85条规定："县级以上各级人民政府劳动行政部门依法对用人单位遵守劳动法律、法规的情况进行监督检查，对违反劳动法律、法规的行为有权制止，并责令改正"。《就业促进法》第60条规定："劳动行政部门应当对本法实施情况进行监督检查"。由此可见，反对就业性别歧视，促进城镇女性平等就业是劳动行政部门的法定责任。此外，九部门《关于进一步规范招聘行为促进妇女就业的通知》明确了"人力资源社会保障部门要会同有关部门加强对招用工行为的监察执法"责任。结合上述法律规定，结合本报告对全面二孩政策下城镇女性生育对就业的多重不利影响的研究发现，认为劳动保障监察机构作为劳动行政部门，应当依据《劳动法》《就业促进法》等有关规定，尽早突破2004年《劳动保障监察条例》的局限①，在促进城镇女性平等就业中积极履行监管职责，将城镇女性在求职应聘、就业与职业发展过程中面临的求职应聘、在岗怀孕、产后返岗等各个阶段面临的性别歧视纳入劳动保障监察范围。

2. 建立联合监管机制

妇联组织是党联系妇女群众的桥梁和纽带，具有代表和维护妇女权益的职能。《妇女权益保障法》第7条规定："中华全国妇女联合会和地方各级妇女联合会依照法律和中华全国妇女联合会章程，代表和维护各族各界妇女的利益，做好维护妇女权益的工作"。《就业促进法》第九条规定："妇联协助人民政府开展促进就业工作，依法维护劳动者的劳动权利。"此外，九部门《关

---

①　自2004年开始实施的《劳动保障监察条例》在第11条规定了劳动保障监察范围，分别为"（一）用人单位制定内部劳动保障规章制度的情况；（二）用人单位与劳动者订立劳动合同的情况；（三）用人单位遵守禁止使用童工规定的情况；（四）用人单位遵守女职工和未成年工特殊劳动保护规定的情况；（五）用人单位遵守工作时间和休息休假规定的情况；（六）用人单位支付劳动者工资和执行最低工资标准的情况；（七）用人单位参加各项社会保险和缴纳社会保险费的情况；（八）职业介绍机构、职业技能培训机构和职业技能考核鉴定机构遵守国家有关职业介绍、职业技能培训和职业技能考核鉴定的规定的情况；（九）法律、法规规定的其他劳动保障监察事项。"而从2008年开始实施的《就业促进法》规定的第25—27条各级人民政府创造公平就业的环境，消除就业歧视，保障妇女平等就业的内容，以及《劳动法》第13条"妇女享有与男子平等的就业权利。在录用职工时，除国家规定的不适合妇女的工种或者岗位外，不得以性别为由拒绝录用妇女或者提高对妇女的录用标准"、第85条"县级以上各级人民政府劳动行政部门依法对用人单位遵守劳动法律、法规的情况进行监督检查，对违反劳动法律、法规的行为有权制止，并责令改正"规定的内容，没有明确列入劳动保障监察范围。

于进一步规范招聘行为促进妇女就业的通知》明确了"人力资源社会保障部门、工会组织、妇联组织等部门对涉嫌就业性别歧视的用人单位开展联合约谈"的责任。为了切实促进城镇女性平等就业，目前已有江苏、黑龙江、吉林等8个省人社厅和省妇联联合下发促进女性公平就业工作意见。

基于全面二孩政策下生育对城镇女性就业的实际影响，结合相关法律规定和地方实践，建议各级劳动监察部门依法依规联合各级妇联组织，建立消除生育对城镇女性就业影响、促进城镇女性平等就业的多部门联合监管机制，联合开展招工用工性别歧视的监管工作，受理城镇女性对各类就业性别歧视的投诉，加强对城镇女性就业性别歧视的查处力度。探索建立跨区域联合监管机制，对于在执法中发现的跨区域就业性别歧视问题，及时向上级机关请示，争取获得跨区域劳动保障监察机构的配合、支援。

3. 加大招工用工监管力度

本研究发现，用人单位对城镇女性实施的基于生育的就业性别歧视场所，既包括线上线下劳动力市场，又包括用人单位内部。因此，在监管过程中，首先需要找准监管场所，其次要创新监管方法，最后要加强对监管人员相关法律法规和社会性别平等意识的培训，提升政府部门在消除生育对城镇女性就业不利影响中的执法力度。

（1）找准监管场所

根据劳动力市场的线上线下发展状况，本研究认为招聘性别歧视的监管场所主要涉及实体性劳动力市场、招聘网站和大中型用人单位网站。用人单位在用工过程中存在的性别歧视，需要到用人单位内部进行监管查处。

一是实体性劳动力市场。 无论是大学生招聘会，还是其他各类招聘会，凡是有集中发布招聘信息或集中开展招聘活动的实体性场所，以及用人单位招聘现场，都可能存在"限男性/男性优先"等性别歧视，应该成为监管的首要场所，并优先进行监管。课题组对北京大学生综合类专场双选会调查发现，在参与招聘的 65 家用人单位中，有近 10% 的用人单位招聘信息存在限男性/男性优先、增加对女性身高、相貌等附加条件的性别歧视。这些性别歧视都将减少因生育二孩中断就业的城镇女性重返劳动力市场时的就业机会，类似性别歧视都应该属于招工用工监管的首要内容。同时，建议各地人力资源和社会保障部门参考江苏省在促进女性平等就业权利保障工作中，通过招募志愿者进行就业性别歧视信息收集工作的做法，解决劳动保障监察机构人员不足问题。

二是各类招聘网站。伴随互联网招聘的快速发展，在智联招聘、猎聘、脉脉、中公事业单位网、应届生求职网等互联网招聘平台、社区招聘平台、综合招聘平台、应届生招聘平台以及地方招聘平台，每天都会发布大量的招聘信息，网站管理人员及其所发布的招聘信息，都应该成为网络监管的重要场所。课题组从中国高校校园联盟的校园招聘信息中共收集了 275 条招聘信息，其中有性别限制的招聘信息 15 条，有性别歧视的招聘信息占招聘信息的 5.82%。即使是 2016 年 11 月 18 日李克强在第六次全国妇女儿童工作会议上强调"要促进妇女在共建共享中实现全面发展，消除性别歧视，实行同工同酬"① 后，仍然有部分网站无视国务院对消除性别歧视的要求，继续发布仅限男性的招聘信息。由此可见，对各类招聘网站进行监管，对于消除全面二孩政策下生育对城镇女性就业机会的影响尤为必要。

三是大中型用人单位网站。伴随互联网的快速发展，很多用人单位都有自己的官方网站。这些用人单位既可以通过劳动力市场开展招聘活动，也可以通过本单位网站发布招聘信息，因此，这些网站及其招聘信息也应该在监管之列。2015 年 6 月，内蒙古人民出版社发布了 15 个招聘岗位，全部标有"男士优先"的限制性条件。内蒙古自治区妇联权益部立即起草给内蒙古自治区人力资源和社会保障厅"关于《内蒙古人民出版社

---

① 李克强在第六次全国妇女儿童工作会议上强调全面有效保护妇女儿童合法权益奋力开创妇女儿童事业新局面［N］．人民日报，2016 – 11 – 19（1）．

2015 年公开招聘编校人员的公告》中涉及性别歧视的公函",提出了由主管部门对此事进行干预、由内蒙古人民出版社作出有说服力的回应等建议,最终该出版社删除了招聘启事中"男生优先"字样。①结合本研究发现及上述实践,建议劳动保障监察部门将大中型用人单位网站的招聘信息纳入监管视野,消除用人单位对新进入劳动力市场或生育后再次进入劳动力市场的城镇女性的就业歧视。

四是用人单位内部。劳动保障监察机构工作人员到用人单位进行执法检查、督察时,通过与相关女职工开展座谈会或个人访谈,了解所在用人单位在《就业促进法》《女职工劳动保护特别规定》等相关法律法规的执行情况;通过检查用人单位人力资源部门相关档案资料,了解女职工招聘、培训、提拔任用及"三期"福利待遇情况;通过与妇联组织、工会组织联合开展城镇女职工抽样调查,深入了解不同区域、不同单位类型、不同岗位女职工的生育和就业状况、面临问题与主要需求。对于通过以上不同方式发现的基于生育的就业性别歧视问题,劳动保障监察机构工作人员应该立即要求用人单位纠正歧视行为,依法承担相应责任。

(2)创新监管方法

劳动力市场及相关网站应该确保所发布招聘信息不得含有性别歧视内容。劳动保障监察机构在开展促进平等就业的监管监察过程中,应该创新监管方式,加强对招工用工的监管。创新性监管的具体流程包括:劳动保障监察部门实现由被动受理投诉举报,到主动出击随机抽查监察的转变,主动到实体性劳动力市场、各类招聘网站和大中型企事业单位网站,通过随机抽查招聘信息,判断是否存在性别歧视。对于存在性别歧视的招聘信息,及时要求发布单位纠正,并依法进行处罚。同时,为了防止用人单位再次出现就业性别歧视问题,对有性别歧视的用人单位进行事中、事后监管。对于事中、事后

---

① 王永钦. 内蒙古一出版社招聘涉嫌性别歧视续:已删除"男生优先". 中国妇女报,2015 - 07 - 03(A1).

拒不改正的用人单位，将其纳入诚信征信系统，在劳动力市场平台及主流媒体发布黑名单，必要情况下进行公益诉讼。对于没有性别歧视的单位，在劳动力市场平台及主流媒体发布白名单进行表扬。

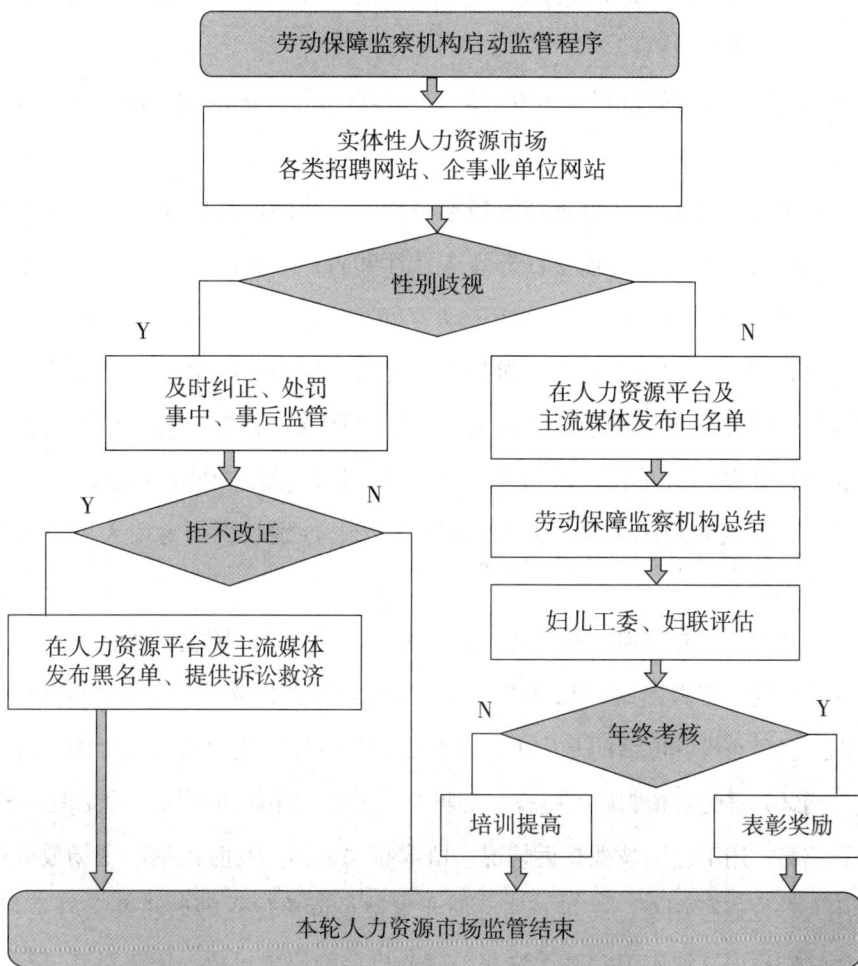

图9-2　人力资源市场监管流程图

注：三个菱形图分别表示监管部门需要判断是否存在性别歧视、拒不改正情况以及年终考核是否通过，Y表示是，N表示否。

在每一轮劳动力市场监管结束后，劳动保障监察机构进行抽查工作总结，在年底形成反对就业性别歧视年终总结。政府结合劳动保障监察机构的年终总结、妇联组织在"党建带妇建"① 活动并对劳动保障监察工作评估结果，对劳动保障监察机构进行考核。对于考核中发现就业性别歧视监管不力的机构或个人，对其进行相关培训，对于考核通过的单位或个人进行相关表彰奖励。具体监管流程见图9－2。

本研究根据监管流程及生育对城镇女性就业带来的问题，提出以下四个建议。

一是建议开展劳动力市场现场抽查活动。 劳动保障监察机构工作人员或劳动保障监察机构可借鉴江苏省人社厅和省妇联做法，通过购买服务形式，聘请有资质的督察员到辖区劳动力市场、招聘网站及发布招聘启事的用人单位进行定期或不定期随机抽查，优先对发布招聘信息涉嫌显性性别歧视的用人单位进行监管，及时对其进行批评教育、责令改正或处罚；对于拒不改正的用人单位，取消其招聘资格，依法予以查处并将其列入实施招聘性别歧视单位黑名单；同时加强对有招聘性别歧视行为用人单位的事中事后监管。

二是建议建立招聘性别歧视投诉受理机制。 劳动保障监察机构工作人员在招聘现场、招聘网站、人力资源和社会保障部门网站设立咨询投诉窗口，在向社会公布投诉电话的基础上，公布受理就业性别歧视投诉举报的受理信箱、网址，强化对招聘性别歧视、女职工"三期"保护纠纷的投诉受理力度，登记招聘、用工性别歧视投诉情况，留取相关证据。及时到招聘现场或被投诉用人单位进行调查，一旦查实，便要求被投诉单位立即改正并公开道歉；对因性别原因导致应聘女性无法获得就业机会的招聘单位，依法对其进行处罚，并要求其赔偿求职应聘女性3个月的岗位工资；对于情节严重者，协助投诉人依法进入诉讼环节。同时，加强对涉嫌招聘性别歧视的用人单位进行事

---

① "党建带妇建"是指通过党建带动妇女组织建设，带动妇女活动，以妇女党员为骨干，扩大妇联的活动面，强化基层妇女工作。

中、事后监管。

三是开展事中、事后监管活动。借鉴国外促进平等就业委员会的相关经验，劳动保障监察机构应要求员工人数在 100 人及以上的用人单位或进入政府采购系统的用人单位，建立招工用工登记制度，填写招工用工信息表，汇报女性就业情况。劳动保障监察机构在执法检查中，对该信息表进行全面检查，特别是通过对体面工作岗位的男女比例与变化趋势进行分析，判断招聘与用工过程中是否存在性别歧视问题。对于女职工比例降低或徘徊不前的用人单位查明原因，对于因招聘性别歧视造成女职工比例减少的情况依法进行警告、处罚，对于女职工比例有较大、较快增加的用人单位予以通报表扬。加强政府对生育保险参保情况监管力度，广泛宣传相关政策措施，切实提高生育保险制度实施的强制力和效率，强调用人单位缴纳生育保险的社会责任，确保生育保险制度有效实施。联合同级妇联组织相关专家对用人单位女职工产假与生育津贴发放情况进行调研，根据生育高峰女职工比例判断产假与生育津贴比例，对于从未或极少为女职工提供休产假或生育津贴的用人单位，依法追究相关责任。

四是建立招工用工监管信息发布制度。建议人力资源和社会保障部门建立招工用工信息平台，定期在劳动力市场信息平台及各主流媒体发布依法招工用工、促进男女平等就业的用人单位白名单和实施招聘性别歧视的用人单位黑名单。在用人单位白名单中，对各行业促进男女平等就业的典型用人单位进行宣传表彰；在用人单位黑名单中，将有基于生育的就业性别歧视行为、拒不改正的招人用人单位公布于众，增加其违法成本，同时在《社会保险法》《女职工劳动保护特别规定》等执法检查中，加大对黑名单中所列用人单位的检查力度，督促其尽早改正招聘性别歧视行为，依法保障城镇女性的平等就业权。

（3）加强监管培训

建议劳动保障监察机构针对机构内部相关人员对就业性别歧视及其监管

认识不足问题，同时针对劳动保障监察机构年终总结、妇儿工委和妇联组织在监管评估与投诉受理中发现的问题，每年至少组织一次以案说法的劳动力市场监管培训。建议培训对象首先是从事劳动保障监察工作的相关人员。同时，借鉴日本政府要求公司熟知《平等就业机会法》的做法，按照"谁主管谁普法、谁执法谁普法"原则，由劳动保障监察机构为辖区主要用人单位提供消除生育对就业的不利影响、促进男女平等就业的培训，将辖区内各主要用人单位负责人吸纳为劳动保障监管培训对象。培训目的一方面是提升劳动保障监察人员的监管认识与监管技能，提升监管效果；另一方面是提高用人单位消除基于生育的就业性别歧视的自查自纠能力和为城镇女性创造平等就业机会的意识。

培训内容除了相关法律法规、监管方法及新情况新问题外，还包括禁止用人单位在招聘过程中要求求职者提供任何包含性别信息的行为，禁止用人单位在面试程序中运用性别潜规则，禁止招聘性别歧视；要求用人单位在每次招聘中，除国家规定的不适合妇女的工种或者岗位外，不得以性别为由拒绝录用女性或者提高对女性的录用标准；在招录两名及以上人员时，依法保障报名与录用的求职应聘中城镇男女达到相同或大体相同的比例，否则视为涉嫌招聘性别歧视，与此同时，明确用人单位对特殊职位可以做出性别要求的例外条件。此外，明确用人单位应依法为女职工提供平等的就业与职业发展机会。

（三）发展3岁以下公共托幼事业

本报告研究显示，缺乏公共托幼服务，给城镇女性生育二孩和就业带来了较大障碍。参考国外公共托幼服务的实践经验，发展质优价廉的公共托幼服务，不但有助于减轻用人单位对女性的就业歧视，促进城镇女性就业和职业发展，提升用人单位的经济和社会效益，而且还有助于促进城镇女性提高二孩生育意愿。

1. 强化公共托幼服务的政府责任

托幼工作开展涉及教育部、国家卫生健康委员会、国家发展改革委、财政部等 12 个部门，建议各级政府认真落实《关于促进 3 岁以下婴幼儿照护服务发展的指导意见》，强化为婴幼儿提供公共照料服务的政府责任，卫生健康部门应尽快组织制定婴幼儿照护服务的政策规范，协调相关部门做好对婴幼儿照护服务机构的监督管理。同时，建议参考国家对于养老事业的重视程度与政策倾斜力度，将托幼服务上升为国家意志，从国家层面研究出台发展公共托幼服务的相关法律法规和实施规划，统筹推进托幼事业发展，降低生育对城镇女性就业的不利影响，促进城镇女性生育与就业协调兼顾，推动计划生育基本国策和男女平等基本国策的协同落实。

2. 加强公共托幼服务顶层设计

建议国家加强公共托幼服务的顶层设计，对托幼机构的设立标准、硬件设施、保育人员资质、服务收费标准等相关内容作出具体规定。在公共托幼服务机构性质方面，设计好公办、民办、公办私营、民办公助等多种性质公共托幼服务机构并存、优势互补的供给体系。在公共托幼服务机构的班级设置方面，鼓励现有幼儿园增设托班，明确将幼儿入园年龄降低 1 岁。在托幼机构规范管理方面，制定并完善托幼机构卫生保健服务规范、托幼机构食品安全操作规范、托幼机构工作流程、保育员各环节操作规范，制定托幼服务从业人员体检标准。在公共托幼服务保育人员培养方面，教育部门尽快做好幼师专业、营养专业、婴幼儿护理等专业的人员培养工作；人力资源和社会保障部门加强对婴幼儿照护服务从业人员职业技能培训，按规定予以职业资格认定，加大对在保育方面有就业意愿的二孩妈妈职业培训力度，依法保障从业人员各项劳动保障权益。

3. 加大公共托幼服务财政支持力度

建议财政部门利用好现有资金和政策渠道，对婴幼儿照护服务行业发展予以支持。2018 年我国财政性教育经费占 GDP 比例为 4.11%[1]，而丹麦仅学前教育领域中幼儿保育及教育投入占 GDP 总额比重的 1.3%，平均投入到每个 0—3 岁孩子的教育成本约 19550 美元。虽然我国在经济发展阶段和人口规模方面都无法与丹麦同日而语，但在落实《关于促进 3 岁以下婴幼儿照护服务发展的指导意见》、促进城镇女性平衡生育就业协调兼顾过程中，仍然需要不断加大对 3 岁以下公共托幼服务的财政支持力度。在托幼机构的规模数量方面，继续新建或扩建公共托幼机构，积极扶持民办托儿所发展；通过政府购买服务方式，将托幼服务纳入公共服务范畴；在社区推动社区托儿所、家庭托儿所发展，为有 3 岁以下孩子的城镇女性提供质优价廉的托幼服务，解决育婴对城镇女性就业与职业发展带来的不利影响。在社会力量提供公共托幼服务方面，鼓励有条件的企事业单位在自有场地，或在大型企事业单位及其周边试点建设托幼设施，政府给予相关政策支持，为企事业职工就近提供方便、小型化、负担得起的托幼服务，尽快解决双职工育龄夫妇生孩子无人照料的燃眉之急。

二、中观层面的建议

针对全面二孩政策下，用人单位因担心女职工生育二孩会加大用工成本，进而不愿意在招工用工中给城镇女性提供平等的就业机会问题，建议政府相关部门结合我国特有的国情，通过完善生育保障制度、降低女职工用工成本、设置女职工编制系数等政策措施，促进并引导用人单位为城镇女性提供平等

---

[1] 我国教育经费占 GDP 比例连续 7 年超过 4%，世界平均水平为 4.9%. https：//finance. sina. com. cn/roll/ 2019 – 04 – 30/doc – ihvhiewr9150321. shtml.

就业机会。同时也可以参考其他国家的相关经验与做法，发挥政府采购的导向作用，引导用人单位实施性别比例计划，为女职工提供灵活的工作安排，促进城镇女性生育和就业协调兼顾。

从必要性看，《关于实施全面两孩政策改革完善计划生育服务管理的决定》指出，各级党委和政府要充分认识实施全面二孩政策、改革完善计划生育服务管理的重要性，增强责任感和使命感。实施全面二孩政策是促进人口长期均衡发展的重大举措，既有利于优化人口结构，增加劳动力供给，减缓人口老龄化压力，也有利于促进经济社会持续健康发展，增加人口红利。为此，实施全面二孩政策产生的生育成本，既不能完全由城镇女性承担，也不能完全由用人单位承担，需要由政府、用人单位和社会共同承担。

从可行性看，首先，在国内以往实践经验方面，计划经济时期曾经实行的企业垫付生育成本、国家买单的方式，在企业上缴利润时以成本方式扣除生育成本，有效减轻了用人单位承担的生育成本，促进了城镇女性就业。其次，在国外目前做法方面，丹麦、瑞典、阿根廷等国家不同程度地承担生育成本的做法，有效减轻了用人单位负担，促进了城镇女性平等就业。再次，在理论基础方面，根据帕累托改进理论，政府在不损害其他利益相关方利益的情况下，分担一定比例的生育成本，既可以提高用人单位雇佣女职工的积极性、增加经济效益，也可以减少对城镇女性的就业性别歧视，最终达到促进经济社会全面发展的新局面。最后，在资金来源方面，2019 年 3 月，国务院办公厅发布《关于全面推进生育保险和职工基本医疗保险合并实施的意见》，相对于以往生育保险完全由企业缴费、政府没有相应投入而言，两项保险合并实施后的生育保险基金也可以借助职工基本医疗保险基金，促进基金共济能力不断强化。

（一）完善生育保障制度

一是为了确保女职工不因怀孕而失去工作、不因分娩而减少收入，建议政府完善生育保障制度，基于帕累托改进理论优化资源配置，在两险合并实施的基础上，尽快将生育保险基金来源由目前的用人单位缴费，改由用人单位缴费和政府补贴构成，实现生育保险基金的政府托底。目前，有些省区市规定了生育保险基金政府托底的政策，减轻了用人单位负担，保障了生育保险基金的良性运转，相关经验和做法值得推广。二是建议政府开发利用生育保险执法检查的潜在资源，加大对包括生育保险在内的"五险"强制参保监察力度，对未参加生育保险的用人单位，加大惩治力度，尽快督促其依法、按时、足额缴纳生育保险费，解决城镇女性因分娩而减少个人收入与职业中断问题，实现城镇女性、用人单位和国家协同发展，达到经济社会利益最大化。三是强化生育保险与计划生育政策、女职工劳动保护特别规定等相关政策的衔接与协调，明确将延长产假期间的生育津贴由生育保险金支付，以此实现相关政策效果的相辅相成，保障城镇女性既能平等就业，又能按政策生育。

（二）降低女职工用工成本

2018 年 5—6 月，由课题组负责人参与的人力资源和社会保障部对全国 30 个省区市、2387 位各类用人单位负责人进行的关于促进女性平等就业调查发现，高达 85.19% 的用人单位希望政府减轻用人单位承担的女职工生育成本。建议人力资源和社会保障部门、税务部门、财政部门出台相关政策，对雇佣女职工超过 40% 的用人单位，对女职工产假期间需要用人单位缴纳的社会保险费用，以及用人单位在女职工产检当日、产假期间支付或补充的工资津贴、替工成本，国家适当予以财政补贴或税费减免，奖励额度参照大学生就业补贴政策，给予用人单位每新招录一名就业困难城镇女性，提供 5000 元左右的性别平等奖励金。

课题组对用人单位负责人访谈发现，企业负责人 FHMWO 表示："在全面二孩政策实施过程中，如果国家能够参照大学生就业奖励政策，每接收一个大学生并签订一年以上期限劳动合同，补贴3000元的规定，用人单位每接收一个城镇女性就业，就能够在一年后获得比接受大学生补贴多一些，比如给予5000元的奖励补贴，我想用人单位就会觉得国家在承担了一部分生育成本后，用人单位的负担也就不会那么重了。"某医院人力资源部门负责人HLFMF在接受访谈时表示："如果国家能够按照每个女职工每月100元的标准，向用人单位提供补贴，用人单位的负担就会大大减轻，也就不会像以往那样不愿意招录女性了。"

由此可见，给予平等接受城镇女性就业的用人单位一定数额的奖励或税费减免，或者还可以在政府采购供应商资格审查中，对在消除基于生育的性别歧视、促进男女平等就业方面作出重要贡献的申报单位，给予政策倾斜。既促进了城镇女性平等就业，又能有效减轻用人单位负担，还有助于引导用人单位尽快转变雇佣女性成本高、负担重的观念。

（三）设置岗位编制奖励系数

《中国妇女发展纲要（2011—2020年)》规定的妇女就业主要目标之一是"妇女占从业人员比例保持在40%以上，城镇单位女性从业人数逐步增长。"主要目标之五是"高级专业技术人员中的女性比例达到35%。"对于国家财政拨款的机关事业单位，虽然不需要像企业那样需要时刻考虑用工成本与利润，但是，受岗位编制的限制，对于女职工较多的用人单位（如中小学、幼儿园及医院等)，如果女职工生育相对集中，用人单位极有可能面临空岗问题。

例如，课题组负责人所在单位共有35个编制，女职工33人，处于生育高峰期的25—44岁的女职工占81.82%。在全面二孩政策实施以来，已有4位女职工生育二孩，其中有两位女职工在同一年度生育二孩，分别休产假128天。如果按照女职工人数增加5%的岗位编制进行测算，即可基本解决女职工同时生育带来的空岗问题。因此，建议在女职工比例达到40%及以上，或高级专业技术人员中的女性比例达到35%及以上的机关事业单位，只要给予女职工人数 105% 的岗位编制系数，就可以在很大程度上解决女职工较多的机关事业单位因生育带来的阶段性空岗问题。因此，建议各级机构编制委员会办公室研究设置女职工编制奖励系数，给予雇佣女职工人数较多的用人单位倾斜性政策支持，无论是促进城镇女性平等就业，还是促进各地积极完成《中国妇女发展纲要（2011—2020 年）》的相关目标，都将具有积极的促进作用。

三、微观层面的建议

城镇女性既是调整完善生育政策对就业影响的客体，又是维护自身平等就业权的主体。只有不断提升自身就业能力，及时留取就业性别歧视证据，才能依法维护自身平等就业权，同时号召男性平等承担育儿责任，也有助于减轻生育对城镇女性就业的不利影响。

从必要性上看，首先，城镇女性提高就业能力是提升就业竞争力的基础，也是落实教育部《关于做好 2019 届全国普通高等学校毕业生就业创业工作的通知》的必要途径，该通知要求人力资源社会保障部门，部属各高等学校、部省合建各高等学校要"普及就业创业有关法律法规知识，提高大学生的法律意识和维权意识"。其次，根据"谁主张，谁举证"原则，即使城镇女性在遭遇基于生育的就业性别歧视而投诉、举报，无论是行政主管部门还是司法部门，在没有证据的情况下，也无法维持城镇女性的权益。最后，城镇女性所受基于生育的就业性别歧视既与女职工怀孕、产假有关，更与"男主外，女主内"传统性别观念影响下，城镇女性工作、家庭冲突有关。如果更多男性提升社会性别意识，主动承担家庭照料责任，不但会减轻城镇女性照料年幼子女的负担，也会使用人单位看到，无论是雇佣男职工还是女职工，都需要承担家庭责任，从而可以减少对城镇女性基于生育的性别歧视。

从可行性看，首先，伴随城镇女性受教育程度普遍提高，城镇女性人力资本越来越丰富，就业能力也会随之提高。其次，《关于实施全面两孩政策改革完善计划生育服务管理的决定》要求依法保障女性就业、休假等合法权益，支持女性生育后重返工作岗位，鼓励用人单位制定有利于职工平衡工作与家庭关系的措施。最后，伴随国家对家庭建设的重视，以及社会性别主流化的影响不断加大，越来越多的城镇新晋爸爸已经参与到婴幼儿家庭照料活动之中，有效分担了城镇女性的家庭照料责任，降低了生育对女性就业带来的影响。

（一） 提升城镇女性就业能力

一是在全面依法治国过程中，政府相关部门引导城镇女性增强依法维权意识，了解就业性别歧视的表现形式，自觉学习、掌握、运用《妇女权益保障法》《就业促进法》《劳动法》《女职工劳动保护特别规定》等相关法律法规，维护自身平等就业权。二是城镇女性积极参加非传统就业领域、新兴产业行业的职业培训、进修辅导，切实提升自身的就业能力和职业发展能力。三是城镇女性积极利用政府相关部门向产后返回劳动力市场的城镇女性免费提供的多层次、可获得的职业培训、技术援助和就业与职业发展咨询服务，扩大再就业信息来源；充分利用政府提供的创业技能、资金支持和市场信息实现创业创新。

（二） 及时留取就业性别歧视证据

城镇女性在初次就业过程中或因生育中断工作后再就业过程中，无论是在招聘会，还是在相关网页遇到有性别限制的招聘信息时，应当及时索取包含相关信息的宣传海报，对涉嫌性别歧视的招聘信息进行拍照或截图。在面试或复试环节对主考官进行的包含性别歧视的面试、复试内容，进行录音或录像，准确记录有招聘性别歧视行为的用人单位名称、地址、电话，并在第一时间为维护平等就业权益收集充足证据；城镇女性在就业过程中，特别是在用人单位想方设法逼走怀孕女职工或哺乳期间的女职工时，及时留取包括相关谈话录音、图片、文件在内的相关信息。

（三） 依法维护平等就业权

城镇女性在遭遇就业性别歧视后，应当勇敢地拿起法律武器，通过以下步骤维护自身平等就业权益：一是在求职应聘过程中遭遇基于性别或生育的不公平对待时，既可以当面和招聘人员就性别歧视问题勇敢对话，也可以借助网络将性别歧视情况公布于众，寻求媒体和社会大众的支持。二是在招聘会或就业过程中遭遇基于生育的就业性别歧视时，既可以直接向主管单位投诉举报，也可以到同级妇联信访部门、工会组织或劳动保障监察大队上门投诉举报，方法是拨打全国妇联妇女维权公益服务热线 12338，或拨打劳动保障监察大队举报投诉电话"区号＋12333"、工会组织的 12351 电话。三是向法院提起诉讼。虽然通过诉讼渠道维护平等就业权费时费力，维权成本相对偏高，但是，当与用人单位据理力争或投诉效果不理想时，仍然可以考虑启动"向人民法院提起诉讼"程序，利用 这一"杀手锏"维护自身就业权利。

（四） 男性平等承担育婴责任

无论是"男主外，女主内"传统性别观念，还是用人单位基于二孩生育会增加用工成本的顾虑，不愿意雇佣女职工或不给予女职工平等的提拔晋升机会，都与绝大部分城镇男性在育儿中缺位、较少承担育儿责任有关。《中国青年报》社会调查中心联合问卷网调查显示，70.4% 的受访者认为应该由父母共同承担育儿责任。实际上育婴不应该只是女性的责任，在家庭中父亲和母亲同样重要，育婴应当由男女共同完成。此外，男性参与育婴有助于减轻育婴对城镇女性的就业压力。建议城镇男女尽快转变"男主外，女主内"传统性别观念，同时呼吁城镇男性应该和配偶一样积极参与育婴活动，平等承担育婴责任。

第十章　主要创新与不足

一、主要创新之处

本研究的创新之处包括研究视角创新、理论方法创新和对策建议创新三个方面。

（一）研究视角创新

在城镇女性生命历程中，就业和生育是非常重要的生命事件，职场中的已育女性普遍需要同时扮演女职工和母亲的双重角色。由于每个人的时间和精力都是有限的，在缺乏必要的社会支持情况下，就业和生育的时间冲突，以及职场与家庭对职业女性和母亲的不同期待，使得城镇女性在就业和生育这两个生命事件中，无法很好地平衡就业和职业发展与生育政策之间的关系。

全面二孩政策实施以来，"男主外，女主内"传统性别分工观念、生育成本社会化程度偏低、公共托幼支持不足、家庭照料压力偏大等问题，使得部分用人单位不是把城镇女性视为具有优质潜力的人力资源，而是把城镇女性视为潜在生育者和用工成本增加者，加大了城镇女性生育对就业的不利影响。很多城镇女性在面对职场就业性别歧视时，为了保住工作或实现自身职业发展，只能选择延迟生育时间或减少生育数量，不利于全面二孩政策的贯彻落实。

本研究基于社会性别的研究视角，以城镇女性为生育和就业主体，在辩证唯物主义方法论的指导下，既从积极正面角度，研究了国有单位或单位一把手是女性的私营企业对城镇女性平衡生育就业的保护作用，又从生育对就业带来不利影响的角度出发，深入研究了生育各阶段（怀孕、分娩、育婴）对就业各维度（劳动报酬、职业发展、工作机会）产生的不利影响。从消除生育政策调整完善对城镇女性就业带来的不利影响、促进城镇女性生育与就业协调兼顾层面，系统分析了政府在保障城镇女性平等就业、促进人口长期均衡发展方面的责任。

（二）理论方法创新

在全面深化改革以及生育政策调整完善过程中，政府提高生育成本社会化程度，加强劳动力市场监管力度，既有助于消除生育政策调整完善对城镇女性就业的不利影响，又有助于提升全面二孩政策实施效果，促进人口长期均衡发展。

本研究基于以上研究发现与就业性别歧视的原因分析，在学习借鉴国外工作家庭平衡理论以及两种生产理论的基础上，结合中国国情并突出全面二孩政策的时代背景，在不考虑城镇女性照料老人、病人的前提下，将理论视角聚焦在城镇女性就业分别与怀孕、分娩、育婴的协同兼顾关系上，结合帕累托改进理论，提出中国特色的促进女性生育就业协调兼顾理论，即政府通过提供必要的社会支持，帮助城镇女性实现就业和生育两个生命事件的协调兼顾，促进城镇女性自身发展、用人单位发展以及人口再生产和社会再生产的协调发展。

此外，在全面二孩政策实施以来相关配套措施不健全的背景下，本研究在定量研究方面，基于女性同时承担人口再生产与社会再生产双重使命，运用2016年开展的生育对城镇女性就业影响的专项调查数据，首次在人口学、社会学和性别研究领域引入典型相关分析方法，在反映就业与生育的两个变量组中，进行了深入分析，实现了研究内容拓展和研究方法的应用创新。

（三）　对策建议创新

本研究运用最新专项调查数据与座谈访谈资料，系统研究了组织环境对城镇女性平衡生育就业的保护作用、生育与就业的典型相关关系以及生育对就业的影响机理，提出了落实全面二孩政策与促进女性平等就业的对策建议，并从宏观、中观、微观层面论证了对策建议的必要性、可行性，弥补了以往研究的不足。

在宏观层面，通过完善相关立法、执法、司法，消除生育对城镇女性就业的不利影响，同时政府通过提供必要的公共托幼服务，不但可以解决城镇就业女性对子女的照料负担，而且还通过发展照料经济，增加公共托幼服务的就业岗位，创造新的经济增长点。在中观层面，必要的公共托幼服务在解决了城镇女性对子女的照料负担后，可以更好地提升自身就业能力，更安心地投入到工作之中，提升工作效率，创造更多经济和社会价值，促进用人单位更好地发展。在微观层面，通过政府提供必要的社会支持，促进城镇女性就业和生育两个生命事件能够协调兼顾，使得城镇女性既能够在职场得到平等的就业和职业发展机会，又能够按照生育政策规定，实现个人和家庭的全面发展。

本研究结论既有利于学界及相关部门进一步认识城镇职业女性生育与就业之间的相互影响，所提建议也有助于相关部门在全面依法治国背景下，通过制定并落实相关法律法规，完善配套政策措施，加强劳动力市场监管，保障女性平等就业权益，引导城镇女性释放生育潜力，在促进计划生育和男女平等两个基本国策协同推进方面，具有一定的理论和现实意义。特别是建议加大招工用工监管力度、设置女职工编制系数、将幼儿园入园年龄下调 1 岁、对有从事托育工作意愿的二孩妈妈进行职业培训等建议，对于消除用人单位基于生育的性别歧视，促进城镇女性生育就业协调兼顾，具有较好的针对性、操作性、指导性。

二、研究不足

本研究存在两方面不足，一是受本课题研究经费限制，本研究所用数据调查样本有限，加之生育二孩的城镇女性总体不多，调查对象中仅包括已经生育二孩的城镇女性165人，难以对生育二孩的城镇女性进行深入分析。即使补充使用首都经济贸易大学人口经济研究所2017年妇女生育与就业状况调查数据，仍然难以解决城镇女性二孩生育样本量偏小问题。二是样本城市中泉州市、长春市样本量较小，无法进行城镇女性生育对就业影响的分区域分析。

下一步课题组将在本研究的基础上，集中开展两方面的工作：一是继续深入研究生育各环节对女性就业影响的变化趋势并提出应对策略，进一步研究城镇女性分孩次、分历史阶段的生育情况对就业的影响。二是课题组负责人将借助2020年全国妇联和国家统计局联合开展的具有全国代表性的第四期中国妇女社会地位调查数据，进一步研究评估二孩生育对城镇女性就业带来的影响，验证本课题研究结果，并将相关研究成果转化成"两会"提案议案、内参简报，为相关决策部门决策提供研究支持。

参考文献

1. ADDATI, L, CASSIRER, N, . Addati, Laura; Cassirer, Naomi; Gilchrist, Katherine. Maternity and Paternity at Work: Law And Practice across The Worl d〔R〕. http://www. ilo. org/global/topics/equality – and – discrimination/maternity – protection/publications/maternity – paternity – at – work – 2014/lang – en/index. htm.

2. ANGRIST J D, EVANS W N. Children and Their Parents′Labor Supply: Evidence from Exogenous Variation in Family Size〔J〕. The American Economic Review, 1998 (3): 450 – 477.

3. BAILEY M. J. More power to the pill: the impact of contraceptive freedom on women′s lifecycle laborer supply. Quarterly journal of economics, 2006 (1): 289 – 320.

4. BLOOM D E D, CANNINGG, FINGK J E. Finlay. Fertility, female labor force participation, and the demographic dividend. Journal of Economic Growth, 2009 (2): 79 – 101.

5. BREWSTER K. L, RINDFUSS R. R. Fertility and Women′s Employment in Industrialized Nations〔J〕. Annual Review of Sociology. 2000 (26) 271 – 296.

6. BUDIG M J. Are Women′ s Employment and Fertility Histories Interdependent? An Examination of Causal Order Using Event History Analysis〔J〕. Social Science Research, 2003 (32): 376 – 401.

7. CHARTERED INSTITUTE of PERTERSONNEL AND DEVELOPMENT (CIPD). Flexible Working Provision and Uptake〔R〕. https://www. cipd. co. u k/ hrre-

sources/survey – reports/flexible – working – provision – uptake. aspx.

8. CHENG B. S. Cointegration and Causality between Fertility and Female Labor Participation in Taiwan: A Multivariate Approach ［J］. Atlantic Economic Journal, 1999 (4): 422 – 434.

9. CONNELLY, R. The Effect of Child Care Costs on Married Women's Labor Force Participation. The Review of Economics and Statistics , 1992 (1): 83 – 90.

10. CORPORATE EXECUTIVE BOARD (CEB). Four Imperatives to Increase Representation of Women in Leadership Positions (Arlington, VA). 转引自 Women at Work: Trends, 2016.

11. D. S. PUGH. 彭和平等译. 组织理论精萃 ［M］北京巾国人民大学出版社, 1990.

12. DROBNIC S. The Effects of Children on Married and Lone Mothers' Employment in the United States and (West) Germany. European Sociological Review, 2000 (2): 137 – 157.

13. OECD. Early Childhood Education and Care ［J］. Oireachtas Library & Research Service. 2012 (4).

14. ENGELHARDT H., K? gel T, Prskawetz A. Fertility and Women's Employment Reconsidered: A Macro – Level Time – Series Analysis for Developed Countries, 1960 – 2000 ［J］. Population Studies, 2004 (1): 109 – 120.

15. European Commission. Gender Equality Report ［R］. http: //ec. europa. eu/public_ opinion/archives/ebs/ebs_ 428_ en. pdf.

16. GAUTHIE R A H. Family Policies in Industrialized Countries: Is There Convergence ［J］. Population, 2002 (3): 447 – 474.

17. GLASS, F L. RILEY, L, . Family Responsive Policies and Employee Retention Following Childbirth ［J］. Social Forces, 1998 (4).

18. GREENHAUS J H, BEUTELL N J. Sources of conflict between work and family roles ［J］. Academy of Management Review, 1985 (1): 76 – 88.

19. HEINZ HANDLER. 肩负使命感的欧盟战略采购 ［N］. 中国政府采购报, 2016 – 02 – 23.

20. INTERNATIONAL LABOUR OFFICE. Maternity and paternity at work: Law and practice across the world, Geneva: ILO, 2014.

21. INTERNATIONAL LABOUR OFFICE. Women at Work Trends [R]. http://www. ilo. org/global/publications/books/forthcoming – publications/ WCMS442904/lang – en/index. htm.

22. J. PLANTENGA, C. RRMERY and J. RUBERY. 就业政策的性别主流化: 30 个欧洲国家的对比 [R]. 转引自国际劳工局. 工作中的平等: 不断的挑战 [R]. 日内瓦, 2011.

23. JIA, N. and DONG, X. Y. Economic Transition and the Motherhood Wage Penalty in urban China: Investigation Using Panel Data. Cambridge Journal Economics, 2013, Vol. 37 (4): 819 – 843.

24. KGEL, T, . Did the association between fertility and female employment within OECD countries really change its sign? [J]. Journal of Population Economics, 2004 (1): 45 – 65.

25. LAMBERT C E, LAMBERT V A. A review and synthesis of the research on role conflict and its impact on nurses involved in faculty practice programs [J]. The Journal of nursing education, 1988 (2): 54 – 60.

26. LINDY FURSMAN. Ideologies of Motherhood and Experiences of Work: Pregnant Women in Management and Professional Careers. Working Paper No. 34. 2002 Center for Working Families, University of California, Berkeley.

27. MICHELLE J. B, PAULA E. The Wage Penalty for Motherhood. American Sociological Review, 2001 (2): 204 – 225.

28. MINISTRY OF SOCIAL AFFAIRS AND HEALTH. Early childhood education and care in Finland [EB/OL]. [2011 – 06 – 01]. http://pre20090115. stm.

29. Namkee Ahn, Pedro Mira. A Note on the Changing Relationship between Fertility and Female Employment Rates in Developed Countries. Journal of Population Economics, 2002 (4): 667 – 682.

30. NUPAMA K C. Early childhood education and care partnership in Finland［D］. Tampere：Tampere University，2010.

31. OECD. Doing Better for Families. http：//www. oecd – ilibrary. org/ social – issues – migration – health/doing – better – for – families_ 9789264098732 – en.

32. PHUMZILE M，N. 2016 年国际妇女节致辞［EB/OL］. http：//womenwatch. unwomen. org/international – womens – day.

33. PLANTENGA，J. REMERY，C. RUBERY，J，. 就业政策的性别主流化：30 个欧洲国家的对比［R］. 转引自国际劳工局. 工作中的平等：不断的挑战［R］. 日内瓦，2011.

34. RAYMOND M，K，. Gender, Trade and Public Procurement Policy［R］. http：// the-commonwealth. org/sites/default/files/news – items/documents.

35. SCHAUBROEK J, COTTON J L, JENNINGS K R，. Antecedents and consequences of role stress：A covariance structure analysis［J］. Journal of Organizational Behavior，1989（1）：35 – 38.

36. STIER H, LEWIN – EPSTEIN，N. Policy Effects on the Division of Housework［J］. Journal of Comparative Policy Analysis，2007（3）：235 – 259.

37. UTUNEN A. Parental involvement in early childhood education［D］. Tampere：Tampere University，2005. 转引自马峰，吕苹. 芬兰早期儿童教育和看护述评. 幼儿教育（教育科学）.2011（11）53 – 56.

38. 安妮·海瑟薇. 让父母平等享有带薪育儿假. 中国妇女报，2017 – 3 – 22（B4）.

39. 蔡定剑主编. 中国就业歧视现状及反歧视对策［M］. 中国社会科学出版社，2007：61 – 64.

40. 蔡禾，吴小平. 社会变迁与职业的性别不平等［J］. 管理世界，2002（9）：71 – 77.

41. 陈爽. 俄罗斯"母亲基金"对我国"全面二孩"政策的启示. 山东社会科学研究，2017（8）：603 – 610.

42. 陈卫，靳永爱. 中国计划生育政策的执行及其影响因素——基于微观的视

角 [J]．人口与经济，2014（4）：118 - 128.

43. 陈卫，史梅．中国妇女生育率影响因素再研究——伊斯特林模型的实证分析 [J]．中国人口科学，2002（2）：49 - 53.

44. 陈卫民．中国城镇妇女就业模式及相关的社会政策选择——社会性别视角的分析 [J]．中国人口科学，2002（1）：59 - 65.

45. 陈友华．关于生育政策调整的若干问题 [J]．人口与发展，2008（1）：24 - 35.

46. 迪娜·梅德兰德．挪威董事会性别配额制度的启示 [EB/OL]．http：// www. ftchinese. com/story/001047404？full = y.

47. 杜声红，杨菊华．新中国 70 年来托育服务的发展历程 [N]．中国人口报，2019 - 08 - 26（003）．

48. 范梦雪，陈健，谢振．全面两孩政策对女性就业歧视的影响分析 [J]．现代经济信息，2016（15）：61 +63.

49. 方曙光．社会支持理论视域下失独老人的社会生活重建 [J]．国家行政学院学报，2013（4）：104 - 108.

50. 风笑天．单独二孩：生育政策调整的社会影响前瞻 [J]．国家行政学院学报，2014（5）：57 - 62.

51. 高执英，王天定．实施全面两孩政策的战略思考 [J]．人口与计划生育，2017（1）：21 - 23.

52. 耿兴敏．陈秀榕代表和甄砚委员建议：加强劳动力市场监管 消除就业性别歧视 [N]．中国妇女报，2015 - 03 - 05（A01）．

53. 耿兴敏．发展托幼机构 政策扶持需先行 [N]．中国妇女报，2016 - 06 - 16（A01）．

54. 郭志刚．社会统计分析方法——SPSS 软件应用（第二版）[M]．中国人民大学出版社，2016.

55. 国务院妇女儿童工作委员会办公室．瑞典儿童保护与服务的实践及启示．中国妇运，2014（1）：20 - 24.

56. 杭沁，凌洁，周天威．基于女性视角下二孩生育政策的利弊研究[J]．经营管理者，2016（19）：80.

57. 何谦. 职业生涯中断对女性雇员的影响——一个文献的综述［J］. 中国劳动关系学院学报，2007（3）88－92.

58. 和建花，蒋永萍. 从支持妇女平衡家庭工作视角看中国托幼政策及现状［J］. 学前教育研究. 2008（8）：3－6＋29.

59. 洪秀敏，朱文婷. 高学历女青年生育二孩的理想与现实——基于北京市的调查分析［J］. 中国青年社会科学，2017（6）：37－44.

60. 胡雅婷. 单位生育负担是歧视女性首因（就业性别歧视怎么破？·下篇）［N］. 人民日报，2013－12－05－（14）.

61. 黄桂霞. "全面两孩"政策下保障女性就业［N］. 中国社会科学报，2017－03－08（6）.

62. 黄桂霞. 生育支持对女性职业中断的缓冲作用——以第三期中国妇女社会地位调查为基础［J］. 妇女研究论丛，2014，04：27－33.

63. 黄黎明等. "全面二孩"政策下对职业女性的就业保障研究［J］. 中国市场，2017（4）：191＋196.

64. 季铭婧. 研究型大学女教师职业发展探析［D］. 浙江大学，2014.

65. 贾男，甘犁，张劼. 工资率、"生育陷阱"与不可观测类型［J］. 经济研究，2013（5）：61－72.

66. 江彩军，钱丹意，郭颖华. 对当前我国就业性别歧视的法律研究［J］. 福建论坛（社科教育版），2010（12）：27－28.

67. 姜卓然. 我国生育政策调整——从计划生育到"二孩"政策［J］. 黑河学刊，2017（3）：186－188.

68. 蒋雪霞. 浅析全面二孩政策对大学生就业的影响［J］. 法制与社会，2016（19）：163－164.

69. 蒋永萍，杨慧. 妇女的经济地位［M］宋秀岩. 新时期中国妇女社会地位调查研究（上卷）. 北京：中国妇女出版社，2013：163.

70. 蒋永萍. 重建妇女就业的社会支持体系［J］. 浙江学刊，2007（2）：207－211.

71. 金易. 现行生育政策调整的依据及路径［J］. 学术交流, 2014（1）：133 - 136.

72. 康蕊, 吕学静. "全面二孩"政策、生育意愿与女性就业的关系论争综述［J］. 理论月刊, 2016（12）：155 - 161.

73. 康宛竹. 中国上市公司女性高层任职状况调查研究［J］. 妇女研究论丛, 2007（4）：23 - 29.

74. 雷欣. 社会性别理论探析［D］. 华中科技大学, 2008.

75. 李宝芳. 国外平衡女性就业与生育的经验［N］. 中国社会科学报, 2017 - 02 - 27.

76. 李芬. 工作母亲的职业新困境及其化解——以单独二孩政策为背景［J］. 东南大学学报（哲学社会科学版）, 2015（4）12 - 20 + 146..

77. 李建民. 生育政策调整与计划生育工作的转变［J］. 人口与计划生育, 2014（3）：16 - 17.

78. 李静雅. 社会性别意识的构成及影响因素分析——以福建省厦门市的调查为例［J］. 人口与经济, 2012（3）：51 - 56 + 64.

79. 李克强在第六次全国妇女儿童工作会议上强调全面有效保护妇女儿童合法权益奋力开创妇女儿童事业新局面［N］. 人民日报, 2016 - 11 - 19（1）.

80. 李蕊. 完善济南市生育保险制度的思考与建议［J］. 济南大学学报（社会科学版）, 2007（3）：15 - 19.

81. 李长安. 生育政策调整别忽略对女性就业的影响［N］. 光明日报, 2018 - 8 - 14（2）.

82. 联合国. 消除对妇女一切形式歧视公约［EB/OL］. http：//www.chinalawedu.com/falvfagui/fg23155/170613.shtml, 1979 - 12 - 18.

83. 廖梦莎, 陆杰华. 全面两孩下母婴喂乳的影响因素与干预对策［N］. 中国妇女报, 2016 - 05 - 24（B01）.

84. 林建军. 从性别和家庭视角看"单独两孩"政策对女性就业的影响［J］. 妇女研究论丛, 2014（4）：51 - 52.

85. 刘伯红, 张永英, 李亚妮. 从工作与家庭的平衡看公共政策的改革与完善［J］. 中华女子学院学报, 2010（6）：12 - 28.

86. 刘金华, 彭敬, 刘渝阳. 城镇女职工再生育后的职业发展支持及其效用[J]. 经济体制改革, 2017 (3): 31－37.

87. 刘莉, 李慧英. 公共政策决策与社会性别意识 [J]. 山西师大学报 (社会科学版), 2003 (3): 103－108.

88. 刘鹏. 中国女性生育影响因素研究 [J]. 商业时代, 2012 (6): 116－117.

89. 刘璞. 论女性就业歧视现状及其保护 [J]. 前沿, 2010 (23): 77－79.

90. 刘爽. 从女大学生就业难看我国女性的就业变迁. 人口研究, 2007 (3): 41－46.

91. 刘薇. 女性就业性别歧视与政府治理分析 [D]. 南京农业大学硕士学文论文, 2007.

92. 龙扬. "单独两孩" 政策实施中存在的问题及对策研究 [D]. 湘潭大学, 2016.

93. 陆杰华: 生育政策已迎来调整窗口期 [N]. 北京晨报, 2013－8－7.

94. 陆万军, 张彬斌. 中国生育政策对女性地位的影响 [J]. 人口研究, 2016 (4): 21－34.

95. 吕红平. 我国的生育政策: 变化轨迹与未来调整 [J]. 人口与社会, 2015 (4): 12－21.

96. 马爱杰, 徐娟. 生育政策调整对妇女发展影响研究 [J]. 世纪桥, 2018 (5): 68－69.

97. 马莉, 郑真真. 韩国妇女的生育后再就业及其对中国的启示 [J]. 劳动经济研究, 2015 (2): 3－22.

98. 马青青. 大学生就业中的地方政府责任研究 [D]. 浙江师范大学, 2012.

99. 马心怡. 生育政策调整后女性就业权保护的法律思考 [J]. 经营管理者, 2018 (10): 94－95.

100. 莫税英. 从社会性别视角分析女大学生就业问题 [J]. 广西社会科学, 2010 (7): 130－132.

101. 穆光宗. 完善生育政策应重视民意 [N]. 东方早报, 2013－8－5 (A30).

102. 南国铉, 李天国. 子女教育对韩国妇女就业影响的实证研究——基于8700户家庭的调查［J］．人口与经济，2014（1）：88－98．

103. 宁本荣．新时期女性职业发展的困境及原因分析［J］．西北人口，2005（4）：24－27．

104. "女大学生就业状况与问题调研"课题组．新形势下女大学生就业的状况、问题与对策［J］．妇女研究论丛，2018（2）：24－30．

105. 潘锦棠．北京女大学生就业供求意向调查分析［J］．北京社会科学，2004（3）：73－80．

106. 潘云华，刘盼．二孩生育与城市妇女就业的"互相关"——一个经济学分析视角［J］．理论导刊，2017（3）：80－82＋96．

107. 彭敬．全面两孩政策对企业女职工职业发展影响研究［D］．四川省社会科学院，2017．

108. 彭希哲．实现全面两孩政策目标需要整体性的配套［J］．探索，2016（1）：71－74＋2．

109. 亓寿伟，刘智强．"天花板效应"还是"地板效应"——探讨国有与非国有部门性别工资差异的分布与成因［J］．数量经济技术经济研究，2009（11）：63－77．

110. 乔晓春，任强．中国未来生育政策的选择［J］．市场与人口分析，2006（3）：1－13＋66．

111. 乔晓春．"单独二孩"生育政策的实施会带来什么？——2013年生育意愿调查数据中的一些发现［J］．人口与计划生育，2014（3）：18－22．

112. 乔晓春．中国计划生育政策的演变［J］．欧亚经济，2016（3）：19－24＋125＋127．

113. 全国妇联．关于大力发展三岁以下托幼事业让"二孩"生得起养得好的建议．全国妇联提交给全国政协十二届五次大会的提案．

114. 全国妇联．关于全面两孩政策下促进妇女平等就业的建议．全国妇联提交给全国政协十二届五次大会的提案，2017．

115. 全国妇联妇女研究所．重视照料支持对妇女平衡就业与生育的积极影响［J］．中国妇运，2016（7）：35－36．

116. 冉茂英. 当前城市妇女就业中的问题及其对策［J］. 社会科学研究, 1988 (1)：59－62.

117. 沙鑫冲. 丹麦学前教育发展现状及对我国的启示［J］. 特立学刊, 2013 (2)：14－17.

118. 邵岑. 关注生育政策对女性社会地位的影响［N］. 中国社会科学报, 2017－03－08 (006).

119. 盛亦男, 童玉芬. 生育政策调整对女性劳动力供需的影响研究［J］. 北京社会科学, 2018 (12)：96－104.

120. 盛亦男. 生育政策调整对女性就业质量的影响［J］. 人口与经济, 2019 (3)：62－76.

121. 宋歌. 责任政府视域中女大学生就业问题研究［D］. 东北财经大学, 2010.

122. 宋健, 周宇香. 中国已婚妇女生育状况对就业的影响——兼论经济支持和照料支持的调节作用［J］. 妇女研究论丛, 2015 (4)：16－23.

123. 宋健. 普遍二孩生育对妇女就业的影响及政策建议［J］. 人口与计划生育, 2016 (1)：20－22.

124. 宋全成, 文庆英. 我国单独二胎人口政策实施的意义、现状与问题［J］. 南通大学学报 (社会科学版), 2015 (1)：122－129.

125. 宋晓东. 女性遭遇就业歧视法律问题研究——以生育政策调整为视角［J］. 通化师范学院学报, 2017 (1)：87－93.

126. 宋严, 宋月萍, 李龙. 高等教育与社会资本：性别视角下的审视［J］. 人口与发展, 2012 (6)：48－54.

127. 孙慧敏. 组织环境因素与上市公司绩效的关联性研究. 武汉大学博士论文, 2011.

128. 孙晓丽. 我国大学生就业中的政府责任研究［D］. 中国石油大学, 2009.

129. 汤兆云. 落实全面两孩政策相关配套措施［N］. 中国社会科学报, 2017－05－23 (003).

130. 唐美玲. 青年白领的职业获得与职业流动——男性与女性的比较分析［J］.

青年研究，2007（12）：1－8.

131. 田娜. 全面放开二孩政策背景下女性就业问题研究［D］. 山东师范大学，2017.

132. 佟新，梁萌. 女大学生就业过程中的性别歧视研究［J］. 妇女研究论丛，2006，S2：32－36.

133. 汪善. 研究型高校女海归教师的学术职业发展研究［D］. 华东师范大学，2014.

134. 王春亚. 澳大利亚儿童保教机构类型及政府对其家庭的资助概述［J］. 无线音乐·教育前沿. 2011（10）

135. 王广州，张丽萍. 到底能生多少孩子？——中国人的政策生育潜力估计［J］. 社会学研究，2012（5）：119－140＋244.

136. 王金玲. 论社会性别心理的重构与改建［J］. 华中科技大学学报（社会科学版），2012（1）：79－85.

137. 王金玲. 女性社会学本土研究与经验. 上海人民出版社，2002.

138. 王茜. 社会性别视角下我国生育政策调整研究综述［J］. 黑龙江社会科学. 2018（05）：104－108.

139. 王胜今，林盛中. 客观认识我国生育政策的调整和完善［J］. 吉林大学社会科学学，2016（1）：54－59＋188.

140. 王廷勇，陆玲. 生育政策调整的战略思路［J］. 中国管理信息化，2017（2）：192－193.

141. 王小波. 大学生劳动力市场入口处的性别差异与性别歧视——关于“女大学生就业难”的一个实证分析［J］. 青年研究，2002（9）：11－17.

142. 王小波. 影响我国女性就业参与的因素分析［J］. 思想战线，2004，02：35－40.

143. 王毅平. 全面两孩生育政策对女性的影响及其对策［J］. 山东女子学院学报，2016（3）：27－30.

144. 王永钦. 内蒙古一出版社招聘涉嫌性别歧视续：已删除“男生优先”. 中国妇女报，2015－07－03（A1）.

145. 王玥，王丹，张文晓．亚洲女性收入对生育率影响的国际比较研究——基于劳动参与率、受教育程度、就业方式的视角［J］．西北人口，2016（2）：107－113.

146. 魏宁，苏群．生育对农村已婚妇女非农就业的影响研究［J］．农业经济问题，2013（7）：30－34.

147. 邬小平．从妇女就业看市场经济、性别平等和妇女发展［J］．前沿，1998（2）：51－55.

148. 吴帆，王琳．中国学龄前儿童家庭照料安排与政策需求——基于多源数据的分析［J］．人口研究，2017（6）：71－83.

149. 吴帆．欧洲家庭政策与生育率变化——兼论中国低生育率陷阱的风险［J］．社会学研究，2016（1）：49－72.

150. 吴宇琼．生育政策调整背景下城镇女性的职业阻隔和影响因素分析［J］．山东工会论坛，2017（2）：30－34.

151. 吴愈晓，王鹏，黄超．家庭庇护、体制庇护与工作家庭冲突——中国城镇女性的就业状态与主观幸福感［J］．社会学研究，2015（6）：122－144.

152. 向楠．人口结构失衡将影响我国未来竞争力——访北京大学社会学系教授李建新［N］．中国青年报，2014－11－27（07）.

153. 谢妍翰，薛德升．女性非正规就业研究述评［J］．人文地理，2009（9）：16－23.

154. 闫晗．女大学生就业困境研究［D］．内蒙古大学，2012.

155. 闫玉英，曹富国．公共采购协助实施国家可持续性发展战略——英国经验的启示［J］．中国政府采购，2010（10）：73－77.

156. 严恒元．欧盟拟强制规定上市公司女董事比例［N］．经济日报，2012－09－20.

157. 杨慧．全面二孩政策下生育对城镇女性就业的影响机理研究［J］．人口与经济，2017（4）：108－118.

158. 杨慧，白黎．城镇女性二孩生育与就业典型相关分析［J］．中华女子学院学报，2017（3）：6－13.

159. 杨慧，林丹燕．如何化解二孩政策带来的"生"与"升"的纠结［N］．中国妇女报，2015－08－24（A03）.

160. 杨慧，吕云婷，任兰兰．二孩对城镇青年平衡工作家庭的影响——基于中国妇女社会地位调查数据的实证分析［J］．人口与经济，2016（2）1-9．

161. 杨慧．"全面两孩"政策下促进妇女平等就业的路径探讨［J］．妇女研究论丛，2016（2）：17-20．

162. 杨慧．大学生招聘性别歧视及其社会影响研究［J］．妇女研究论丛，2015（4）：97-103．

163. 杨慧．女性创业者的基本状况、发展特征与问题．载于赖德胜等著．2016中国劳动力市场发展报告［M］．北京师范大学出版社，2017年1月．

164. 杨慧．如何促进城镇妇女生育就业协调兼顾［N］．中国人口报，2016-06-03（003）．

165. 杨敬忠．丹麦：生育福利制度让人民"很幸福"［EB/OL］．人民网，http://finance.people.com.cn/n/2013/0219/c70846-20527496.html，2013-02-19．

166. 杨菊华，杜声红．部分国家生育支持政策及其对中国的启示［J］．探索，2017（2）：137-146．

167. 杨菊华．"单独两孩"政策对女性就业的潜在影响及应对思考［J］．妇女研究论丛，2014（4）：49-51．

168. 杨菊华．积极措施营造良好氛围防止"单独两孩"政策实施加剧就业性别歧视——"单独两孩"政策对女性就业的潜在影响及应对思考［J］．妇女研究论丛，2014（4）：49-51．

169. 杨菊华．健全托幼服务推动女性工作与家庭平衡［J］．妇女研究论丛，2016（2）：11-14．

170. 姚鹏．约谈，向就业性别歧视"亮剑"［N］．中国妇女报，2017-05-24（B1）．

171. 叶文振，刘建华，夏怡然，杜娟．女大学生的"同民同工"——2002年大学本科毕业生就业调查的启示［J］．中国人口科学，2002（6）：58-64．

172. 叶文振．"单独二孩"生育政策的女性学思考［J］．中共福建省委党校学报，2014（12）：58-63．

173. 叶文振. 消除"单独二孩"政策对女性就业的负面影响［N］. 福建日报，2014－6－30（11）.

174. 尹文耀，姚引妹，李芬. 生育水平评估与生育政策调整——基于中国大陆分省生育水平现状的分析［J］. 中国社会科学，2013（6）：109－128＋206－207.

175. 於嘉，谢宇. 生育对我国女性工资率的影响［J］. 人口研究，2014（1）：18－29.

176. 于学花. 中国城镇妇女就业的困境及对策［J］. 烟台师范学院学报（哲学社会科学版），2005（4）：68－72.

177. 余意. 解决女大学生就业歧视问题的对策研究［D］. 湖南大学硕士学位论文，2011.

178. 原新. 计划生育政策的回顾与反思［J］. 人民论坛，2012（20）：6－8.

179. 曾毅. 继续完善生育政策调整的思考［J］. 中国国情国力，2014（2）：59－61.

180. 曾煜. 生育保险与妇女就业［J］. 工会理论与实践（中国工运学院学报），1997（3）：37－38.

181. 翟振武，张现苓，靳永爱. 立即全面放开二胎政策的人口学后果分析［J］. 人口研究，2014（2）：3－17.

182. 张川川. 子女数量对已婚女性劳动供给和工资的影响［J］. 人口与经济，2011（5）：29－35.

183. 张纯元. 完善生育政策的曙光——对山西省翼城县试行两孩生育政策的若干思考［J］. 人口与经济，2000（3）：28－33.

184. 张改亮. 基于帕累托改进理论视阈下的校企融合思考［J］. 安徽商贸职业技术学院学报. 2013（2）：60－62.

185. 张海峰. 全面二孩政策下中国儿童照料可及性研究——国际经验借鉴［J］. 人口与经济，2018（3）：13－24.

186. 张欢欢，王苏苏. 本土经验与国际视野：探索"幼有所育"长效机制［N］. 中国妇女报，2018－05－08（005）.

187. 张抗私. 劳动力市场性别歧视行为分析［J］财经问题研究，2004（4）：74－80.

188. 张琪，张琳. 青年女性"工作—家庭"冲突的影响因素及其平衡机制研究［J］.中国青年研究，2018（4）：60－67.

189. 张琪，张琳.生育政策变化对女性权益影响的实证分析——基于北京市妇女的调查数据［J］.山东女子学院学报，2016（3）：22－26.

190. 张琪，张琳.生育支持对女性职业稳定的影响机制研究［J］.北京社会科学，2017（7）：32－39.

191. 张雯婧，孟若冰.职场女性的纠结："生"还是"升"？［N］.天津日报，2014－07－26（06）.

192. 张霞.普及背景下我国学前教育投入体制研究——治理视野下政府、社会、家庭的投入关系［D］.北京师范大学，2011.

193. 张霞，茹雪.中国职业女性生育困境原因探究——以"全面两孩"政策为背景［J］.贵州社会科学，2016（9）：150－154.

194. 张意燕.全面二孩政策背景下城市女性就业困境及对策研究［D］.南昌大学，2017.

195. 张银峰，侯佳伟.全面两孩放开后的公共政策服务需求与配套措施完善——基于条件8区县的实地调查.人口与发展论坛（2016）完善全面两孩政策配套措施专题研讨会入选论文（摘要）集，2016年12月，四川眉山.

196. 张银锋.青年两孩生育意愿及其子女成本收益分析［J］.中国青年研究，2017（05）：66－73.

197. 张永英.全面两孩政策与3岁以下托幼服务现状和需求研究报告［R］（未发表）.2016.

198. 张永英.有关生育保护与妇女就业支持的国际文书与各国规定（未发表），2015.

199. 张韵."全面二孩"政策对女性职业发展的影响及其因应之策［J］.福建行政学院学报，2016（04）：104－112.

200. 郑真真，李玉柱，廖少宏.低生育水平下的生育成本收益研究——来自江苏省的调查［J］.中国人口科学，2009，（02）：93－102＋112.

201. 郑真真.实现就业与育儿兼顾需多方援手［J］.妇女研究论丛.2016（1）：5－7.

202. 中国妇女研究网. 中国妇女研究会召开专家座谈会呼吁：加强舆论引导 完善政策措施 防止"单独两孩"政策实施加剧就业性别歧视［DB/OL］. 中国妇女研究网, 2014. http://www.wsic.ac.cn/.

203. "中国特色社会主义法治体系建设中的妇女权益保障研究"课题组. 中国特色社会主义法治体系建设中的妇女权益保障研究课题报告. 2017.

204. 周伟. 中国城镇就业中的性别歧视研究——以1995年至2005年上海市和成都市30万份报刊招聘广告条件为例［J］. 政治与法律, 2008（4）：27-33.

205. 朱力凡. 基于制度分析框架下的计划生育政策与女性就业［J］. 东北财经大学学报, 2012（5）：94-97.

206. 朱颖. 女性医务工作者角色冲突问题研究［D］. 吉林大学, 2018：100.

207. 左际平, 蒋永萍. 社会转型中城镇妇女的工作和家庭［M］. 当代中国出版社, 2009.

附　　录

附件1：　抽样结果

表附–1　广州市入样区县、街道、居委会名单与样本量

	街道	序号	居委会	20—45岁已婚有偶女性
1. 越秀区	1. 珠江街道	1	福行居委会	25
		2	东园路社区居委会	25
		3	珠江园社区居委会	25
		4	万福居委会	25
	2. 大塘街道	1	东平居委会	25
		2	豪贤社区	25
		3	德政北社区	25
		4	芳草社区	25
2. 荔湾区	1. 南源街道	1	西焦社区	25
		2	电业社区	25
		3	荔港南湾社区	25
		4	南岸社区	25
	2. 东漖街道	1	芳和花园居委会	25
		2	西塱社区	25
		3	芳村花园社区	25
		4	康乃馨社区	25

续表

	街道	序号	居委会	20—45 岁已婚有偶女性
3. 白云区	1. 松洲街道	1	华糖居委会	25
		2	桥西社区居委会	25
		3	半岛社区居委会	25
		4	松鹤社区居委会	25
	2. 同德街道	1	泽德居委会	25
		2	积德社区居委会	25
		3	金德苑社区居委会	25
		4	汇德社区居委会	25
小计				600

表附－2 南京市入样区县、街道、居委会名单与样本量

	街道	序号	居委会	20—45 岁已婚有偶女性
1. 秦淮区	1. 五老村街道	1	新街口商业步行街	19
		2	五老村社区	19
		3	三条巷社区	19
		4	树德里社区	19
	2. 红花街道	1	双桥新村	19
		2	龙苑新寓	19
		3	龙翔雅苑	19
		4	曙光里社区	19
2. 建邺区	1. 莫愁湖街道	1	北圩路社区	19
		2	江东门社区	19
		3	电站社区	19
		4	康福社区	19
	2. 南苑街道	1	东新华社区	19
		2	西长街社区	19
		3	西宏苑社区	19
		4	槐房社区	19

	街道	序号	居委会	20—45 岁已婚有偶女性
		1	尧石二村	19
	1. 燕子矶街道	2	尧化新村	19
		3	青田雅居	19
3. 栖霞区		4	翠林山庄	19
		1	观梅社区	19
	2. 西岗街道	2	听竹社区	19
		3	闻兰社区	19
		4	西岗社区	19
小计				456

表附－3　天津市入样区县、街道、居委会名单与样本量

	街道	序号	居委会	20—45 岁已婚有偶女性
		1	松鹤里社区	20
	1. 鲁山道街道	2	云丽园社区	20
		3	蓝山园社区	20
1. 河东区		4	橙翠园社区	20
		1	互助西里社区	20
	2. 中山门街道	2	友爱南里社区	20
		3	团结东里社区	20
		4	中山门东里社区	20
		1	朝园里社区	20
	1. 广开街道	2	卫安西里社区	20
		3	凯兴公寓社区	20
1. 南开区		4	宝龙湾社区	20
		1	后现代广场社区	20
	2. 鼓楼街道	2	老城厢社区	20
		3	鼓楼商业街社区	20
		4	东马路七向街社区	20

续表

	街道	序号	居委会	20—45岁已婚有偶女性
2. 和平区	1. 小白楼街道	1	树德里社区	20
		2	泰安道社区	20
		3	解放路社区	20
		4	大同道社区	20
	2. 新兴街道	1	永丰里社区	20
		2	金泉里社区	20
		3	卫华里社区	20
		4	新兴北里社区	20
小计				480

表附－4 长春市入样区县、街道、居委会名单与样本量

区	街道	序号	居委会	20—45岁已婚有偶女性
1. 南关区	1. 新春街道	1	通顺社区	11
		2	松竹梅社区	11
		3	永长社区	11
		4	永春社区	11
	2. 永吉街道	1	自由大路	11
		2	职工新村（小区）	11
		3	吉顺社区	11
		4	全安小区	11
2 绿园区	1. 普阳街道	1	升阳社区	11
		2	蓝天社区	11
		3	庆阳社区	11
		4	春草社区	11
	2. 林园街道	1	吉大和平社区	11
		2	小房身社区	11
		3	林园社区	11
		4	迎宾路社区	11

区	街道	序号	居委会	20—45岁已婚有偶女性
3. 朝阳区	1. 永昌街道	1	牡丹园社区	11
		2	杏花邨社区	11
		3	惠民社区	11
		4	义和社区	11
	2. 南湖街道	1	湖东社区	11
		2	二二八社区	11
		3	光机社区	11
		4	长飞社区	11
小计				264

表附－5　泉州市入样区县、街道、居委会名单与样本量

区	街道	序号	居委会	20—45岁已婚有偶女性
1. 丰泽区	1. 丰泽街道	1	丰泽社区	9
		2	津秀社区	9
		3	建福社区	9
		4	东涂社区	9
	2. 华大街道	1	南埔社区	9
		2	法花美社区	9
		3	华大社区	9
		4	地质社区	9
2. 鲤城区	1. 海滨街道	1	金山社区	9
		2	笋语社区	9
		3	东鲁社区	9
		4	海清社区	9
	2. 金龙街道	1	石崎社区	9
		2	古店社区	9
		3	赤土社区	9
		4	坑头社区	9

续表

区	街道	序号	居委会	20—45 岁已婚有偶女性
3. 洛江区	1. 万安街道	1	万福社区	9
		2	桥南社区	9
		3	杏宅社区	9
		4	塘西社区	9
	2. 双阳街道	1	朝阳社区	9
		2	新峰社区	9
		3	前埭社区	9
		4	前洋社区	9
小计				216

附件2：调查问卷

调整完善生育政策对城镇女性就业影响调查问卷

被访者为20—45岁已婚有偶女性（出生时间为1970年6月1日—1996年5月31日）

您好！我是国家社科基金"调整完善生育政策对城镇女性就业影响机理研究"项目访问员，我们正在进行"调整完善生育政策对城镇女性就业影响"的问卷调查。

对问卷中问题的回答，没有对错之分，您只要根据实际情况回答即可。对于您提供的所有个人信息绝对保密，对于调查结果仅供研究使用，请您不要有任何顾虑。

如果您对访问员的身份有任何疑问，欢迎您随时拨打电话：010 - 65103935进行核查。感谢您的支持与配合！

全国妇联妇女研究所国家社科基金年度项目课题组

2016年4月

省区街道编码：□□□　　　居委会及个人编码：□□□

访问员（签名）＿＿＿＿＿＿＿＿＿＿　□□□□□□□

访员互审（签名）＿＿＿＿＿＿＿＿　□□□□□□□

督导员（签名）＿＿＿＿＿＿＿＿＿＿　□□□□□□□

请记录当前时间：□□月□□日□□时□□分

A 个人基本信息

A1 您的出生年月是 19 ＿＿＿＿年＿＿＿＿月。（请按公历填写）

A2 您是独生子女吗？　　0 不是　　　　1 是

A3 您的户口性质是：　　0 农业户口　　1 非农业户口

A4 您的受教育程度是：

1 初中及以下　2 高中　3 中专/中技　4 大学专科　5 大学本科

6 研究生

A5 您的婚姻状况是：　　1 初婚有配偶　　　2 再婚有配偶

B 就业情况

B1 您目前有工作吗？

1 有

2 没有，正在找工作

3 没有，近期不打算找工作　　　　**B1a 您以前有工作吗？** 0 没有（跳问 **C1**）1 有

B2 您目前/最后的就业身份是：

1 雇员/工薪劳动者　2 雇主　3 自营劳动者　4 家庭帮工

B3 您以前换过工作吗？ 0 没有　1 换过→**B3a 您换过几次工作？** ＿＿＿＿次。

B4 请回忆一下您历次找工作的情况：

	第一次	第二次	倒数第二次	最后一次
B4a 您获得这份工作的具体时间是:	_____年 _____月	_____年 _____月	_____年 _____月	_____年 _____月
B4b 您是否遇到招聘信息显示限男性/男性优先的情况? 0 否　1 是　9 不适用				
B4c 您是否被招聘人员问及结婚事宜? 0 否　1 是　9 不适用				
B4d 您是否被招聘人员问及生育事宜? 0 否　1 是　9 不适用				
B4e 您是否被招聘人员问及"二孩"事宜? 0 否　1 是　9 不适用				

B5 请回忆一下您历次的单位类型与职业情况:

	第一次	第二次	倒数第二次	最后一次
B5a 您所在单位的类型是: 1 党政机关/人民团体　2 国有事业单位 3 国有企业　4 集体企业　5 私营企业 6 外资/合资企业　7 基层自治组织 8 个体工商户　9 不适用				
B5b 您所在单位的女职工比例是: 1 0—30%　2 31%—50%　3 ≥50% 9 不适用				
B5c 您所在单位一把手的性别: 1 男　2 女　9 不适用				

	第一次	第二次	倒数第二次	最后一次
B5d 您的职业类型是： 　1 单位负责人　2 专业技术人员　3 办事人员 　4 商业服务业人员　5 生产运输工人 　6 农业生产人员　7 自由职业者 　8 不便分类人员　9 不适用				
B5e【问专业技术人员】您最初的职称是： 　1 初级职称　2 中级职称　3 副高级职称 　4 正高级职称　9 不适用				
B5f 您在单位中最初处于什么位置? 　1 负责人/高层管理人员　2 中层管理人员 　3 基层管理人员　4 普通职工/职员　5 其他 　9 不适用				
B5g 有无职业培训机会? 　0 没有 1 有 9 不适用				

B6 您在工作中有过提拔/晋升经历吗?

　0 没有　　跳问 **B8**

　1 有→**B6a** 您一共被提拔/晋升了几次? _____次。

　B7 请回忆一下您历次提拔/晋升情况（提拔/晋升超 4 次者，请回答最初 2 次和最后 2 次）：

	第一次	第二次	倒数第二次	最后一次
B7a 提拔/晋升时间	____年 ____月	____年 ____月	____年 ____月	____年 ____月
B7b 提拔/晋升的岗位名称				
B7c 晋升的职称（没有填"无"）				

续表

	第一次	第二次	倒数第二次	最后一次
B7d 管理人数（人）				
B7e 提拔/晋升后月收入（元）				

B8 请回忆一下您历次换工作的原因或工作中断情况：

	第一次	第二次	倒数第二次	最后一次
B8a【问换工作者】您换工作的主要原因是（最多选3项并按重要程度排序）： 1 结婚 2 怀孕 3 生孩子 4 照顾孩子 5 单位离家太远 6 工作太累 7 收入太低 8 没有发展前途 9 没有任何保障 10 有了新发展机会 11 其他 99 不适用				
B8b 您有过工作中断经历吗？ 0 没有（跳问下一次工作经历） 1 有 9 不适用				
B8c【问工作中断者】您工作中断的主要原因是：（最多选3项并按重要程度排序）： 1 结婚 2 怀孕 3 生孩子 4 照顾孩子 5 单位离家太远 6 工作太累 7 收入太低 8 没有发展前途 9 没有任何保障 10 有了新发展机会 11 其他 99 不适用				
B8d【问工作中断者】工作中断开始时间是： 9999 年份不适用 99 月份不适用	___年 ___月	___年 ___月	___年 ___月	___年 ___月
B8e【问工作中断者】中断持续时间是几个月？ 99 不适用	____	____	____	____

注：如果被访者回答没有工作中断经历，请跳问下一列第一题，直到问完各次换工作原因为止。

C 生育情况

C1 您目前的怀孕或生育情况是：

1 有孩子　2 有孩子，且正怀孕　3 没有孩子，已怀孕　　跳问 **D1**

4 没有孩子，正在备孕

5 既没孩子，也没怀孕/备孕 ⎫ 跳问 **D4**

C2 您有几个孩子？ ＿＿个；其中，**C2a** 男孩＿＿个，**C2b** 女孩＿＿个。

C3【问有一个孩子者】您想生"二孩"吗？ 1 不想　2 不好说　3 想　跳问 **D1**

C3a【问不想生二孩者】您不想生"二孩"的主要原因是什么？

1 没人/没机构照顾孩子　2 养孩子费用太高　3 教育孩子的费用太高

4 怕影响工作　　　　　　5 有一个就够了　　6 其他（请注明）＿＿＿＿

C3b【问不想生二孩者】如果有适合 3 岁以下孩子的公办托儿所，您会生二孩吗？

1 会　2 可能会　3 不好说　4 可能不会　5 不会

C4【问已生/想生"二孩"者】您的"二孩"生育意愿主要受谁影响？（最多选 3 项）

1 本人　2 丈夫　3 父母　4 公婆　5 孩子　6 亲戚　7 同事/朋友　8 其他

C5【问有孩子者】您生育后的产假情况：

	第一个孩子	第二个孩子
C5a 孩子的性别是： 1 男　2 女　9 不适用		
C5b 孩子的出生年月是： 年份 9999 不适用，月份 99 不适用	＿＿＿年 ＿＿＿月	＿＿＿年 ＿＿＿月
C5c 您生孩子后休产假了吗？ 1 休了　2 没有，一直没有工作　3 没有，生孩子前辞职 9 不适用		

续表

	第一个孩子	第二个孩子
C5d【问休产假者】您休了几个月的产假? 99 不适用	____个月	____个月
C5e【问休产假者】您产假期间的工资收入占产前收入百分比 是:1 80%以上 2 50%—80% 3 不到50% 4 没有收入 9 不适用		

C6【问有孩子者】孩子的照料情况:

	第一个孩子	第二个孩子
C6a 孩子 3 岁前,白天主要由谁照顾? 1 本人 2 父母 3 公婆 4 亲戚 5 保姆/家政 6 托儿所/幼儿园 7 丈夫 8 其他 9 不适用		
C6b 孩子 3 岁前,您平均每天照顾孩子几个小时? 99 不适用		
C6c 孩子 3 岁前,您丈夫平均每天照顾几个小时? 99 不适用		
C6d 孩子在 3—17 岁间,白天主要由谁照顾? 1 本人 2 父母 3 公婆 4 亲戚 5 保姆/家政 6 托儿所/幼儿园 7 学校 8 其他 9 不适用		
C6e 孩子在 3—17 岁间,您平均每天照顾孩子几个小时? 99 不适用		
C6f 孩子在 3—17 岁间,您丈夫平均每天照顾孩子几个小时? 99 不适用		

D 生育与就业的相互影响

D1【问已怀孕或有孩子者】怀孕是否给您的工作带来以下影响?

	第一个孩子	第二个孩子
D1a 因怀孕被单位恶意减少工作量? 0 否 1 是 9 不适用		
D1b 因怀孕而失去职业培训机会? 0 否 1 是 9 不适用		

续表

	第一个孩子	第二个孩子
D1c 因怀孕而失去提拔/晋升机会？　0 否　1 是　9 不适用		
D1d 因怀孕被降低工作职位？　　0 否　1 是　9 不适用		
D1e 因怀孕而减少收入？　　　0 否　1 是　9 不适用		
D1f 因怀孕而辞职？　　　　0 否　1 是　9 不适用		
D1g 因怀孕被辞退？　　　　0 否　1 是　9 不适用		

D2【问有孩子者】生孩子是否给您的工作带来以下影响？

	第一个孩子	第二个孩子
D2a 因生孩子而失去职业培训机会？　　0 否　1 是　9 不适用		
D2b 因生孩子而失去提拔/晋升培训机会？　　0 否　1 是　9 不适用		
D2c 因生孩子被降低工作职位？　0 否　1 是　9 不适用		
D2d 因生孩子而减少收入？　0 否　1 是　9 不适用		
D2e 因生孩子而辞职？　0 否　1 是　9 不适用		
D2f 因生孩子被辞退？　0 否　1 是　9 不适用		

D3【问生育后有工作经历者】照顾孩子是否给您的工作带来以下影响？

	第一个孩子	第二个孩子
D3a 因照顾孩子而失去职业培训机会？　　0 否　1 是　9 不适用		
D3b 因照顾孩子失去提拔/晋升培训机会？　　0 否　1 是　9 不适用		
D3c 因照顾孩子被降低工作职位？　0 否　1 是　9 不适用		
D3d 因照顾孩子而减少收入？　0 否　1 是　9 不适用		
D3e 因照顾孩子而辞职？　0 否　1 是　9 不适用		

续表

	第一个孩子	第二个孩子
D3f 因照顾孩子被辞退？　　　　0 否　1 是　9 不适用		

D4【问没有孩子者】就业是否对生育带来了以下影响？

D4a 为了工作而不能要孩子？　　　　　　0 否　1 是

D4b 为了工作而延迟要孩子的时间？　　　　0 否　1 是

D5【问有一个孩子者】就业是否对生育带来了以下影响？

D5a 为了工作而延迟要第一个孩子的时间？　0 否　1 是

D5b 为了工作而不想要"二孩"？　　　　　0 否　1 是

D5c 为了工作而不能要"二孩"？　　　　　0 否　1 是

D5d 为了工作而延迟"二孩"生育时间？　　0 否　1 是

D6【问怀孕/备孕者】您的孩子出生后到 3 岁之间，预计白天主要由谁照顾？

1 本人　2 父母　　3 公婆　4 丈夫　5 亲戚　6 保姆/家政

7 托儿所/幼儿园　8 其他

D7 为了同时兼顾生育和就业、平衡工作和家庭，您是否希望获得以下帮助？

	0 否　1 是
D7a 希望政府加强劳动力市场监管，为女性创造公平的就业环境	
D7b 希望政府发展适合 1—3 岁孩子的公办托儿所	
D7c 希望用人单位提供平等的入职机会	
D7d 希望用人单位提供平等的培训机会	
D7e 希望用人单位提供平等的晋升机会	
D7f 希望丈夫/家人理解本人的生育选择	
D7g 希望丈夫/家人理解本人的就业选择	

	0 否　1 是
D7h 希望丈夫能平等承担孩子的照料责任	
D7i 希望丈夫能平等承担家务劳动	

请记录当前时间：☐☐ 月 ☐☐ 日 ☐☐ 时 ☐☐ 分

请读出"调查结束，感谢支持！"

请留下您的电话，以便需要时与您联系，被访者电话：_____

附件3：　座谈会提纲

用人单位座谈会提纲

1. 本单位是如何在招聘、培训、晋升等方面为妇女创造平等就业环境的？在生育保障（产假、生育保险待遇、哺乳时间和设施、托儿所等）与灵活工作安排方面采取了哪些措施？

2. 本单位为妇女创造平等就业环境后，主要产生了哪些经济效益和社会效益？

3. 本单位在为妇女创造平等就业环境过程中，还存在哪些问题和困难？

4. 本单位在为妇女创造平等就业环境方面还需要什么样的政策支持？

妇女平等就业座谈会提纲

1. 劳动就业部门在实施《就业促进法》，促进就业性别平等方面采取了哪些措施，效果如何？

2.《广告法》禁止广告包含性别歧视的内容。作为对广告进行监督管理的政府部门，工商行政管理部门在实践中如何履行广告监督管理职责，是否发现招聘广告中包含性别歧视的内容，如何处罚？

3. 劳动监察部门接到与就业性别歧视和女职工劳动保护方面的举报、投诉情况以及处理情况如何？劳动监察部门对上述问题是如何主动调查、检查的？效果如何？

4. 劳动争议仲裁委员会是如何受理女性劳动权益和性别歧视相关案件的？存在哪些困难？

5. 人民法院如何根据《妇女权益保障法》《就业促进法》《劳动法》受理和裁决就业歧视案件？近年来有何变化趋势？在受理和裁决过程中主要面临哪些困难？

6. 近年来，妇联受理的妇女就业机会不平等、生育保障不落实等投诉主要有哪些特点？变化趋势如何？

决策部门座谈会提纲

一、 生育政策调整完善的最新进展及女职工生育和就业权益保障状况

1. 生育政策调整完善的相关配套措施出台情况。

2. 生育保险制度及执行情况：有关生育保险的相关政策规定（产假及产假津贴、哺乳时间及设施），是否提供配偶护理假及津贴。

3. 针对 1－3 岁幼儿的托幼机构情况。

4. 在消除劳动力市场上的就业性别歧视方面的法规政策规定及实际做法。

二、 对生育政策调整完善与妇女就业的看法

1. 影响选择是否生育二孩的主要原因是什么？

2. 生育政策的调整完善对妇女就业和职业发展有没有不利影响？（用人单位更不愿雇佣女职工，女职工的培训、晋升机会更少）

三、 对生育政策调整完善相关配套政策措施的建议

1. 对进一步完善生育保险制度的看法：生育保险作为一个独立险种的必要性，产假时间及产假津贴来源，配偶护理假必要性及时间。

2. 对建立针对 1－3 岁幼儿的托儿所的看法：建立 1－3 岁幼儿的托幼机构是否必要和可行？政府相关部门应该提供哪些支持？建立以社区为依托的公办日托机构是否可行？

3. 为降低企业负担、减少用工成本，推动企业为女职工提供平等的就业机会，政府应当为企业提供什么样的政策支持？

4. 对生育政策调整完善的相关配套的政策措施还有哪些建议？

附件 4：　访谈提纲

因工作而推迟要孩子或不要孩子的妇女访谈提纲

1. 您今年多大了？是什么学历？有工作吗？如有，是什么工作？什么职称或职位？如无，为什么？以前有过工作吗？

2. 您换过工作吗？您在（历次）找工作中遇到过男女机会不平等的情况吗？如有，主要有哪些情况？您是怎么应对的？

3. **问因工作而推迟要孩子者：**您是在什么情况下，推迟要孩子的？您的直接领导对您推迟要孩子是什么态度？

4. 您推迟了多长时间？对您和孩子的健康有影响吗？如有，是什么影响？

5. **问因工作而不要孩子者：**您是在什么情况下，决定不要孩子或二孩的？您的直接领导对您不要孩子或二孩是什么态度？这个决定对您和家庭有什么影响？

6. 您现在有小孩吗？如有，多大了？如果有合适 1—3 岁孩子的托儿所（公办托幼服务），您愿意把 1—3 岁孩子送到托儿所吗？为什么？（如被访者担心孩

子安全问题，再追问如果有安全可靠的托儿所，价格也合适，您愿意送吗？)

7. 如果当时有合适 3 岁以下孩子的托儿所，您还会推迟生育吗？为什么？

因生育照顾孩子辞职或影响培训晋升女性访谈提纲

1. 您今年多大了？是什么学历？有工作吗？如有，是什么工作？如无，为什么？以前有过工作吗？

2. **问目前或曾经有过工作者**：您换过工作吗？您在（历次）找工作中遇到过男女机会不平等的情况吗？如有，主要有哪些情况？您是怎么应对的？

3. 您当时因为生育或照料孩子，错过了什么样的提拔、晋升机会？如果当初没有错过，您现在会是什么工作状况？

4. 您小孩多大了？如果有合适 1—3 岁孩子的托儿所（公办托幼服务），您愿意把 1—3 岁孩子送到托儿所吗？为什么？（如被访者担心孩子安全问题，再追问如果有安全可靠的托儿所，价格也合适，您愿意送吗？）

5. 您觉得如果能够把孩子送到托儿所，能避免您带孩子对职业发展（提拔、晋升、工作中断）的负面影响吗？如果能，请举例说明托儿所可能对您职业发展的帮助。如果不能，为什么？

6. **问有工作中断经历的被访者**：职业中断对您的社保、收入和个人发展分别有哪些影响？您是怎么应对的？

7. **问有工作中断经历的被访者**：您工作中断后，当时主要靠什么生活？您的生活质量或个人家庭地位、个人社会价值是否因工作中断而降低？如有，主要有哪些表现？如无，为什么？

8. **问有工作中断经历的被访者**：孩子或其他家人对工作中断有无负面情绪？如有，主要是什么？您是如何回应的？

附件5： 课题阶段性成果目录

课题负责人基于课题研究成果，共完成全国政协提案建议稿 3 个、发表期刊论文 9 篇（其中在核心期刊发表论文 7 篇，被中国人民大学复印报刊资料全文转载 1 篇），发表国家级报纸文章 6 篇。

两会提案建议稿 3 个

［1］杨慧，"关于消除招聘性别歧视 促进女性平等就业的建议"，以全国妇联名义提交给 2018 年全国政协第十三届委员会第一次会议。

［2］杨慧，"关于全面两孩政策下促进妇女平等就业的提案"，以全国妇联名义提交给 2017 年全国政协第十二届委员会第五次会议。

［3］杨慧，"关于加强劳动力市场监管，消除就业性别歧视的建议"，以全国妇联名义提交给 2015 年全国政协第十二届委员会第三次会议。

期刊论文 9 篇

［1］杨慧，张子杨 . 40 年来中国行业性别构成变化趋势——平等还是隔离？［J］. 人口与经济，2019（04）：122 - 134.

［2］张子杨，杨慧 . 老年妇女收入双重劣势研究——以 1926—1950 年出生队列为例，2019（05）：89 - 98.

［3］杨慧 . 全面二孩政策下生育对城镇女性就业的影响机理研究［J］. 人口与经济，2017，（04）：108 - 118.

［4］杨慧，白黎 . 城镇女性二孩生育与就业典型相关分析［J］. 中华女子学院学报，2017，（03）：6 - 13. 该文章被中国人民大学复印报刊资料《人口学》2017 年第 5 期全文转载。

［5］杨慧，吕云婷，任兰兰 . 二孩对城镇青年平衡工作家庭的影响——基于中国妇女社会地位调查数据的实证分析［J］. 人口与经济，2016，（02）：1 - 9. 该研究成果被收录到北京师范大学出版的《2016 中国劳动力市场发展报告——性别平等化进程中的女性就业》，被中国知网纳入国际推广计划。

［6］杨慧 . "全面两孩"政策下促进妇女平等就业的路径探讨［J］. 妇女研究论丛，2016，（02）：17 - 20.

［7］杨慧，薛芳 . 经济领域性别平等趋势的中外比较研究——以 2006—

2015 年为例 ［J］. 浙江学刊, 2016, (05): 211 - 217.

［8］杨慧. 大学生招聘性别歧视及其社会影响研究 ［J］. 妇女研究论丛, 2015, (04): 97 - 103. 该文章被中国人民大学复印报刊资料《妇女研究》2015 年第 6 期全文转载。

［9］杨慧. 社会支持对促进妇女就业的研究综述 ［J］. 现代人类学, 2015, (03): 43 - 48.

报纸论文 6 篇

［1］杨慧. 扩大保险覆盖范围 减轻单位生育成本 ［N］. 中国妇女报, 2019 - 04 - 03 (006).

［2］杨慧. 九部门齐发力 切实促进妇女平等就业 ［N］. 中国妇女报, 2019 - 02 - 27 (005).

［3］杨慧. 促进新时代女性网民全面发展 ［N］. 中国社会科学报, 2018 - 10 - 24 (006).

［4］杨慧. 加强劳动力市场监管 促进男女平等就业 ［N］. 中国社会科学报, 2017 - 02 - 15 (006).

［5］杨慧. 如何促进城镇妇女生育就业协调兼顾 ［N］. 中国人口报, 2016 - 06 - 03 (003).

［6］杨慧. 如何化解二孩政策带来的"生"与"升"的纠结 ［N］. 中国妇女报, 2015 - 08 - 24 (A03).

丛书策划：蒋茂凝
责任编辑：邵永忠
封面设计：石笑梦
版式设计：胡欣欣

图书在版编目（CIP）数据

调整完善生育政策对城镇女性就业影响机理研究 / 杨慧　著 .—北京：
人民出版社，2020.7
ISBN 978-7-01-022056-7

Ⅰ. ①调…　Ⅱ. ①杨…　Ⅲ. ①人口政策—影响—城镇—女性—劳动就业—
研究—中国　Ⅳ. ① D669.2

中国版本图书馆 CIP 数据核字（2020）第 066284 号

调整完善生育政策对城镇女性就业影响机理研究

TIAOZHENG WANSHAN SHENGYU ZHENGCE DUI CHENGZHEN NÜXING JIUYE YINGXIANG JILI YANJIU

杨慧　著

人民出版社出版发行

（北京市东城区隆福寺街 99 号）

天津文林印务有限公司印刷　新华书店经销

2020 年 7 月第 1 版　2020 年 7 月第 1 次印刷

开本：710 毫米 × 1000 毫米　1/16　印张：14.75　字数：210 千字

ISBN 978-7-01-022056-7　定价：45.00 元

邮购地址　100706　北京市东城区隆福寺街 99 号金隆基大厦

人民东方图书销售中心　电话（010）65250042　65289539

版权所有·侵权必究

凡购买本社图书，如有印制质量问题，我社负责调换。

服务电话：（010）65250042